中南大学"双一流"建设文科战略先导专项经费资助

国家社科基金一般项目"公共交通车辆路径旅行时间理论分布及运营可靠性研究（14BJT017）"

中南大学
哲学社会科学学术专著文库

公共交通运营可靠性分析理论及其应用

黎茂盛 / 著

中国社会科学出版社

图书在版编目（CIP）数据

公共交通运营可靠性分析理论及其应用/黎茂盛著.
—北京：中国社会科学出版社，2018.5
（中南大学哲学社会科学学术专著文库）
ISBN 978-7-5203-2527-1

Ⅰ.①公…　Ⅱ.①黎…　Ⅲ.①公共交通系统—
可靠性估计—研究　Ⅳ.①U491.1

中国版本图书馆 CIP 数据核字(2018)第 088566 号

出 版 人	赵剑英
责任编辑	郭晓鸿
特约编辑	席建海
责任校对	韩海超
责任印制	戴　宽

出　　版	中国社会科学出版社
社　　址	北京鼓楼西大街甲 158 号
邮　　编	100720
网　　址	http://www.csspw.cn
发 行 部	010-84083685
门 市 部	010-84029450
经　　销	新华书店及其他书店

印　　刷	北京明恒达印务有限公司
装　　订	廊坊市广阳区广增装订厂
版　　次	2018 年 5 月第 1 版
印　　次	2018 年 5 月第 1 次印刷

开　　本	710×1000　1/16
印　　张	17.5
插　　页	2
字　　数	206 千字
定　　价	76.00 元

《中南大学哲学社会科学学术成果文库》和《中南大学哲学社会科学博士论文精品丛书》出版说明

在新世纪，中南大学哲学社会科学坚持"基础为本，应用为先，重视交叉，突出特色"的精优发展理念，涌现了一批又一批优秀学术成果和优秀人才。为进一步促进学校哲学社会科学一流学科的建设，充分发挥哲学社会科学优秀学术成果和优秀人才的示范带动作用，校哲学社会科学繁荣发展领导小组决定自 2017 年开始，设立《中南大学哲学社会科学学术成果文库》和《中南大学哲学社会科学博士论文精品丛书》，每年评审一次。入选成果经个人申报、二级学院推荐、校学术委员会同行专家严格评审，一定程度上体现了当前学校哲学社会科学学者的学术能力和学术水平。"散是满天星，聚是一团火"，统一组织出版的目的在于进一步提升中南大学哲学社会科学的学术影响及学术声誉。

中南大学科学研究部

2017 年 9 月

前　言

当今"互联网＋交通"时代，各种类型的交通数据层出不穷，如何充分挖掘这些数据所隐含的交通行为或车辆运行规律，并充分利用这些规律提高交通运营安全和效率成为这个时代的一个科学问题。

无论是城市道路交通网络，还是城市轨道交通网络，都是由道路路段或是区间线路连接而成，因此，充分理解和把握多因素影响下的车辆区间旅行时间理论分布规律，是助推数据驱动下的交通运营管理的基础。

通常，列车区间旅行时间分布被认为服从某种数学概率分布，这样同一轨道交通线路、不同区间上的列车旅行时间分布就需要使用参数不同或类型不同的数学概率分布进行拟合。也有部分学者进一步提出，考虑到列车区间最大旅行速度限制，还应该截去小于列车区间最小旅行时间区段；这样，列车区间旅行时间分布服从经济学上受限因变量模型中的截取模型。这些做法将导致两方面的问题：一方面，尽管同一线路上城市轨道交通外部环境、牵引动力、控制方式基本一致，但是却无法正确解释导致以下现象的原因，即同一轨道交通线路、不同区间上的城市轨道交通列车旅行时间分布不具有共性。另一方面，如果受限因变量模型中的截取模型是合理的，那就意味着某些车辆在路段运行过程中消失了，显然这违背物理学最基本的运动规律：进入路段的车辆总会以某种速度驶出该路段，无论车辆是主动驶离还是被动拖离，不然就会阻塞该路段。

项目研究从车辆区间旅行时间等于区间长度除以列车的区间平均旅行速度这一基本概念出发，展现了车辆区间旅行时间与受限因变量模型具有相同表达形式的现象，结合"进入路段的车辆总会以某种速度驶出该路段，不然就会阻塞该路段"的物理运动规律，定义了一类更具一般性的受限因变量模型——具有迁移性质的受限因变量模型。该模型认为：小于某一定值的旅行时间观测值均迁移到了其他区间，迁入可能性大小与该区间中已有旅行时间观测值出现的可能大小成正比。项目基于城市轨道交通车辆的压轨电路所记录的计划偏离报告数据，验证发现：具有迁移性质的受限因变量模型优于一般的数学分布模型、受限因变量模型中的截取模型和审查模型，且能解释以下规律，即因同一线路上城市轨道交通外部环境、牵引动力、控制方式基本一致，同一轨道交通线路、不同区间上的城市轨道交通列车旅行时间分布具有一致性的基本规律。

相比于城市轨道交通列车区间旅行时间分布只需要考虑列车驾驶行为的差异性、区间限速因素外，城市道路车辆路段旅行时间分布规律研究还需考虑交叉口信号灯、路段入流率、交通流量、行人和非机动车等因素的影响。考虑到可以通过工程措施隔离行人和非机动车的影响，本项目着重研究驾驶员驾驶行为差异性、路段限速、交叉口信号灯、路段入流率、交通流量因素对城市道路车辆路段旅行时间理论分布规律的影响。

驾驶行为的差异性被认为是影响车辆路段旅行时间的内部因素，

它对应着同一个人在没有其他因素影响下，同一路段重复驾驶多次所呈现的旅行时间分布情况，或者是多个人驾驶同种型号的车辆驶过这一路段后所呈现的旅行时间分布。这种分布展示了没有其他因素影响下，车辆路段旅行时间固有的波动性，研究发现这种波动性用对数正态分布或正态分布展现最为合适。

路段限速、交叉口信号灯、路段入流率、交通流量被认为是车辆行驶的外部环境因素，它们对车辆路段旅行时间分布的影响方式各不相同。路段限速会使得绝大多数理性驾驶者的路段旅行速度小于路段限速，只有极个别驾驶者的路段速度会超过限速速度，这其中就会出现一个最大的路段旅行速度，对应着路段最小旅行时间，小于最小旅行时间的路段旅行时间值将不会被观测到。没有限速路段上的车辆旅行时间分布呈现正态分布特征，加上限速因素之后，车辆路段旅行时间分布呈现对数正态分布特征且小于最小旅行时间的路段旅行时间值将不会被观测到，这正是具有迁移特征受限因变量模型的基本特征。项目提出的具有迁移特征受限因变量模型分析方法，能够从这一统一的视角来研究城市轨道交通列车区间旅行时间分布和城市道路路段车辆旅行时间分布规律。

在此基础上，再引入交叉口信号灯和交通流量对车辆路段旅行时间分布的影响分析。当路段交通流量很少时，比如只有一辆车在路段上行驶。若车辆在绿灯期到达交叉口前停车线时，车辆越过交叉口前停车线的可能性不受任何影响，车辆可以直接通过交叉口。若车辆在红灯期到达交叉口前停车线时，车辆通过交叉口的可能性就被延迟到下一绿灯期的前部。通过这种迁移规则，可以得到交叉口信号灯因素对车辆路段旅行时间分布的影响。当路段交通流量增加时，这时车辆到达交叉口前停车线，车辆通过交叉口的可能性就可能被延迟若干个信号周期，延迟时间长短，取决于交叉口停车线前排队车辆的长度，只有当这些排队车辆都被清空之后，该车辆才能驶过该交叉口。通过递推关系，能得到车辆被延迟了多少个信号周期，并把交叉口信号灯和交通流量因素影响下的车辆路段旅行时间分布公式表达出来。项目最后通过离散化研究时段的方法，处理了路段入流率对车辆路段旅行时间分布的影响。研究发现：在驾驶行为差异性、路段限速、交叉口信号灯、路段入流率、交通流量因素综合作用下，车辆路段旅行时间分布服从混合分布，其是理想条件下经平移转换后的数学概率分布的权重和。项目通过城市道路卡口过往车辆数据，使用 Kolmogorov—Smirnov 检验发现：项目研究所得的混合分布能很好拟合实际数据分布，并能适应路段交通流量高峰、平峰和低峰期的不同情况，混合分布还揭示了车辆路段旅行时间分布在不同的交叉口信号参数下，将呈现不同的数学概率分布类型。这一研究成果成功地解释了国内外不同学者对车辆路段旅行时间分布有不同观测和研究结论的现象，统一了大家的认识。

项目朝着解析车辆区间旅行时间分布、助推数据驱动下的交通运营管理方向，进一步得到了城市地铁列车易晚点区间识别方法、城市常规公交车辆站点集束可能性大小计算方法，这些方法能很好地揭示城市公共交通运营的可靠性。同时通过这些可靠性指标，我们能够诊断城市公共交通运营管理中存在的问题，进而从城市交通规划、交通建设、交通运营、交通信息和交通管理等多个方面采取综合措施，提高城市公共交通运营的安全性、舒适性和效率。

目　　录

第1章　绪论

　　城市公共交通是广大民众出行的重要方式，随着城市交通拥堵、环境污染日趋严重，优先发展公交、倡导公交出行成为我国城市交通的发展战略。为了贯彻落实党中央、国务院的指示精神，交通运输部制定的《城市公共交通"十二五"发展规划纲要》（2010 年 7 月）和《城市公共交通"十三五"发展纲要》（2016 年 7 月 20 日印发），强调指出：城市公共交通是满足人民群众基本出行需求的社会公益性事业，与人民群众生产生活息息相关，是政府应当提供的基本公共服务和重大民生工程。

　　在现代大都市中，城市轨道交通与常规公交有机配合，构成以轨道交通为骨干的多式公交系统。城市轨道交通由于其超强输送能力、节能、环保、低碳等特点，在世界各国大中城市的公交体系中占有越来越重要的地位。常规公交线路由于设置灵活、投资少、覆盖面大，是城市公交的主导方式。

　　对城市公共交通线路及站场进行好的规划，以及城市公共交通的可靠营运，是保持城市常规公交与城市轨道交通良好协同性的基础。一旦城市公共交通营运方案定下来以后，影响城市公共交通按计划营运的关键因素就是波动的外部运行环境。波动的外部环境对城市常规公交系统来说，最重要的方面就是道路交通系统中公交车辆的路段旅行时间波动，这种波动性将动摇甚至破坏城市常规公交系统营运的计划性，使得公交汽车偏离计划的运行时刻表，诱发公交车辆运行不准时，引发公交系统运行可靠性下降，从而使城市常规公交系统的服务质量劣化。同样，波动的供电电力、通信、驾驶员驾驶行为和变化的客流需求等因素，也会导致城市轨道交通列车区间旅行时间波动，列车晚点对单线、高频率开行的城市轨道交通线营运影响不太大，但是对于成网共线营运的城市轨道交通网络来说，甚至能瘫痪这些网络的正常营运。若这些不利情况频繁发生，将导致城市公共交通吸引力下降，城市公共交通客源量减少，城市公共交通运营企业盈利能力下降；最终将使得地方政府为城市公共交通系统的建设、运营和维护背负沉重的财政负担。

研究城市公共交通路径旅行时间分布规律，是规划好的城市公共交通线路和站场系统，以及编制可靠城市公共交通运营计划的基础。因而，发展城市公共交通，必须首先研究好城市常规公交车辆、城市轨道交通、城际列车以及高速铁路列车路径旅行时间理论分布这一基础理论问题，然后才能定量研究城市公共交通系统可靠性，检验这一人造系统的运行效率，保证城市公共交通通道安全、顺畅、高效和便捷地为城市（或城市群）社会、经济发展服务。

不同学者对最适合的旅行时间分布规律，有不同的研究结论，如Talley 和 Becker （1987）[①] 认为最适合的分布是负指数分布，Turn-

---

① Talley, W. K., Becker, A. J., "On – time performance and the exponential probability distribution", *Transportation Research Record*, 1987, pp. 22 – 26.

quist[①]，Mohammadi[②]，Strathaman 和 Hopper[③]，Hollander 和 Liu[④]，Nobuhiro，Fumitaka，Hiroshi 和 Yasunori[⑤] 认为是对数正态分布，May 等[⑥]认为是正态分布，Guehthner 和 Hamat[⑦] 认为是伽马分布。其他研究主要集中在行程时间预测方法上，如 Amer[⑧] 利用 AVL 和 APC 等智能设施设备收集动态数据，建立基于动态数据的公交车运行时间模型，并运用 Kalman 滤波方法求解模型。文章将公交车运行时间划分为两个部分，第一部分时间为前 n 个路段的路段运行时间；第二部分时间为前 n 个站停留时间，到达公交车站的时间为两部分时间之和。模型没有考虑交叉口的影响。Daganzo 等[⑨]利用实时的交通信息，掌握公交旅行时间，提出了一种公交车运行的自适应控制方案，来减少公交车的汇聚。Lampkin 等[⑩]构建了基于舒适度与出行时间两个指标的

① Turnquist，M. A.，"A model for investigating the effects of service frequency and reliability on bus passenger waiting times"，*Transportation Research Record*，1978，pp. 70－73.

② Mohammadi，R.，"Journey time variability in the london area－1 Journey time distribution"，*Traffic Engineering and Control*，1997，5，pp. 250－256.

③ Strathman，J. G.，Hopper，J. R.，"Empirical analysis of bus transit on－time performance"，*Transportation Research part A*，1993，27，pp. 93－100.

④ Yaron，H.，Ronghui，L.，"Estimation of the distribution of travel times by repeated simulation"，*Transportation research Part C*，2008，16，pp. 212－231.

⑤ Nobuhiro，U.，Fumitaka，K.，Hiroshi，T.，and Yasunori，I.，"Using bus probe data for analysis of travel time variability"，*Journal of Intelligent Transportation Systems*，2009，1，pp. 2－15.

⑥ May，A. D.，Bonsall，P. W.，Marler，N. W.，*Travel Time Variability of a Group of Car Commuters in North London*，University of Leeds，1989.

⑦ Guehthner，R. P.，Hamat，K.，"Distribution of bus transit on－time performance"，*Transportation Research Record*，1985，pp. 1－8.

⑧ Amer，S.，Ali，F.，*Bus Travel Time Prediction Model for Dynamic Operations Control and Passenger Information Systems*，TRB 82nd Annual Meeting. Washington D. C.，2003，pp. 1－16.

⑨ Daganzo，C. F.，Pilachowski，J.，"Reducing bunching with bus－to－bus cooperation"，*Transportation Research Part B*，2011，1，pp. 267－277.

⑩ Lampikin，W.，Saalmans，P. D.，"The design of routes，service frequencies，and schedules for a municipal bus undertaking：A case study"，*Journal of the Operational Research Society*，1967，4，pp. 375－397.

网络设计模型，开发了公交规划网络程序包。Hirsch 等①设计了固定费用与固定需求的公交线网优化模型，并提出了求解该问题的分支定界分解算法。Christoph② 在已知两点之间的最短距离和最短路径条件下，探讨运用等待时间来考察和评价公交路网的合理性，运用启发式算法求解，优化了基于出行成本最低的公交网络系统。

Fosgerau 和 Fukudap③ 利用车牌识别数据，详细研究了城市道路上车辆路段旅行时间的分布，他们认为经过正规化后的车辆路段旅行时间数据符合稳定分布（Stable distribution），且可以粗略地认为分布与数据在一天中所取得的时间段无关。他们的探索属于典型的拟合式经验型研究方法，完全不能揭示道路交通系统中的内在因素，如交叉口信号灯、路段交通流量等因素对车辆路段旅行时间分布的影响，并给出在多因素影响下的车辆路段旅行时间理论分布。

国内，于滨等人④构建了支持向量机模型预测公交车运行时间，并将其运用到大连 23 号线进行实例验证。结果证明，该模型比自回归移动平均模型、人工神经网络模型预测结果更优。陈巳康等⑤运用GPS 定位系统数据，发布公交车的到站时间，将公交车到站时间精确到 2 分钟内，准确率达 80% 以上。

① Hirsch, Warren M., Dantzig, G. B., "The fixed charge problem", *Naval Research Logistics Quarterly*, 1970, 2, pp. 217 – 235.

② Christoph, E., Mandl., "Evaluation and optimization of urban public transportation networks", *European Journal of Operational Research*, 1980, 6, pp. 396 – 404.

③ Fosgerau, M., Fukuda, D., "Valuing travel time vatiability: Characteristics of the travel time distribution on an urban road", *Transportation Research Part C*, 2012, 24, pp. 83 – 101.

④ 于滨、杨忠振、林剑艺：《应用支持向量机预测公交车运行时间》，《系统工程理论与实践》2007 年第 4 期，第 160—164 页。

⑤ 陈巳康、詹成初、陈良贵：《基于路段行程时间的公交到站预测方法》，《计算机工程》2007 年第 21 期，第 281—282 页。

　　对公交车运行规律研究最多的是 Takashi①②③④⑤⑥⑦，Takashi 早期采用有多辆车的公交路径系统模型（a bus - route system with a couple of recurrent buses）从最简单的单一线路上的公交车运行规律探索开始，揭示了传统时间表且无越行运行方式的公交车有三种运行状态：集束状态相（bunch phase）、正常状态相（regular phase）和震荡状态相（oscillatory phase），到最近研究能力控制下的公交系统延迟。目前研究公交车运行规律的方法有：元胞自动机模型（the cellular automaton model）、扩展的车辆跟驰模型（the extended version of the car - following model of traffic）、车头时距模型（the time - headway model）和非线性映射模型（the nonlinear - map model），Takashi 提出的方法类似于扩展的车辆跟驰模型。Takashi 提出的方法无一例外地采用了路段平均车速的假设，这就意味着公交车路段旅行时间分布为常数点分布，这与公交车路段旅行时间实际分布相距甚远；再加上他提出的方法属于模拟仿真类研究方法，不适合大规模的城市常规公交系统和城市轨道交通系统运行状况研究和工程应用。

---

① Takashi, N., "Interaction between buses and passengers on a bus route", *Physica A*, 2001, 296, pp. 320 - 330.

② Takashi, N., "Delay transition of a recurrent bus on a circular route", *Physica A*, 2001, 297, pp. 260 - 268.

③ Takashi, N., "Bunching and delay in bus - route system with a couple of recurrent buses", *Physica A*, 2002, 305, pp. 629 - 639.

④ Takashi, N., "Dynamical behavior of N shuttle buses not passing each other: chaotic and periodic motions", *Physica A*, 2003, 327, pp. 570 - 582.

⑤ Takashi, N., "Chaos control and schedule of shuttle buses", *Physica A*, 2006, 371, pp. 683 - 691.

⑥ Takashi, N., "Dynamics and schedule of shuttle bus controlled by traffic signal", *Physica A*, 2008, 387, pp. 5892 - 5900.

⑦ Takashi, N., "Delay effect on schedule in shuttle bus transportation controlled by capacity", *Physica A*, 2012, 391, pp. 3266 - 3276.

1.1　研究内容

充分理解和把握多因素影响下的车辆区间旅行时间理论分布规律，是助推数据驱动下的交通运营管理的基础。因而本课题确立了以下研究内容：

(1) 城市轨道交通列车区间及路径旅行时间理论分布；

(2) 城市常规公交车辆路段及路径旅行时间理论分布；

(3) 高速列车区间及路径旅行时间理论分布；

(4) 城市公共交通运营可靠性分析理论。

1.2　基本观点

旅行时间指的是完成指定路段或路径上旅行所需要的时间。旅行时间是一个可以被观测的变量。城市公共交通车辆路径旅行时间会受到一些限制，如最小旅行时间等因素的限制，小于最小旅行时间值的车辆路径旅行时间观测不到，因而城市公共交通车辆路径旅行时间具有受限因变量统计中截取回归模型的某些特征。

某些实际问题中，将被解释变量处于某一范围的样本观察值都用一个相同的值代替，称为"截取"问题，该问题具有截取回归模型形式：

$$y_i^* = \beta x_i + \sigma \mu_i \tag{1}$$

其中：σ 是比例系数，μ_i 是随机扰动项；y^* 是潜在变量，它与变量 x_i 之间存在线性关系。被观察的数据 y 与潜在变量 y^* 的关系如下：

$$y_i = \begin{cases} 0 & if \quad y_i^* \leq 0 \\ y_i^* & if \quad y_i^* > 0 \end{cases} \tag{2}$$

换句话说，y_i^* 的所有负值被定义为 0 值。这里称这些数据在 0 处进行了左截取（审查）（left censored），而不是观测不到的 y_i^* 的所有负值简单地从样本中除掉。此模型称为规范的审查回归模型，也称 Tobit 模型。

更一般地，可以在任意有限点的左边和右边截取（审查），即：

$$y_i = \begin{cases} \underline{c}_i & if \quad y_i^* \leq \underline{c}_i \\ y_i^* & if \quad \underline{c}_i < y_i^* < \bar{c}_i \\ \bar{c}_i & if \quad y_i^* \geq \bar{c}_i \end{cases} \tag{3}$$

其中：$\underline{c}_i$，$\bar{c}_i$ 代表截取（审查）点，是常数值。如果没有左截取（审查）点，可以设为 $\underline{c}_i = -\infty$。如果没有右截取（审查）点，可以设 $\bar{c}_i = +\infty$。规范的 Tobit 模型是具有 $\underline{c}_i = 0$ 和 $\bar{c}_i = +\infty$。

如果城市公共交通车辆路径旅行时间符合一般情况下的审查回归模型，那么，把有限区间 $[\underline{c}_i, \bar{c}_i]$ 细分成 g 等分之后，就能够在这 g 等分中的最左和最右两个区间 $[\underline{c}_i, \underline{c}_i + c]$ 和 $[\underline{c}_i + (g-1)c, \bar{c}_i]$（$c = (\bar{c}_i - \underline{c}_i)/g$）看到比较多被观察的数据 y。

这里，首先给出城市轨道交通车辆区间旅行时间的一组观测值直方图，该组数据取自深圳市地铁 5 号线、压轨电路产生的第 5、12、19、22 区间上的列车旅行时间直方图（如图 1 - 1 所示）。如果城市轨道交通列车区间旅行时间符合受限因变量统计中截取回归模型的基本规律，那么，在列车旅行时间直方图最左和最右两个区间中将看到比较多被观

察的数据 y。但是直观观察不难发现，4 个区间上的列车旅行时间直方图中，比较多被观察的数据 y 都不出现在最左和最右两个区间上。很显然，城市轨道交通列车区间旅行时间具有受限因变量统计中截取回归模型的截取特征，除此之外城市轨道交通列车区间旅行时间分布还隐藏其他基本规律，这正是本研究要揭示和定量分析的规律。

城市轨道交通列车区间旅行时间具有受限因变量统计中的截取特征，使得采用已知的数学概率分布直接拟合观测数据的传统方法误差很大，且导致同一轨道交通线路、不同区间上的列车旅行时间分布需要用不同的概率分布来拟合。这与同一线路上城市轨道交通外部环境、牵引动力、控制方式基本一致的现实不相符合；同一轨道交通线路、不同区间上的城市轨道交通旅行时间分布规律应该具有一致性。

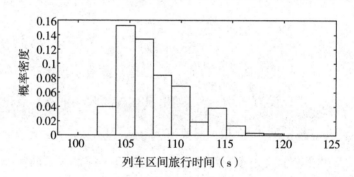

（a）下行第 5 区间旅行时间

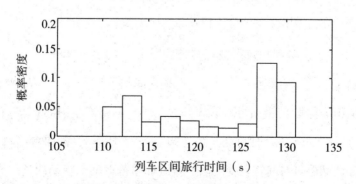

（b）下行第 12 区间旅行时间

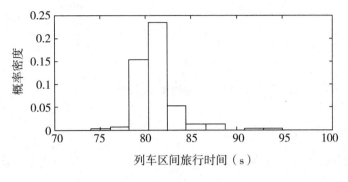

（c）下行第 19 区间旅行时间

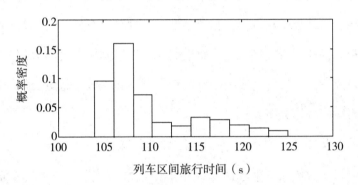

（d）下行第 22 区间旅行时间

图 1－1　城市轨道交通车辆区间旅行时间

　　由于城市公共交通路径上的旅行时间理论分布尚不为人们所清晰认识，因而研究城市公共交通运营可靠性缺乏坚实的理论基础，有必要在现代检测设备日趋完善的条件下，重新关注和重视研究城市公共交通车辆路径旅行时间理论分布这一基础理论问题。反过来，这一基础理论的有效解决，将从基础理论层面促进人们重新认识城市公共交通运营的可靠性。

1.3 研究思路

本项目将采用从易到难，从简到繁，结合城市公共交通车辆的运行特征研究思路开展研究。城市轨道交通线路为城市轨道交通列车独占使用，受外界干扰较少，相对于城市常规公交车辆，其运行环境比较简单。因此本研究将从城市轨道交通列车区间旅行时间数据分析开始，研究一类拓展的受限因变量统计问题，建立城市轨道交通车辆区间旅行时间理论分布。

（1）城市轨道交通列车区间旅行时间理论分布研究。

假设一般情况下审查回归模型中被观察的数据 y 与潜在变量 y^* 的概率密度函数分别用 $f(y)$ 和 $f(y^*)$ 表示，它们之间存在以下关系式：

$$f(y) = \begin{cases} 0 & if \ \ y^* \leqslant \underline{c}_i \ or \ y^* \geqslant \bar{c}_i \\ f(y^*) & if \ \ \underline{c}_i < y^* < \bar{c}_i \\ \dfrac{1}{\delta}\int_{-\infty}^{\underline{c}_i} f_{y^*}(t)dt & if \ \ y^* \in [\underline{c}_i, \underline{c}_i + \delta) \\ \dfrac{1}{\delta}\int_{\bar{c}_i}^{+\infty} f_{y^*}(t)dt & if \ \ y^* \in (\bar{c}_i - \delta, \bar{c}_i] \end{cases} \tag{4}$$

其中，$f_{y^*}(t)$ 是变量 y^* 的概率密度函数 $f(y^*)$，δ 是一个无穷小的正数。

城市轨道交通列车区间旅行时间可以看成是一个潜在变量 y^*，被观察的列车区间旅行时间数据为 y。按照目前的列车运行控制水平，受区间最小旅行时间限制，小于区间最小旅行时间的城市轨道交通列车区间旅行时间数据 y，不可能都聚集在区间最小旅行时间值一个点上，而是按照被观察的列车区间旅行时间数据 y 出现可能性大小规则，叠加在 $[\underline{c}_i, \bar{c}_i]$ 内的某个区间 $[t_1, t_2]$ 上，这种规则如式（5）所示。

$$
f(y) = \begin{cases} 0 & if \quad y^* \leqslant \underline{c}_i \ or \ y^* \geqslant \bar{c}_i \\[2mm] f(y^*) & if \quad \underline{c}_i < y^* < t_1 \ or \ t_2 < y^* < \bar{c}_i \\[2mm] f(y^*) + \dfrac{\int_{y^*-\delta}^{y^*+\delta} f_{y^*}(t)\,dt}{2\delta \int_{t_1}^{t_2} f_{y^*}(t)\,dt} \left[\int_{-\infty}^{\underline{c}_i} f_{y^*}(t)\,dt + \right. \\[4mm] \left. \int_{\bar{c}_i}^{+\infty} f_{y^*}(t)\,dt\right] & if \quad t_1 < y^* < t_2 \end{cases}
\tag{5}
$$

城市轨道交通列车区间旅行时间潜在变量 y^* 符合正态分布规律，对应理想条件下，即列车旅行速度不受限制，加、减速度也不受限制，受驾驶员驾驶操作差异性和供电等外部环境因素波动的影响，列车区间旅行时间潜在变量 y^* 将服从正态分布。这时，得到的列车区间旅行时间理论概率密度函数 $f(y)$ 曲线如图 1-2 所示，点虚曲线是城市轨道交通列车区间旅行时间潜在变量 y^* 的概率密度曲线，实曲线是城市轨道交通列车区间旅行时间理论概率密度函数 $f(y)$ 曲线，柱状图是城市轨道交通列车区间旅行时间数据 y 的直方图。从中可以看出，理论概率密度函数 $f(y)$ 曲线很好地拟合了数据 y 的直方图，且不同区间具有同样的规律性。

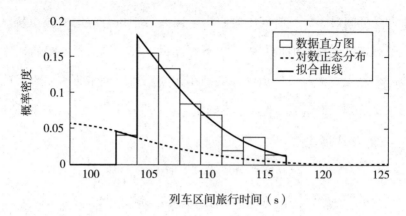

（a）下行第 5 区间列车旅行时间及拟合曲线

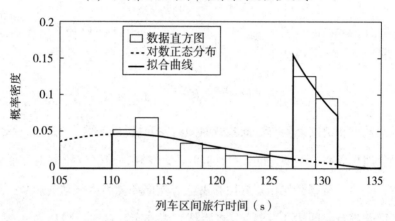

（b）下行第 12 区间列车旅行时间及拟合曲线

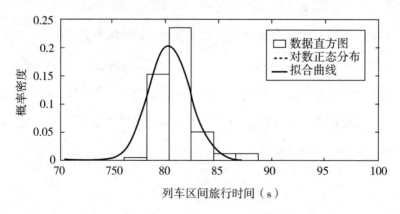

（c）下行第 19 区间列车旅行时间及拟合曲线

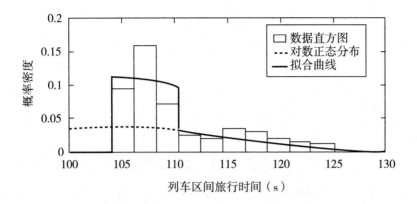

（d）下行第 22 区间列车旅行时间及拟合曲线

图 1 - 2　城市轨道交通车辆区间旅行时间、潜在变量概

率密度和理论概率密度函数曲线

（2）城市常规公交车辆路段旅行时间理论分布研究。

城市常规公交运营可靠性指标定量性地反映了城市常规公交车辆按计划完成运营任务的能力，车辆路段旅行时间理论分布是城市常规公交运营可靠性分析的基础。本部分研究将利用在第（1）步拓展的受限因变量统计研究成果基础上，研究交叉口信号灯、路段上的交通流量大小等因素影响下的城市常规公交车辆路段旅行时间理论分布，再依据城市常规公交车辆路段旅行时间分布规律、停站时间分布规律和发车时间延误分布规律，利用马尔科夫过程方法研究城市公共交通运营可靠性。

（3）城市公共交通运营可靠性理论分析。

有了第（1）和（2）步的研究成果，就能依据城市公共交通车辆路段或区间旅行时间分布规律、停站时间分布规律和发车时间延误分布规律，依据城市公共交通运营可靠性指标，利用马尔科夫过程方法研究城市公共交通运营的可靠性。

1.4　研究方法

本项目将遵循公共交通车辆运行大数据特征提取、具有函数值平移特征的受限因变量统计建模、多影响因素分解的思路，利用统计学、非线性优化、图论、马尔科夫过程方法和计算机学等学科方法进行研究。

1.5　创新之处

（1）研究了一类具有函数值平移特征的受限因变量统计问题，并在城市轨道交通列车区间旅行时间数据中得到例证。这种新类型的受限因变量统计问题还出现在其他经济问题的统计中，如人员工资收入表述性调查统计中。

（2）拓广具有函数值平移特征的受限因变量统计方法，研究更为复杂的城市常规公交车辆路段旅行时间理论分布问题。交叉口信号灯、路段上的交通流量大小两因素属于交通系统本身的影响因素，会对车辆路段旅行时间分布带来系统性的影响，目前这种影响尚未被人们所知。如果能够揭示这种系统性影响的规律，就能打开一扇从交通系统"线或面"的层次上，认识交通系统运行规律的新窗口；也能通过对交通系统中可控的交通信号灯参数和路段上交通流量的调节，提

高车辆出行可靠性和道路交通系统的运行效率。这是本研究的显著
特色。

1.6　全书结构

　　本书共包含十个篇章，第 1 章绪言部分介绍研究内容、基本观
点、研究思路、研究方法、创新之处等内容；第 2、3 章分别研究城
市轨道交通系统的列车区间旅行时间理论分布和城市地铁列车易晚
点区间识别方法；第 4 章介绍了高铁列车图定区间旅行时间适宜性
判断方法；第 5、6、7、8、9 章着重研究城市道路系统中车辆运行
规律，第 5 章研究了车辆路段旅行时间理论分布，为第 6、7、8、9
章的研究奠定了基础，第 6、7 章分别研究了基于车辆路段旅行时间
分布的交叉口信号参数优化方法和 β 测度下信号交叉口控制时段划
分；第 8、9 章着重研究公交车到站时间分布规律和公交站点附近道
路实际通行能力。报告中的第 2、5 章是基础理论部分，它们解答了
项目的第 1 和 2 个目标——城市轨道交通列车区间及路径旅行时间
理论分布和城市常规公交车辆路段及路径旅行时间理论分布。第 3、
6、7、8、9 章是基础理论的应用或优化方法，它们能促进项目的第
3 个目标——城市公共交通运营可靠性分析理论的实现。全书的结
构如图 1－3 所示。

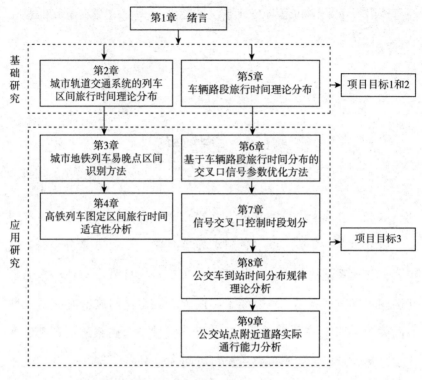

图 1 – 3　全书的结构及其相互关系

第 2 章　列车区间旅行时间理论分布*

本章摘要：受限因变量模型的理论框架被扩展，使之拥有迁移特征，以适合拟合城市轨道交通线网中列车中区间旅行时间分布。列车区间旅行时间分布是列车运行可靠性分析的重要影响因素。列车在车站的实际到达和离开时间可由城市轨道交通系统的压轨道电路记录并自动形成，这些数据被用来计算每列列车区间旅行时间及列车车站驻留时间。对数正态分布与正态分布是最适合和次最适合拟合列车区间旅行时间分布的、受限因变量模型中的潜在分布。列车区间旅行时间理论分布可以用四个参数描述，即潜在分布期望、方差和迁移区间的上下边界。最小二乘法的平方根（SRLSM）作为衡量列车区间旅行时间的理论分布和相应时间段的真实数据直方图差值，并根据 SRLSM 指标采用遍历搜索算法决定上述四个参数。验证实例的所有列车不同

---

　　* 本章研究成果以论文 "Distribution analysis of train interval journey time employing the censored model with shiftingcharacter" 形式发表在 SCI 国际期刊 *Journal of Applied Statistics*. 2016. 5. 27. http：//dx. doi. org/10. 1080/02664763. 2016. 1182134。后续研究成果整理成论文 "A general framework of analyzing train interval travel time distribution for urban and high－speed railway system"。项目负责人指导的硕士研究生张永红、刘振秋、薛红丽参与了这一领域的研究，顺利完成硕士学位论文，获得硕士学位。

区间上的列车区间旅行时间分布和相应时间段的真实数据直方图的 SRLSM 平均值为 0.0905。这表明具有迁移特征的受限因变量模型适合列车区间的旅行时间分布拟合。具有迁移特征的受限因变量模型理论框架使得只需要存储列车区间旅行时间数据隐藏规律而不是历史数据，并为城市轨道交通运行管理最优化奠定了基础。

制定列车开行方案是铁路运输调度工作的重要步骤之一，它包括了乘客需求分析、线路规划、列车时刻表计划、车辆计划和班组管理。一个好的列车开行方案将会通过给每辆列车分配由点和区间线路组成的、铁路网络中的一条连接起点和终点的运行线路，并规定了每列列车停站站点、到达时刻和从车站出发、最小停站时间，来提升铁路系统效率（Higgins and Kozan[1]，1998；Yu – Hern et al. [2]，2000；Goverde[3]，2005；Goossens et al. [4]，2006；Vromans et al. [5]，2006；Caprara et al. [6]，2007；Abril et al. [7]，2008；Kroon et al. [8]，

————————

[1] Higgins, A., Kozan, E., "Modeling train delays in urban networks", *Transportation Science*, 1998, 32, pp. 346 – 358.

[2] Yu – Hern, C., Chung – Hsing, Y., and Ching – Cheng, S., "A multi – objective model for passenger train services planning: application to Taiwan's high – speed rail line", *Transportation Research Part B*, 2000, 34, pp. 91 – 106.

[3] Goverde, R. M. P., "Punctuality of railway operations and timetable stability analysis", *Trail Thesis Series*, *The Netherlands TRAIL Research School*, 2005.

[4] Goossens, J. W., Hoesel, S. V., and Kroon, L., "On solving multi – type railway line planning problems", *European Journal of Operational Research*, 2006, 168, pp. 403 – 424.

[5] Vromans, M. J. C. M., Dekker, R., and Kroon, L. G., "Reliability and heterogeneity of railway service", *European Journal of Operational Research*, 2006, 172, pp. 647 – 665.

[6] Caprara, A., Kroon, L., Monaci, M., Peeters, M., and Toth, P., "Passenger railway optimization", *Handbook in OR & MS*, Chapter 3. 14, 2007, pp. 129 – 188.

[7] Abril, M., Barber, F., Ingolotti, L., Salido, M. A., ormos, P. T., and Lova, A., "An assessment of railway capacity", *Transportation Research Part E*, 2008, 44, pp. 774 – 806.

[8] Kroon, L., Dekker, R., Maroti, G., Helmrich, M. R., and Vromans, M., "Stochastic improvement of cyclic railway timetables", *Transportation Research PartB*, 2008, 42, pp. 553 – 570.

2008；Feng et al. [1]，2008；Castillo et al. [2]，2011；Cacchiani and Toth[3]，2012；Harrod[4]，2012；Salido et al. [5]，2012；Shafia et al. [6]，2012）。一些列车也许会使用相同的列车线路，因此开行这些列车必须满足一系列安全条例。例如，使用相同轨道的连发列车必须满足给定的最小发车间隔，并禁止在同一轨道上越行。为了满足线路通行能力约束和其他目标，不同列车通常采用同一张时刻表。在铁路网络上寻找满足线路通行能力约束和最优化目标的一系列列车的时刻表计划，就是人们熟知的列车时刻表问题（TTP），这张列车时刻表也成为名义列车时刻表。一个列车时刻表问题（TTP）的强化版本试图去适应在计划阶段考虑运行层面延误的可能性，因此这样的列车时刻表将尽可能在运行层面避免延误传播（Cacchiani and Toth[7]，2012）。强化的列车时刻表问题（TTP）在列车时刻表中引入了缓冲时间或者盈余时间，来吸收在运行层面可能的延误。这种做法也许会影响名义列车时刻表的效率，但是可以避免不可行（或不可靠）的名义列车时刻

① Li, F., Gao, Z. Y., Li, K. P., and Yang, L. X., "Efficient scheduling of railway traffic based on global information of train", *Transportation Research Part B*, 2008, 42, pp. 1008 – 1030.

② Castillo, E., Gallego, I., Ureña, J. M., and Coronado, J. M., "Timetabling optimization of a mixed double – and single – tracked railway network", *Applied Mathematical Modeling*, 2011, 35, pp. 859 – 878.

③ Cacchiani, V. and Toth, P., "Nominal and robust train timetabling problems", *European Journal of Operational Research*, 2012, 219, pp. 727 – 737.

④ Harrod, S. S., "A tutorial on fundamental model structures for railway timetable optimization", *Surveys in Operations Research and Management Science*, 2012, 17, pp. 85 – 96.

⑤ Salido, M. A., Barber, F., and Ingolotti, L., "Robustness for a single railway line: Analytical and simulation methods", *Expert Systems with Applications*, 2012, 39, pp. 13305 – 13327.

⑥ Shafia, M. A., Sadjadi, S. J., Jamili, A., Tavakkoli – Moghaddam, R., and Pourseyed – Aghaee, M., "The periodicity and robustness in a single – track train scheduling problem", *Applied Soft Computing*, 2012, 12, pp. 440 – 452.

⑦ Cacchiani, V., and Toth, P., "Nominal and robust train timetabling problems", *European Journal of Operational Research*, 2012, 219, pp. 727 – 737.

表。一个实际上的列车时刻表必须平衡效率和鲁棒性这两个目标。

鲁棒性指有抵抗不精确的能力。Tomii①（2005）是这样定义鲁棒性的："在遭遇一些预计不到的困难情况下，如果我们仍可以在不需重大调整地执行一个时刻表，那么这个时刻表便具有鲁棒性。"一个列车时刻表可以被分成五层次的鲁棒性（Salido et al.②，2012）：时间、顺序、轨道、车辆和取消。在许多情况下，列车时刻表的鲁棒性问题主要出现在时间层面上的小中断，由于小的中断，比如长驻留停站时间、列车服务晚点、等待信号、维护活动的干扰、较小的列车运行速度错误和恶劣的天气条件等。更高层面的中断不会频繁发生，但是最具代表性的结果是重排列车时刻表。因此，必须获得轨道区间上列车运行时刻表的延误分布和列车由于这些小干扰引起的车站驻留时间，进而通过插入缓冲时间和增加盈余运行时间来消除这些中断。这项努力旨在寻找一个前瞻性的列车时刻表，而重排时刻表是处理低频率时间的响应办法。获得列车区间旅行时间的分布是制定一个有效率且不可行风险低的列车时刻表的关键。

许多研究主要集中在数学理论分布的拟合上，比如正态分布、均匀分布、指数分布、γ 分布、β 分布、威布尔分布、对数正态分布（Bury③，1999；Huisman and Richard④，2001；Meester and Muns⑤，

① Tomii，N.，"Robustness indices for train rescheduling"，*In 1st International Seminar on Railway Operations Modeling and Analysis*，2005.

② Salido，M. A.，Barber，F.，and Ingolotti，L.，"Robustness for a single railway line：Analytical and simulation methods"，*Expert Systems with Applications*，2012，39，pp. 13305 - 13327.

③ Bury，K.，*Statistical Distributions in Engineering*，Cambridge University Press，1999.

④ Huisman，T.，and Richard，J. B.，"Running times on railway sections with heterogeneous train traffic"，*Transportation Research Part B*，2001，35，pp. 271 -292.

⑤ Meester，L. E.，and Muns，S.，"Stochastic delay propagation in railway networks and phase - type distribution"，*Transportation Research Part B*，2007，41，pp. 218 -230.

2007；Yugang and Baohua et al. ①，2011），通过统计推断找出最适合真实列车区间运行时间数据的数学理论分布的参数，但是做这并没有区分是轨道交通系统内部的因素影响，还是列车驾驶员驾驶行为差异的影响。通常来说，轨道交通系统内部因素包括列车速度限制和列车区间运行时刻表要求等。轨道区间的列车速度通过列车监控系统监控，使之保持低于最大安全速度行驶，所以列车实际区间旅行时间比理论最小旅行时间长，这种规律在城市轨道交通系统中不同区间都存在。本书的主要目标是获得考虑了上述因素的列车区间的旅行时间分布规律。

列车在轨道区间上的旅行时间分布会受驾驶行为差异和系统因素的影响，例如，最大旅行速度限制和列车自动运行系统的控制策略因素。驾驶员操作过程的差异性是列车运行时间波动性的主要原因之一，列车自动运行系统的控制策略因素重塑了列车在区间上旅行时间的波动性，这一迁移重塑特征和受限因变量模型相似的。也就是说，若列车区间旅行时间只受驾驶员行为差异因素的影响，其被视为潜在变量，这个潜在变量的观察值将被系统因素再造，例如最大旅行速度限制，部分潜在变量的观察值将迁移到大于最小旅行时间的区间。因而观测变量的分布可以通过潜在变量分布的迁移得到，即把潜在变量旅行时间分布中小于最小旅行时间的那部分概率，迁移至大于最小旅行时间的某个区间上，最小旅行时间是在前文中提到的受限因变量限制边界。受限因变量是其值在某些区间上受限制的一类变量。在经济学中，这个术语经常被使用，特别当需要使用模型考虑受限因变量与

---

① Yugang, Z., Baohua, M., and Yu‐kun, J., "Study on the buffer time of metro train diagram based on train running time deviation", *China Railway Science*, 2011, 32, pp. 118 – 121.

·21·

其他变量之间的关系时经常采用（Maddala[1]，1983；Wooldridge[2]，2002）。轨道区间上的列车旅行时间分布有其特征，其出现比最小旅行时间更短旅行时间的可能性不像受限因变量模型中被截断或被检查了，而是被一个大于最小旅行时间值所替代了，它们服从某种迁移规则，小于最小旅行时间的可能性都迁移至另一个时间区间，这是由列车自动运行系统控制策略所决定的。

本书通过扩展受限因变量模型的理论框架，使之具有迁移特征，并使得具有迁移特征的受限因变量模型具有拟合轨道区间上列车旅行时间分布的能力。同时该方法还把列车驾驶行为波动性因素从系统控制策略影响因素中分离出来了。

具有迁移特征的受限因变量模型的理论框架包含两部分：第一步确定可能性概率迁入区间，由于轨道区间上，比最小旅行时间小的列车潜在旅行时间都被迁移，接受这些旅行时间可能性的区间首先从旅行时间分布数据中直接确定下来。第二步是寻找一个适合的数学概率分布，使得这个分布在统计区间上与列车旅行时间分布观测差值平方和的根方（SRLSM）最小。本书将使用遍历搜索决定四个参数：概率迁移区间上下边界和潜在分布的期望和方差。

列车运行数据被用来验证具有迁移特征的受限因变量模型理论框架的正确性，并且展示提出来的这个方法适合拟合城市轨道交通系统中任何区段上列车旅行时间分布。城市轨道交通系统中的现代压轨检测电路系统允许在运行期间记录列车数据，这些数据信息包括列车号、目的地、到站时间和离站时间等信息。使用这些数据和列车计划

---

① Maddala, G. S., *Limited - dependent and Qualitative Variables in Econometrics*, Cambridge University Press, 1983.

② Wooldridge, J. M., *Econometric Analysis of cross Section and Panel Data*, MIT Press, 2002.

时刻表信息，可以推导每列列车在任意区间上的实际旅行时间，以及与计划旅行时间的偏差值。这些数据也证实了一个基本的事实：在牵引动力和控制方式基本一致的环境中，同一条轨道上不同区段上的列车区间旅行时间分布应该具有一致性。然而，没有哪个数学分布，例如正态分布、均匀分布、指数分布、伽马分布、贝塔分布、韦布尔分布、对数正态分布等能满足这一要求。

2.1　受限因变量模型

列车区间旅行时间（the train interval journey time，TIJT）是指城市轨道交通系统内列车在两个车站区间段中的旅行时间，可用 t^k 表示，它取决于列车在区间 k 上的区间平均速度 v^k，若 L^k 表示区间 k 的长度，列车区间旅行时间（TIJT）t^k 和列车区间平均速度 v^k 的关系是：

$$t^k = L^k / v^k \qquad\qquad (1)$$

尽管列车开行时会尽量维持时刻表上的列车区间速度 v^k，实际的列车区间旅行时间（the actualtrain interval journey time，ATIJT）t^k 和时刻表上的列车区间旅行时间（the scheduled traininterval journey time，STIJT）t^k 之间会有一个误差项 ε^k：

$$t^k = t^k + \varepsilon^k = \frac{L^k}{v^k} + \varepsilon^k, \varepsilon^k \sim N(0, \sigma^2) \qquad (2)$$

假设变量 $x^k = 1 / v^k$，那么式（2）可以被改写成：

$$t^k = L^k \times x^k + \varepsilon^k, \varepsilon^k \sim N(0, \sigma^2) \qquad (3)$$

这里的目标是获得列车区间旅行时间（TIJT）的分布。实际的列车区间旅行时间（ATIJT）t^k 和 x^k 是线性关系，这个特性和受限因变量模型①是相似的。为了确保完整性，首先介绍受限因变量模型。有两种受限因变量模型和列车区间旅行时间（TIJT）分布有关：截断回归模型和检查模型（1 - 型 Tobit 模型）。

2.1.1 截断回归模型

当观测样本数据来自总体的一个子集时，截断的影响发生了，这个样本值是基于因变量值的，如图 2 - 1 所示。

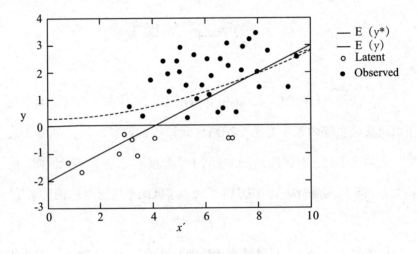

图 2 - 1 截断回归模型

潜在自由变量 y_i^* 与自变量 x_i' 存在线性关系，即：

$$y_i^* = x_i'\beta + \varepsilon_i, \varepsilon_i \sim N(0,\sigma^2) \tag{4}$$

式中误差项 ε_i 是独立的，并服从 $N(0,\sigma^2)$ 的正态分布，因此对于给定的 x_i'，y_i^* 的分布也服从正态分布：$y_i^* \mid x_i' \sim N(x_i'\beta,\sigma^2)$。条件

① Kurt, S., Limited Dependent Variable Models, "Lecture Notes in Microeconometrics in Pompeu Fabra University", http://kurt. schmidheiny. name/teaching/limiteddependent2up. pdf.

潜在变量的期望值是 $E\left(y_i^* \mid x_i'\right) = x_i'\beta$。

只有 y_i^* 超过一个确定的临界值 a，观测值 y_i 才可以观察到，即：

$$y_i = \begin{cases} y_i^*, y_i^* > a \\ n.a., y_i^* \leq a \end{cases} \tag{5}$$

因此，若潜在变量 y_i^* 的概率密度函数是 $f(y_i^*)$，那么截断变量 y_i 的条件概率密度函数（PDF）$f(y_i)$ 为：

$$f(y_i) = \begin{cases} \dfrac{f(y_i^*)}{P(y_i^* > a)}, y_i = y_i^* \geq a \\ 0, y_i = y_i^* < a \end{cases} \tag{6}$$

2.1.2 审查模型

当因变量的值受到限制时会发生，像在截断模型中一样，只有部分因变量样品可以观察得到，如图 2-2 所示。

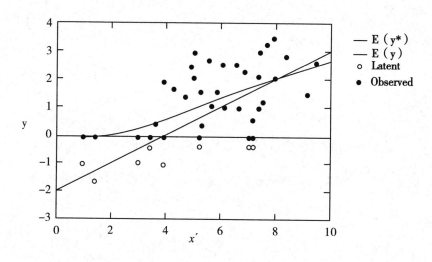

图 2-2 标准 Tobit 模型（类型 1）

y_i^* 潜在因变量 y_i^* 与自变量 x_i' 存在线性关系，即：

$$y_i^* = x_i'\beta + \varepsilon_i, \varepsilon_i \sim N(0, \sigma^2) \tag{7}$$

误差项 ε_i 是独立的，并服从的正态分布 $N(0, \sigma^2)$，因此对于给定的 x_i'，y_i^* 的分布也服从正态分布：$y_i^* \mid x_i' \sim N(x_i'\beta, \sigma^2)$。潜在变量的期望值为 $E(y_i^* \mid x_i') = x_i'\beta$。

当的观测值 y_i 在零以下被审查时，将有：

$$y_i = \begin{cases} y_i^*, y_i^* > 0 \\ 0, y_i^* \leqslant 0 \end{cases} \tag{8}$$

如果小于零的 y_i 观测值被审查了，式（8）的模型被称作正态审查模型，即类型 1 的 Tobit 模型。

观测变量 y_i 是一个混合变量，这个变量在零处的概率值 $P(y_i = 0) = P(y_i^* \leqslant 0)$，大于零处的概率密度函数 $f(y_i) = f(y_i^*)$，$y_i^* > 0$。

通常来说，审查的影响也许会发生在任何两点的左边或者右边，即：

$$y_i = \begin{cases} \underline{c}_i, if\, y_i^* \leqslant \underline{c}_i \\ y_i^*, if\, \bar{c}_i > y_i^* > \underline{c}_i \\ \bar{c}_i, if\, y_i^* \geqslant \bar{c}_i \end{cases} \tag{9}$$

其中，$\underline{c}_i$ 和 $\bar{c}_i$ 代表审查点，并且是常量。如果没有左审查点，那么 $\underline{c}_i = -\infty$；相应的没有右审查点，$\bar{c}_i = +\infty$。Tobit 模型的参数值 $\underline{c}_i = 0$，$\bar{c}_i = +\infty$。

在城市轨道交通区段 k 上，实际列车区间旅行时间（ATIJT）t^k 和截断回归模型［式（3）］、审查模型［式（7）］有一个相似的表达形式，但是实际的列车区间旅行时间（ATIJT）t^k 的分布具有迁移特征，与后两者是有差异的。

2.2　TIJT 分布的迁移特征

实际列车区间旅行时间（ATIJT）t^k 是可以观察到的变量，时刻表上的列车区间旅行时间和误差项的 $t^k + \varepsilon^k$ 对应着受限因变量模型中的潜在变量。时刻表上，每列列车有一个确定的驶入轨道区间时刻、列车区间旅行时间和驶出该区段时刻。尽管实际列车区间旅行时间（ATIJT）t^k 和截断回归模型［式（3）］有相似的表达形式，但是它并不具有受限因变量模型的截断特性，因为不存在沿着轨道区间运行的列车会突然消失，列车无论是自身放慢速度通行还是被其他列车救援都会驶出该轨道区段，不然就会阻塞该轨道区间。列车只是改变了计划的区间旅行时间，使用一个新的区间旅行时间代替了列车区间计划旅行时间。

实际列车区间旅行时间（ATIJT）t^k 也不服从受限因变量模型的审查特性，因为列车区间速度有一个最大值限制 $v_{\max}^k$（即：$0 < v^k < v_{\max}^k$），根据式（1）可知实际列车区间旅行时间（ATIJT）t^k 值落在区间 $(L^k / v_{\max}^k, +\infty)$ 上。然而，在式（3）发生较小的随机干扰 ε^k 时，时刻表上的列车区间旅行时间（STIJT）加上了一个误差项的值，$t^k + \varepsilon^k$，也许会小于 $L^k / v_{\max}^k$；即：列车瞬时速度比最大速度 $v_{\max}^k$ 大。当这个情况发生时，列车运行控制系统会启动列车保护程序，列车运行控制系统将采用一个低于 $v_{\max}^k$ 的新的瞬时速度。因此潜在变量 STIJT，$t^k + \varepsilon^k$，的值会迁移到区间 $(L^k / v_{\max}^k, +\infty)$ 的子集上，而不是一个点 $t_{\min}^k = L^k / v_{\max}^k$，这是列车区间旅行时间分布的迁移特征，所有被观察到的变量值都落在区间 $(L^k / v_{\max}^k, +\infty)$ 上。子集的上下边界 t_{up}^k，t_{down}^k

是描述列车区间旅行速度分布迁移特征的参数，它们由列车运行控制系统所决定，如图2-3所示。在子集 $[t_{\text{down}}^k, t_{\text{up}}^k]$ 上，潜在变量值的迁移规律有四种可能的情况，如图2-4所示。

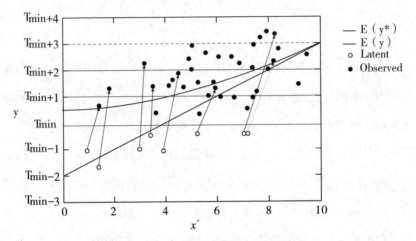

图2-3 拥有迁移特征的受限因变量模型

（1）值小于 $t_{\text{min}}^k = L^k / v_{\text{max}}^k$ 的潜在变量分布的可能性（STIJT加上一个误差项 $t^k + \varepsilon^k$）都迁移并均匀分布在区间 $[t_{\text{down}}^k, +\infty)(t_{\text{up}}^k = +\infty)$ 上。在轨道区间 k 上，列车旅行时间大于或等于最小列车旅行时间 t_{min}^k，如图2-4（a）所示，虚线是潜在列车区间旅行时间的概率密度曲线，粗点画线是从潜在列车区间旅行时间的概率密度曲线迁移后所得的实际（观察）列车区间旅行时间的概率密度曲线（这里假设潜在变量符合正态分布）。

（2）值小于 $t_{\text{min}}^k = L^k / v_{\text{max}}^k$ 的潜在变量分布的可能性（STIJT加上一个误差项 $t^k + \varepsilon^k$）都迁移并均匀分布在区间 $[t_{\text{down}}^k, t_{\text{up}}^k]$ 上。在轨道区间 k 上，列车旅行时间大于或等于最小列车旅行时间 t_{min}^k。在区间 $[t_{\text{min}}^k, t_{\text{down}}^k]$ 和 $[t_{\text{up}}, +\infty)$ 上，旅行时间发生概率不发生改变，如图2-4（b）所示。

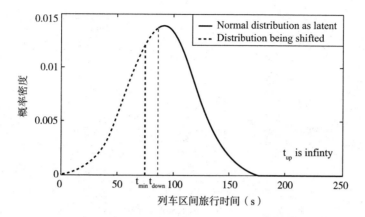

（a）当 $t_{\min}^{k} = 75s$, $t_{\text{down}}^{k} = 90s$ 和 t_{up}^{k} 为正无穷大时的平均迁移

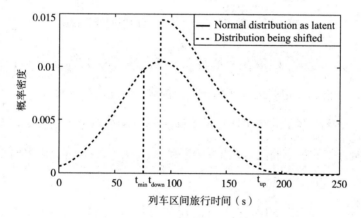

（b）当 $t_{\min}^{k} = 75s$, $t_{\text{down}}^{k} = 90s$ 和 $t_{\text{up}}^{k} = 180s$ 的平均迁移

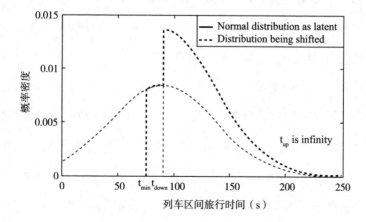

（c）当 $t_{\min}^{k} = 75s$, $t_{\text{down}}^{k} = 90s$ 和 t_{up}^{k} 是正无穷大时概率大小的迁移

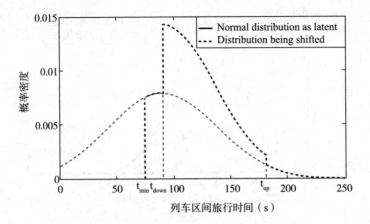

（d）当 $t_{\min}^k = 75s$，$t_{\text{down}}^k = 90s$ 和 $t_{\text{up}}^k = 180s$ 时的概率大小迁移

图 2-4　在轨道区间上列车旅行时间的概率密度

（3）小于 $t_{\min}^k$ 的潜在变量出现的可能性（STIJT 加上一个误差项 $t^k + \varepsilon^k$）根据一定的比率规律迁移分散到子集 $[t_{\text{down}}^k, +\infty)$（$t_{\text{up}}^k = +\infty$）上。这个比率等于潜在变量在邻域 $(t - \delta, t + \delta)$（$\forall t \in [t_{\text{down}}^k, +\infty)$，$\delta$ 是一个接近零的很小的数）上出现的概率和在 $[t_{\text{down}}^k, +\infty)$ 上概率的比值，如图 2-4（c）所示。

（4）小于 $t_{\min}^k$ 的潜在变量出现的可能性（STIJT 加上一个误差项 $t^k + \varepsilon^k$）根据一定的比率规律迁移分散到子集 $[t_{\text{down}}^k, t_{\text{up}}^k]$ 上。这个比率等于潜在变量在邻域 $(t - \delta, t + \delta)$（$\forall t \in [t_{\text{down}}^k, +\infty)$，$\delta$ 是一个接近零的很小的数）上的概率和在 $[t_{\text{down}}^k, +\infty)$ 上概率的比值，如图 2-4（d）所示。

在（1）和（3）情况下，轨道区间 k 上的参数 t_{down}^k 是一个不小于 $t_{\min}^k$ 的常数，参数 t_{up}^k 取值为 $+\infty$。在（3）和（4）的情况下，轨道区间 k 上的参数 t_{down}^k 是一个不小于 $t_{\min}^k$ 的常数，参数 t_{up}^k 是比 t_{down}^k 大的常数。

通常来说，概率分布的迁移并叠加到子集区间 $[t_{\text{down}}^k, t_{\text{up}}^k]$ 上，令 $f(y)$ 和 $f(y^*)$ 分别表示观测值 y 和潜在变量 y^* 的概率密度函数

（PDF）。列车区间旅行时间在四种情况下的迁移规律可以分别表示为如下函数形式：

$$f(y) = \begin{cases} 0, if\, y^* \leqslant t_{\min}^k \\ f(y^*), if\, t_{\min}^k < y^* < t_{\text{down}}^k \\ f(y^*) + \dfrac{\displaystyle\int_{-\infty}^{t_{\min}^k} f_{y^*}(t)\,dt}{\infty - t_{\text{down}}^k}, if\, t_{\text{down}}^k < y^* < +\infty \end{cases} \quad (10)$$

$$f(y) = \begin{cases} 0, if\, y^* \leqslant t_{\min}^k \\ f(y^*), if\, t_{\min}^k < y^* < t_{\text{down}}^k \,or\, t_{\text{up}}^k < y^* \\ f(y^*) + \dfrac{\displaystyle\int_{-\infty}^{t_{\min}^k} f_{y^*}(t)\,dt}{t_{\text{up}}^k - t_{\text{down}}^k}, if\, t_{\text{down}}^k < y^* < t_{\text{up}}^k \end{cases} \quad (11)$$

$$f(y) = \begin{cases} 0, if\, y^* \leqslant t_{\min}^k \\ f(y^*), if\, t_{\min}^k < y^* < t_{\text{down}}^k \\ f(y^*) + \dfrac{\displaystyle\int_{y^*-\delta}^{y^*+\delta} f_{y^*}(t)\,dt}{2 \times \delta \times \displaystyle\int_{t_{\text{down}}^k}^{\infty} f_{y^*}(t)\,dt} * \displaystyle\int_{-\infty}^{t_{\min}^k} f_{y^*}(t)\,dt \\ if\, t_{\text{down}}^k < y^* < +\infty \end{cases} \quad (12)$$

$$f(y) = \begin{cases} 0, if\, y^* \leqslant t_{\min}^k \\ f(y^*), if\, t_{\min}^k < y^* < t_{\text{down}}^k \,or\, t_{\text{up}}^k < y^* \\ f(y^*) + \dfrac{\displaystyle\int_{y^*-\delta}^{y^*+\delta} f_{y^*}(t)\,dt}{2 \times \delta \times \displaystyle\int_{t_{\text{down}}^k}^{t_{\text{up}}^k} f_{y^*}(t)\,dt} * \displaystyle\int_{-\infty}^{t_{\min}^k} f_{y^*}(t)\,dt \\ if\, t_{\text{down}}^k < y^* < t_{\text{up}}^k \end{cases} \quad (13)$$

在获得目标——列车区间旅行时间分布之前，有两个问题需要解决。

问题1：确定潜在变量（STIJT 加上一个误差项 $t^k + \varepsilon^k$）服从何种分布？

问题2：需确定概率迁入子集 $[t_{\mathrm{down}}^k, t_{\mathrm{up}}^k]$ 上的两参数 t_{down}^k 和 t_{up}^k。

为了处理问题1，在每个列车区段，把正态分布、均匀分布、指数分布、γ 分布、β 分布、威布尔分布、对数正态分布等数学概率分布分别选择作为符合列车实际旅行时间直方图潜在变量的分布，通过计算直方图中实际列车旅行时间的概率和直方图区间上列车区间旅行时间理论分布概率偏差平方和的根方（SRLSM），来鉴别哪组参数 t_{down}^k，t_{up}^k 和潜在分布参数特性（例如，正态分布的平均值和方差）是最适合去拟合列车实际旅行时间直方图的，并判断哪一种数学概率分布作为潜在变量分布最好。

就问题2而言，并不存在任何列车运行控制系统机制可以保证小于 t_{min}^k 的潜在变量出现的可能性（STIJT 加上一个误差项 $t^k + \varepsilon^k$）迁移并均匀分散到子集 $[t_{\mathrm{down}}^k, t_{\mathrm{up}}^k]$ 上，无论 t_{up}^k 是常数还是无穷大。特别需要说明的是 $\infty - t_{\mathrm{down}}^k$，仍然是无穷大，所以 $\int_{-\infty}^{t_{\mathrm{min}}^k} f_{y^*}(t)\,dt / (\infty - t_{\mathrm{down}}^k)$ 的值等于零，式（10）可以等价于：

$$f(y) = \begin{cases} 0, if\, y^* \leq t_{\mathrm{min}}^k \\ f(y^*), if\, t_{\mathrm{min}}^k < y^* < t_{\mathrm{down}}^k \\ f(y^*) + 0, if\, t_{\mathrm{down}}^k < y^* < +\infty \end{cases} \tag{14}$$

许多列车若以很低的区间速度穿过轨道区间 k，对城市轨道交通系统来说就不经济了。因此，不会发生（1）和（2）的情况下的实际列车区间旅行时间（ATIJT）t^k。（3）和（4）没有本质区别，都可以用式（13）表示。可以采用遍历搜索算法获得实际列车区间旅行时间（ATIJT）的概率密度函数，并使用第 1 章第四节介绍的方法确定 t_{down}^{k} 和 t_{up}^{k} 参数。

2.3　数据说明

　　本书所用的数据是中国南方深圳地铁 5 号线在 2013 年 6 月 3 日至 7 日 3：00 至 23：00 时间段轨道电路的压力传感器记录的数据。这写数据包括目的地代码、车站、站台编号和在每个车站每列车的实际、计划的到达和离开时间（见表 2－1）。根据这些运行记录可以计算每个区间列车实际旅行时间以及在每个车站的实际驻留时间。深圳地铁 5 号线上有 27 个站，前海湾和黄贝岭两个车站是线路的起、终点站。从前海湾站出发，车站被连续计数，从车站 1 开始至车站 27 结束。在前海湾和临海间轨道区间作为区间 1，区间连续计数至区间 26（见表 2－2）。塘朗车辆厂在塘朗站和长岭坡站之间，上水径车辆厂位于上水径和下水径站之间。从前海湾站到黄贝岭站方向被视为下行方向，相反方向是上行方向。每个轨道区间皆比 329.22m 长，表 2－2 给出了地铁 5 号线相邻两站间的距离和在区间理论最短旅行时间。

　　为表述的简洁性，这里以列车下行方向为例。在表 2－3 中列出了所有下行方向区段上的特性参数，即实际的列车区间旅行时间（ATIJT）的最大值和最小值、范围、平均值、标准差、偏度与峰度。在表 2－3 中的第一列，被插入"原始"标签的区间表明在轨道该区间上没有奇异列车旅行时间值，若标记为"更改"标签，则表示根据淘汰规则删除奇异值后的列车区间旅行时间参数，这些情况在表 2－3

的最后六行都被列了出来。淘汰规则是如果在最大和最小列车旅行时间之差超过 120s 或者含最大列车旅行时间直方图区间的概率少于 0.005，列车最大旅行时间将会被淘汰。实际的列车区间旅行时间（ATIJT）的最大范围在 18 个区间上是 151s。只修改了 12、18、19 三个区间的数据。在偏态列中，一个负数或者正数分别表示在尾部左侧或右侧的概率密度函数比其在右边或左边更长/胖。除了 2、3、12、25 区间，峰值都远远大于零，这表明这些研究数据在极值处有广泛的分布，分布的尾部比较厚。

表 2-1　　　　　　　轨道电路压力传感的数据记录

服务号	目的代码	车站	站台编号	到达时间（时刻表/实际）	出发时间（时刻表/实际）
04	PC	翻身	T50516	07:46:24/07:46:41	07:46:59/07:47:21
04	PC	灵芝	T50604	07:48:49/07:49:09	07:49:24/07:49:51
04	PC	洪浪北	T50712	07:50:41/07:51:00	07:51:16/07:51:39
04	PC	兴东	T50824	07:52:47/07:53:04	07:53:22/07:53:42

表 2-2　　　　　　　铁路区间

区间	区间编码	距离(m)	理论最短旅行时间 $t_{\min}^k$(s)
临海—前海湾	区间 1	1396	77.63
宝华—临海	区间 2	819	51.67
宝华中心—宝华	区间 3	620	42.71
翻身—宝华中心	区间 4	845	52.84
灵芝—翻身	区间 5	1513	82.90
洪浪北—灵芝	区间 6	904	55.49

区间	区间编码	距离（m）	理论最短旅行时间 t_{min}^k（s）
兴东—洪浪北	区间 7	1213	69.40
留仙洞—兴东	区间 8	2681	135.46
西丽—留仙洞	区间 9	1027	61.03
大学城—西丽	区间 10	1208	69.17
塘朗—大学城	区间 11	3702	181.40
长岭坡—塘朗	区间 12	1554	84.74
深圳北站—长岭坡	区间 13	2549	129.52
民治—深圳北站	区间 14	1153	66.70
五和—民治	区间 15	2345	120.34
坂田—五和	区间 16	1043	61.75
杨美—坂田	区间 17	935	56.89
上水径—杨美	区间 18	2651	134.11
下水径—上水径	区间 19	1070	62.96
长龙—下水径	区间 20	890	54.86
布吉—长龙	区间 21	674	45.14
百鸽笼—布吉	区间 22	1827	97.03
布心—百鸽笼	区间 23	1873	99.10
太安—布心	区间 24	947	57.43
怡景—太安	区间 25	1990	104.36
黄贝岭—怡景	区间 26	1582	86.00

表 2 - 3   所有区间下行方向列车旅行时间的特征值

区间编号	最小值 t^k (s)	最大值 t^k (s)	范围	平均值 (s)	标准差	偏态	峰态
01(原始)	94	117	23	100.24	3.641	2.236	5.952
02(原始)	63	84	21	70.95	4.800	0.954	-0.160
03(原始)	59	79	20	65.13	4.193	0.720	-0.309
04(原始)	68	89	21	74.86	3.763	1.341	1.252
05(原始)	101	119	18	106.49	3.381	0.830	0.210
06(原始)	64	89	25	70.18	2.241	3.040	16.177
07(原始)	82	98	16	85.85	2.703	1.748	3.347
08(原始)	158	183	25	167.84	3.862	1.595	2.785
09(原始)	73	94	21	79.73	4.276	0.975	0.104
10(原始)	82	102	20	85.30	2.509	2.896	11.548
11(原始)	204	233	29	211.29	4.026	1.027	1.469
13(原始)	160	224	64	166.33	4.134	5.840	68.254
14(原始)	86	115	29	93.36	3.906	2.227	5.308
15(原始)	143	187	44	150.00	4.257	2.531	11.815
16(原始)	74	98	24	78.01	2.013	4.480	34.389
17(原始)	70	96	26	73.98	2.276	4.011	26.738
20(原始)	69	88	19	72.06	2.082	2.377	9.975
21(原始)	75	96	21	78.89	3.159	1.964	4.337
22(原始)	103	124	21	109.29	4.942	1.102	0.125

续　表

区间编号	最小值 t^k（s）	最大值 t^k（s）	范围	平均值（s）	标准差	偏态	峰态
23（原始）	119	142	23	125.39	2.813	1.933	7.160
24（原始）	71	119	48	77.30	6.269	1.467	3.608
25（原始）	126	148	22	133.78	5.409	0.883	-0.480
26（原始）	107	144	37	115.81	4.919	1.216	2.653
12（原始）	109	175	66	121.08	7.123	0.492	4.416
12（修改）	109	130	21	120.98	6.734	-0.343	-1.555
18（原始）	153	304	151	160.87	7.029	16.055	312.469
18（修改）	153	219	66	160.62	3.630	8.116	119.341
19（原始）	73	196	123	80.61	5.252	18.906	413.491
19（修改）	73	94	21	80.40	2.004	2.028	8.896

2.4　参数标定

2.4.1　确定参数算法

在每个轨道区间上列车实际旅行时间的直方图也显示情形 1 和情形 2 不可能发生。在情形 3 中参数 t_{up}^k 无穷大，在情形 4 中是一个有限值。情形 3 和情形 4 除了参数 t_{up}^k 在情形 3 中采用一个充分大的数去代替一个无穷大的数外，它们有相同的表达，如公式（13）所示。因为没有设置列车实际旅行时间直方图宽度的规则，因而直方图上的实际旅行时间概率值会因直方图宽度变化而发生变化。尽管如此，参数 t_{down}^k 和 t_{up}^k 很可能会靠近列车区间旅行时间直方图的两个相邻矩形区间的边界，在这两个相邻矩形区间列车实际旅行时间的概率密度值会出现显著变化。两个矩形区域差值越大意味着两矩形区域边界点越有可能是参数 t_{down}^k 或 t_{up}^k 的值。差值最大、第二和第三者的矩形区域的边界点构成可能的参数集合 T_k。轨道区间 k 上参数 t_{down}^k 和 t_{up}^k 分别取集合 T_k 中的最大差值、次大差值和最小旅行时间 t_{min}^k，且满足条件 $t_{down}^k < t_{up}^k$。这样的参数 t_{down}^k 和 t_{up}^k 总共有三种不同的组合：最小列车旅行时间 t_{min}^k 和最大差值点组合，最小列车旅行时间 t_{min}^k 和第二大差值点组合，最大差值点和第二大差值点组合。直方图区间决定参数 t_{down}^k 和 t_{up}^k 的精确性。事实上，直方图宽度不超过 2s 都能满足精确需求。

这里给出四个轨道区间，即表 2-4 中最后四行中的区间 5、12、19 和 22，实际列车旅行时间的直方图以及理论分布的统计推断结果（正态分布、γ 分布、韦布尔分布、对数正态分布）。基于 SRLSM 可以看出，对数正态分布和正态分布比其他两种分布表现得更好。对数正态分布和正态分布提供了列车区间旅行时间分布的趋势，它们被选为潜在旅行时间分布，然后用它们在每个轨道区间上拟合具有迁移特征的列车实际旅行时间直方图。

由于在轨道区间上列车实际旅行时间的概率分布服从具有迁移规律的受限因变量统计模型，因而在轨道区间 k 上，潜在分布的期望 μ_*^k 小于实际旅行时间期望 μ_{samp}^k，即 $\mu_*^k \leqslant \mu_{samp}^k$。显然，潜在分布的标准差 σ_*^k 比实际旅行时间的标准差 σ_{samp}^k 大，即 $\sigma_*^k \geqslant \sigma_{samp}^k$。一

且参数 t_{down}^{k} , t_{up}^{k} 在替代集 T_1 中被确定，并满足条件 $t_{\mathrm{down}}^{k} < t_{\mathrm{up}}^{k}$, μ_{*}^{k} 可以在区间 $\left[\mu_{samp}^{k} - M \times \sigma_{samp}^{k}, \mu_{samp}^{k}\right]$ 上以 $0.1 \times \sigma_{samp}^{k}$ 的步长取值。σ_{*}^{k} 在区间 $\left[\sigma_{samp}^{k}, M \times \sigma_{samp}^{k}\right]$ 上以 $0.1 \times \sigma_{samp}^{k}$ 的步长取值，M 是一个给定的值，一般在 $3 \sim 6$。如果 $M = 3$，μ_{*}^{k} 和 σ_{*}^{k} 有 $30 \times 20 = 600$ 种组合方式。

表 2 - 4　　　　　　　　不同方法的 SRLSM 和参数

方法	潜在分布	参数	第 5 个下行区间			第 12 个下行区间			第 19 个下行区间			第 22 个下行区间		
			平均值	方差	SRLSM	平均值	方差	SRLSM	平均值	方差	SRLSM	平均值	方差	SRLSM
拟合分布	对数正态分布或 m,v	μ,σ	4.5934	0.0833	0.1027	4.7888	0.1348	0.0729	4.3856	0.0212	0.0849	4.6481	0.0440	0.1341
	正态分布	μ,σ	98.6827	8.6201	0.1034	120.9769	15.4625	0.0780	80.3193	1.7258	0.0847	104.3616	4.9200	0.1343
Tobit 分布	对数正态分布或 m,v	μ,σ	4.6674	0.0370	0.2071	4.7888	0.1180	0.3323	4.3856	0.0212	0.0946	4.6437	0.0616	0.5025
	正态分布	μ,σ	106.3082	3.9785	0.2183	120.9769	13.4456	0.3152	80.3193	1.7258	0.0957	101.4096	7.8720	0.6009
统计推断	对数正态分布或 m,v	μ,σ	4.6690	0.0308	0.1462	4.7940	0.0562	0.3055	4.3838	0.0212	0.0884	4.6929	0.0440	0.2294
	正态分布	μ,σ	106.6398	3.3154	0.1476	120.9769	6.7228	0.3051	80.3193	1.7258	0.0896	109.2816	4.9200	0.2378
	韦布尔分布	a,b	108.3171	30.5807	0.1707	124.0584	22.8603	0.3070	81.2423	36.4603	0.1763	111.8158	19.9137	0.2825
	γ 分布	a,b	1048.1	0.1017	0.2665	319.9	0.3782	0.2622	2207.2	0.0364	0.3649	509.7	0.2144	0.3155

这里采用遍历搜索去搜寻一个最合适的参数 t_{down}^k，t_{up}^k，μ_*^k 和 σ_*^k 的组合。详细的搜寻算法如下：

Step 0. 令 $k = 1$，从一系列替代分布中选择一个作为具有迁移特征的受限因变量模型的潜在分布。

Step 1. 消除奇异数据。计算在轨道区间 k 上实际列车旅行时间原始数据的期望值 μ_{samp}^k、标准差 σ_{samp}^k，并画出列车实际旅行时间的直方图。找出最小和最大列车区间旅行时间，如果最大和最小列车旅行时间之差超过 120s 或者最大列车旅行时间所在的直方图区间概率小于 0.005，则剔除列车区间旅行时间的最大值。在余下的原始数据中重复这个过程，直到最大和最小列车旅行时间之差小于 120s 或者最大列车旅行时间位于的直方图区间概率大于 0.005。

Step 2. 在研究数据集中计算轨道区间 k 上 ATIJT 的期望值 μ_{samp}^k 和标准差 σ_{samp}^k，并从轨道区间 k 上的实际列车旅行时间直方图获得轨道区间 k 的选择集 T_k。从选择集 T_k 中确定参数 t_{down}^k 和 t_{up}^k 的值，在搜寻区间 $\left[\mu_{samp}^k - M \times \sigma_{samp}^k, \mu_{samp}^k \right]$ 和 $\left[\sigma_{samp}^k, M \times \sigma_{samp}^k \right]$ 中确定潜在分布期望值 μ_*^k、标准差 σ_*^k 的值。

Step 3. 对期望值 μ_*^k 在区间 $\left[\mu_{samp}^k - M \times \sigma_{samp}^k, \mu_{samp}^k \right]$ 上从边界 $\mu_{samp}^k - M \times \sigma_{samp}^k$ 以 $0.1 \times \sigma_{samp}^k$ 为步长进行遍历搜索算法，外围循环的步骤索引记为 i。

外层循环的每一步 i，在搜寻区间 $\left[\sigma_{samp}^k, M \times \sigma_{samp}^k \right]$ 上从边界 σ_{samp}^k 以 $0.1 \times \sigma_{samp}^k$ 为步长开始标准差 σ_*^k 的遍历搜索。内层循环的每一步以 j 为索引。计算每一步 (i,j) 中，在选择集 T_k 中选择参数 t_{down}^k 和 t_{up}^k 三种不同组合的 SRLSM，用 $SRLSM_{(i,j)}^k$ 表示参数 t_{down}^k 和 t_{up}^k 三种不同组合的最小测量值。将参数组 t_{down}^k 和 t_{up}^k 记录为 $temp\_\ t_{\text{down}}^k$ 和 $temp\_\ t_{\text{up}}^k$。如果 $SRLSM_{(i,j)}^k < SRLSM\_\ max$，令 $\mu_*^k = \mu_{samp}^k - M \times \sigma_{samp}^k + i \times 0.1 \times \sigma_{samp}^k$，

$$\sigma_*^k = \sigma_{samp}^k + j \times 0.1 \times \sigma_{samp}^k, \quad t_{down}^k = temp\_\ t_{down}^k \text{ 和 } t_{up}^k = temp\_\ t_{up}^k。$$

Step 4. 如果轨道区间 k 是最终的轨道区间，潜在分布的输出期望 μ_*^k 和标准差 σ_*^k、参数 t_{down}^k 和 t_{up}^k。如果轨道区间 k 不是最末端的轨道区间，令 $k: = k + 1$ 并返回 Step 1。

2.4.2　参数估计

本节将从两个方面验证概率迁移方法的正确性：本书提出来的方法能较好地拟合 ATIJT 直方图，并且对于城市轨道交通系统任何区间的列车旅行时间分布的拟合都是十分适合的。

列车旅行时间在初始值中只出现了三个奇异值区间 12、18 和 19。在估计参数算法的第一步中，这三个区间上的列车最大旅行时间从 175s、304s 和 196s 分别减少到 130s、219s 和 94s；时间范围从 66s、151s 和 123s 分别变到 21s、66s 和 21s。表 2 − 3 中给出了各区间上列车旅行时间的最小值和最大值、范围、平均值、标准差、偏态和峰值等参数值。

四个轨道区间，即区间 5、12、19 和 22 上的 ATIJT 直方图被用来区分在限制因变量模型中哪种数学分布作为潜在分布是最合适的，结果见表 2 − 4 的第二行。根据 SRLSM 的值，对数正态分布比正态分布更适合作为潜在分布；以对数正态分布作为潜在分布的 SRLSM 值在区间 5、12、19 和 22 上分别是 0.1027、0.0729、0.0849 和 0.1341，这是所有可能潜在分布中的最小值。并且在受限因变量模型中，正态分布作为潜在分布也能较好拟合 ATIJT。选择对数正态分布和正态分布作为潜在分布的 Tobit 模型，在四个轨道区间上被用来拟合 ATIJT 的直方图。见表 2 − 4 的第三行，它们说明 Tobit 模型不适合去拟合实际列车旅行时间，尽管在区间 19 上选择

对数正态分布和正态分布作为潜在分布的 Tobit 模型的 SRLSM 的值
分别是 0.0946 和 0.0957，这和选择对数正态分布作为潜在分布的
受限因变量模型的 SRLSM 值 0.0849 十分接近。然而，它们比在区
间 19 上选择对数正态和正态分布的统计推论的 SRLSM 值 0.0884 和
0.0896 大。对数正态分布和正态分布的统计推论值显示，其分布在
区间 19 上能够较好拟合列车实际旅行时间直方图，这时的 SRLSM
值分别为 0.0884 和 0.0896。这个值和用对数正态分布、正态分布
作为潜在分布的受限因变量模型在相同的区间上的值 0.0849 和
0.0847 很接近。

　　图 2-5 显示了在受限因变量模型中使用对数分布作为潜在分
布获得的列车旅行时间概率密度曲线和深圳地铁 5 号线区间 5、
12、19 和 22 真实数据的直方图。不同的区间有不同的实际旅行
时间数据直方图，没有单一的数学分布适合所有的四个区间。然
而，本书所提出的方法构建的列车旅行时间的概率密度能较好地
拟合数据的直方图，如图 2-5 所示。这幅图显示了概率密度函数
$f(y)$ 很好地拟合了数据的直方图，并且在不同区间的列车区间旅
行时间分布有相似的规律。

　　表 2-5 列出了潜在对数正态分布的期望 μ_*^k 和标准差 σ_*^k，和受
限因变量模型参数 t_{down}^k 和 t_{up}^k。在使用对数正态分布作为潜在分布的
区间上，真实数据的直方图值和 ATIJT 的 PDF 之间差异的 SRLSM 平
均值是 0.0905，这表明具有迁移特征的受限因变量模型在城市轨道系
统中任何区间上拟合列车运行时间分布都是适用的。

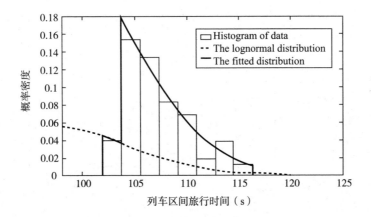

（a）第 5 个下行区间

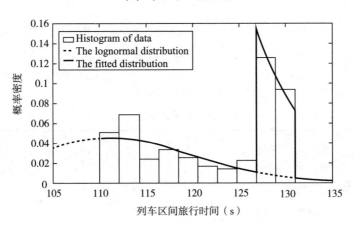

（b）第 12 个下行区间

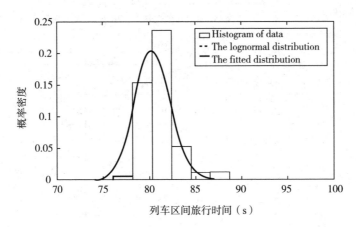

（c）第 19 个下行区间

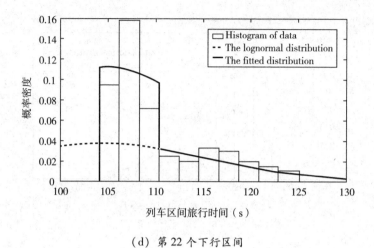

（d）第 22 个下行区间

图 2-5　列车区间旅行时间数据、潜在变量概率密度和城市轨道交通

列车区间旅行时间 PDF 的理论值

表 2-5　　　　　　　　　所有区间参数值

参数 区间	对数正态分布的密度函数 $f(y^*)$	实际旅行时间的密度函数 $f(y)$	μ_*^k（s）	σ_*^k（s）	t_{down}^k（s）	t_{up}^k（s）	SRLSM
1	$f_1(t)$	$g_1(t)$	4.5448	0.1028	96.5	100.5	0.1068
2	$f_2(t)$	$g_2(t)$	4.2006	0.1714	65.5	69.5	0.0963
3	$f_3(t)$	$g_3(t)$	4.0524	0.1235	60.5	147	0.0905
4	$f_4(t)$	$g_4(t)$	4.2513	0.1309	71.5	74.5	0.105
5	$f_5(t)$	$g_5(t)$	4.6351	0.0524	102.5	187	0.0737
6	$f_6(t)$	$g_6(t)$	4.1678	0.0796	68.5	71.5	0.1977
7	$f_7(t)$	$g_7(t)$	4.4286	0.0373	83.5	87.5	0.1046
8	$f_8(t)$	$g_8(t)$	5.0965	0.0397	165.5	169.5	0.1405

参数 区间	对数正态分布的密度函数 $f(y^*)$	实际旅行时间的密度函数 $f(y)$	μ_*^k (s)	σ_*^k (s)	t_{down}^k (s)	t_{up}^k (s)	SRLSM
9	$f_9(t)$	$g_9(t)$	4.3507	0.0942	75.5	78.5	0.0494
10	$f_{10}(t)$	$g_{10}(t)$	4.3918	0.0367	83.5	166	0.1082
11	$f_{11}(t)$	$g_{11}(t)$	5.3473	0.0219	206.5	212.5	0.0601
12	$f_{12}(t)$	$g_{12}(t)$	4.7098	0.073	125.5	129.5	0.1075
13	$f_{13}(t)$	$g_{13}(t)$	5.0919	0.0345	164.5	167.5	0.0823
14	$f_{14}(t)$	$g_{14}(t)$	4.5086	0.0419	90.5	93.5	0.0471
15	$f_{15}(t)$	$g_{15}(t)$	4.9726	0.0704	146.5	149.5	0.0888
16	$f_{16}(t)$	$g_{16}(t)$	4.3533	0.0182	77.5	79.5	0.0676
17	$f_{17}(t)$	$g_{17}(t)$	4.297	0.0226	72.5	75.5	0.0925
18	$f_{18}(t)$	$g_{18}(t)$	5.0295	0.0489	158.5	162.5	0.1147
19	$f_{19}(t)$	$g_{19}(t)$	4.3815	0.0212	80.5	82.5	0.0982
20	$f_{20}(t)$	$g_{20}(t)$	4.2659	0.025	70.5	73.5	0.0366
21	$f_{21}(t)$	$g_{21}(t)$	4.3445	0.0369	76.5	79.5	0.0778
22	$f_{22}(t)$	$g_{22}(t)$	4.6621	0.0836	104.5	108.5	0.068
23	$f_{23}(t)$	$g_{23}(t)$	4.8274	0.0214	123.5	125.5	0.1028
24	$f_{24}(t)$	$g_{24}(t)$	4.2693	0.1837	71	75.5	0.1088
25	$f_{25}(t)$	$g_{25}(t)$	4.88	0.063	128.5	131.5	0.0726
26	$f_{26}(t)$	$g_{26}(t)$	4.6333	0.0972	110.5	125.5	0.0547

2.5　结论

由于城市轨道交通中列车运行偏差可以用现代压轨电路跟踪测量，这便使得研究铁路区间上列车旅行时间的分布变成现实，这种偏差揭示了在波动环境中运行的城市轨道交通列车实际旅行时间与经过优化或者仿真设计计划旅行时间是有偏差的。使用具有迁移特征的受限因变量模型的理论框架拟合列车区间旅行时间分布，是定义和测量列车时刻表鲁棒性的关键。

统计比较揭示了对数正态分布作为具有迁移特征的受限因变量模型中的潜在分布在拟合列车区间旅行时间分布上是最适合的，这个模型使来自列车驾驶员行为的随机因素影响与城市轨道交通控制系统的影响分离。本章形成了描述列车区间旅行时间分布基本方法的框架，其由潜在对数正态分布的期望值 μ_*^k 和标准差 σ_*^k，和受限因变量模型的参数 t_{down}^k 和 t_{up}^k 确定，该框架是可以高效存储实际列车区间旅行时间分布数据的隐藏规律，用以替代存储原始数据。这个方法还可以用于优化城市轨道交通运营管理，这是将来的研究方向。

第3章 城市地铁列车易晚点
区间识别方法*

本章摘要：基于列车区间旅行时间理论分布，分析了追踪列车组中后车区间旅行时间的重分布，得出了追踪列车组中后车的区间旅行时间分布函数，其为前行列车区间旅行时间的条件概率函数。通过定义追踪列车组区间旅行时间可靠性，研究了追踪列车组区间旅行时间可靠度计算方法，并进一步研究了满足期望可靠度 $\alpha_0 = 0.2$ 下的易晚点高发区间的辨识方法。通过深圳地铁 5 号线实例，展示了易晚点高发区间的辨识方法计算过程，给出了可靠度 $\alpha_0 = 0.2$ 时的深圳市地铁 5 号线下行方向 6 个晚点高发区间，它们分别为区间 7、8、21、23、25 和 26。

列车运行图上缓冲时间是为确保前后开行的两列列车的旅行达到一定的可靠性而设置的，轨道交通系统可靠性分为"硬可靠性"和"软可靠性"。所谓的"硬可靠性"主要是指各种硬件基础设施的可靠性，其可靠性往往与设备自身的使用寿命、性能和使用环境等相关。

---

　　* 本章研究内容已经以《城市地铁列车易晚点区间识别方法研究》为题，发表在《铁道科学与工程》2016 年第 8 期上。项目负责人指导的硕士研究生张永红、刘振秋、薛红丽参与了这一领域的研究，顺利完成硕士学位论文，获得硕士学位。

所谓的"软可靠性"主要是指轨道交通线路在投入运营后，因编制的计划运行图的可靠性、列车驾驶人员的技术水平和管理人员的管理水平不同等因素使列车在运行过程中按计划运行图正点运营的可靠性程度。追踪列车组间旅行时间可靠性是"硬可靠性"和"软可靠性"协调作用的体现。将追踪列车组中各列列车在某个区间能够按照列车运行图所规定的旅行时间完成旅行的能力定义为追踪列车组区间旅行时间可靠性。

现有缓冲时间研究主要集中在三个方面：列车在站作业缓冲时间[1]、运行图缓冲时间[2][3][4][5][6][7][8]、晚点传播与缓冲时间[9][10][11][12][13][14]。

---

[1] 贾文峥、毛保华、刘海东：《枢纽站列车作业缓冲时间研究》，《物流技术》2009 年第 28 卷第 12 期，第 98—100 页。

[2] 贾文峥：《大型铁路客运站的进路分配问题及缓冲时间进行了研究》，博士学位论文，北京交通大学，2010 年，第 72—73 页。

[3] 胡思继：《列车运行组织及通过能力理论》，中国铁道出版社 1993 年版。

[4] 马强、胡思继：《密集发车条件下列车束缓冲时间的确定方法研究》，《北方交通大学学报》2001 年第 25 卷第 2 期，第 54—58 页。

[5] 宗俊雅、李宗平：《列车运行图缓冲时间的合理取值研究》，《交通运输工程与信息学报》2010 年第 8 卷第 3 期，第 56—61 页。

[6] 赵宇刚、毛保华、蒋玉琨：《基于列车运行时间偏离的地铁列车运行图缓冲时间研究》，《中国铁道科学》2011 年第 32 卷第 1 期，第 118—121 页。

[7] 巴博：《双线铁路列车运行图缓冲时间优化分配研究》，博士学位论文，西南交通大学，2004 年，第 52—59 页。

[8] 杨金花、杨东援、Thomas as Siefer：《优化设置运行图弹性时间的新策略》，《同济大学学报》2010 年第 38 卷第 4 期，第 533—537 页。

[9] 胡思继、孙全欣、胡锦云、杨肇夏：《区段内列车晚点传播理论研究》，《中国铁道科学》1994 年第 15 卷第 2 期，第 41—54 页。

[10] 孙焰、刘胤宏、李致中、李丰良：《列车运行图的晚点概率分析》，《长沙铁道学报》1998 年第 16 卷第 4 期，第 83—89 页。

[11] Castillo, E., Gallego, I., "Timetabling optimization of a mixed double – and single – tracked railway network", *Applied Mathematical Modeling*, 2011, 35, pp. 859 – 878.

[12] Cacchiani, V., Toth P., "Nominal and robust train timetabling problems", *European Journal of Operational Research*, 2012, 219, pp. 727 – 737.

[13] Goossens, J. W., Hoesel, S. V., Kroon, L., "On solving multi – type railway line planning problems", *European Journal of Operational Research*, 2006, 168, pp. 403 – 424.

[14] Salido, M. A., Barber, F., Ingolotti, L., "Robustness for a single railway line: Analytical and simulation methods", *Expert Systems with Applications*, 2012, 39, pp. 13305 – 13327.

列车在站作业缓冲时间是为了保证列车有足够的停站时间完成在站作业或从车站出发的列车之间在咽喉区有足够的安全间隔，不至于影响列车按图正常运行。后两方面是保障列车区间正点运行和消除列车间的晚点传播方面的需求，这些研究大多以列车晚点或延误为出发点，分析为使列车运行避免晚点或延误应如何设置缓冲时间。但是这些研究都没有深入细致地挖掘常规波动的环境下，列车区间旅行时间的内在规律性，并以此为基础识别易晚点区间，并研究缓冲时间的优化设置。易晚点区间识别方法对于线路上自动驾驶列车且以秒为计量单位的城市轨道交通列车运行管理至关重要。

基于列车区间旅行时间理论分布①，首先分析了追踪列车组中后车区间旅行时间的重分布，得出了追踪列车组中后车的区间旅行时间分布函数，其为前行列车区间旅行时间的条件概率函数。然后定义追踪列车组区间旅行时间可靠性，研究了追踪列车组区间旅行时间可靠度计算方法，并进一步研究了列车易晚点高发区间和易晚点追踪列车组辨识方法。最后给出了主要结论和有待进一步研究的问题。

3.1　追踪列车组（束）的可靠度

3.1.1　列车区间旅行时间的分布

列车实际旅行时间的概率密度函数 $g_n(t)$ 由理想条件下列车区间旅行时间正态分布的概率密度函数 $f_n(t)$ 迁移变化得来，其小于最短

---

① Maosheng Li. , Zhengqiu L. , " Distribution analysis of train interval journey time employed the censored model with shifting character", *Journal of Applied Statistic*, 2017, 44, pp. 715 – 733.

旅行时间 $t_{\min}$ 那部分可能性都迁移到大于最短旅行时间 $t_{\min}$ 的时间区段 $[t_1,t_2]$ 上，各小区段内接受的迁移量由在该小区段时间内能完成区间旅行的概率大小来决定，大于 t_2 的那部分可能性保持不变。列车在区间 n 上实际旅行时间的概率密度函数 $g_n(t)$ 可用下式表示：

$$g_n(t) = \begin{cases} 0, t \leqslant t_1^n \\ f_n(t) + \dfrac{\int_{t-\delta}^{t+\delta} f_n(t)\,dt}{2\delta \times \int_{t_1^n}^{t_2^n} f_n(t)\,dt} \times \int_{-\infty}^{t_2^n} f_n(t)\,dt, t_1^n < t < t_2^n \\ f_n(t), t \geqslant t_2^n \end{cases} \quad (1)$$

其中 δ 为一个趋于零的很小的正值；$f_n(t)$ 为理想条件下，列车区间旅行时间正态分布的概率密度函数 [每个区间上函数 $f_n(t)$ 的旅行时间期望 σ_n 和方差 μ_n 取值不同]，则

$$f_n(t) = \frac{1}{\sqrt{2\pi}\sigma_n} e^{\frac{-(t-\mu_n)^2}{2\sigma_n^2}}, -\infty < t < \infty \quad (2)$$

$[t_1^n,t_2^n]$ 为被迁移概率的叠加时间区段。列车在区间 n 上实际旅行时间为随机变量，若假设为 T，其累积分布函数为 $G_n(T)$，则有：

$$G_n(T) = \int_{-\infty}^{T} g_n(t)\,dt \quad (3)$$

3.1.2 追踪列车组间列车旅行时间的关系

追踪列车组有前后两列列车，假设两列车之间的最小追踪间隔时间为 I，前行列车的发车时刻为 T_{ah}，后行列车的发车时刻为 T_{fo}，则 $T_{fo} = T_{ah} + I$。假设前行列车在区间 n 上的旅行时间为 ξ_1^n，其在区间 n 上的最短旅行时间为 $T_{\min,ah}^n$；后行列车在区间 n 上的旅行时间为 ξ_2^n，其在区间 n 上的最短旅行时间为 $T_{\min,fo}^n$。由于追踪列车间的时间间隔为最小时间间隔，故前行列车在区间 n 上的实际旅行时间 ξ_1^n 将影响到

后行列车在区间 n 上的旅行时间 ξ_2^n 的分布，不妨假设后行列车在区间 n 上的旅行时间的条件概率密度函数为 $\rho^{fo}(\xi_2^n \mid \xi_1^n)$。

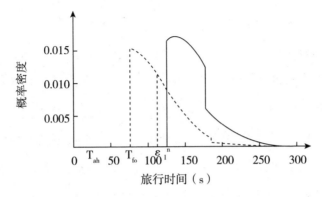

（a）前行列车到达时刻不晚于后行列车采用最短旅行时间旅行的到达时刻

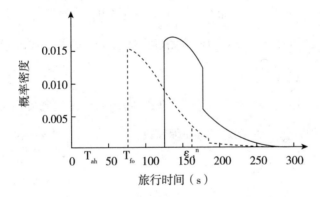

（b）前行列车到达时刻晚于后行列车采用最短旅行时间旅行的到达时刻

图 3 - 1　追踪列车组中前车区间旅行时间对后车的影响

前行列车的旅行时间 ξ_1 对后行列车在区间 n 上的旅行时间的影响分为两种情况：

（1）当前行列车的到达时刻不晚于后行列车在区间 n 上采用最短旅行时间旅行的到达时刻，且还能保持追踪列车间的最小时间间隔，即 $T_{ah} + \xi_1^n \leqslant T_{fo} + T_{\min,fo}^n - I$ 时（如图 3 - 1（a）所示），后行列车在区间 n 上的旅行时间 ξ_2^n 的条件概率密度函数不发生改变，即 $\rho^{fo}(\xi_2^n \mid \xi_1^n) = \rho^{fo}(t \mid \xi_1^n) = g_n^{fo}(t)$。

（2）当前行列车出现晚点到达，且前行列车到达时刻晚于后行列车在区间 n 上最短旅行时间旅行的到达时刻减去保持追踪列车间的最小时间间隔，即 $T_{ah} + \xi_1^n > T_{fo} + T_{\min,fo}^n - I$ 时（如图 3-1（b）所示），后行列车在区间 n 上旅行时间 ξ_2^n 的概率密度函数将发生迁移变化。因追踪列车之间在区间段上运行时不允许越行，因而前行列车不可能晚于后行列车到达区间的终点，所以后行列车在时间段 $[T_{fo} + T_{\min,fo}^n, T_{ah} + \xi_1^n]$ 到达区间的终点的概率为零，即后行列车在区间 n 上旅行时间 ξ_2^n 的概率密度函数值在区间 $[T_{fo} + T_{\min,fo}^n, T_{ah} + \xi_1^n]$ 上变为零，这一部分可能性被叠加到晚于时刻 $T_{ah} + \xi_1^n$ 到达且长度为 l^n 时间区段 $[T_{ah} + \xi_1^n, T_{ah} + \xi_1^n + l^n]$ 上，而是 l^n 因不同型号列车、不同线路而确定的参数，其值就是确定列车在区间 n 上旅行时间概率密度函数 $g_n^{fo}(t)$ 中的迁移区间 $[t_1^n, t_1^n]$ 长度值，即 $l^n = t_2^n - t_1^n$。

因而，后行列车在区间 n 上旅行时间的条件概率密度函数 $\rho_n^{fo}(t \mid \xi_1^n)$ 可以表示为两种情况下的分段函数：

（a）若 $T_{ah} + \xi_1^n \leqslant T_{fo} + T_{\min,fo}^n - I$，则

$$\rho^{fo}(t \mid \xi_1^n) = g_n^{fo}(t) \tag{4}$$

（b）若 $T_{ah} + \xi_1^n > T_{fo} + T_{\min,fo}^n - I$，则

$$\rho^{fo}(t \mid \xi_1^n) = \begin{cases} 0, & t \leqslant \xi_1^n - I \text{ 且 } T_{ah} + \xi_1^n > T_{fo} + T_{\min,fo}^n \\[2mm] g_n^{fo}(t) + \dfrac{\int_{t-\delta}^{t+\delta} g_n^{fo}(t)\,dt}{2\delta \times \int_{\xi_1^n - I}^{\xi_1^n - I + l^n} g_n^{fo}(t)\,dt} \times \int_{T_{\min,fo}^n}^{\xi_1^n - I} g_n^{fo}(t)\,dt, & \xi_1^n - I < t < \xi_1^n - I + l^n \text{ 且 } T_{ah} + \xi_1^n > T_{fo} + T_{\min,fo}^n \\[2mm] g_n^{fo}(t), & t \geqslant \xi_1^n - I + l^n \text{ 且 } T_{ah} + \xi_1^n > T_{fo} + T_{\min,fo}^n \end{cases}$$

$$\tag{5}$$

其中 δ 为趋于零的很小的正值，且 I 为两列车之间的最小追踪间隔时间。

从后行列车在区间 n 上旅行时间的条件概率密度函数 $\rho_n^{fo}(t \mid \xi_1^n)$ 的推导过程可知，其仍然满足概率密度函数在区间（$-\infty$，$+\infty$）上的积分等于 1 的性质，即：$\int_{-\infty}^{+\infty} \rho_n^{fo}(t \mid \xi_1^n) = 1$。

3.1.3　追踪列车组的旅行时间可靠

当列车运行图运行方案确定好了之后，就能根据列车历史的运行数据判断追踪列车组中前后两列车的旅行时间可靠性。以列车运行图计划的区间旅行时间为上界，列车区间最短旅行时间为下界，计算前后行列车在给定旅行时间区间到达区间终点的可能性大小，以两者中最小的可能性作为追踪列车组的区间旅行时间可靠度。

前行列车在区间 n 上的旅行时间为一个随机变量，仍然记为 ξ_1^n，前行列车在区间 n 上的最短旅行时间记为 $T_{\min,ah}^n$，列车运行图计划的前行列车在区间 n 上的旅行时间为 $\bar{\xi}_1^n$，列车运行图计划的后行列车在区间 n 上的旅行时间为 $\bar{\xi}_2^n$。给定一个 $[0,1]$ 区间上的常数 α。假设根据历史的列车运行数据，前后行列车在区间 n 上旅行时间概率密度函数已经计算出来了，并分别记为 $g_n^{ah}(t)$，$g_n^{fo}(t)$。那么，前行列车在时间区间 $[T_{\min,ah}^n,\bar{\xi}_1^n]$ 内完成区间 n 段上旅行的可能性大小 α_{ah} 可以表示为：

$$\alpha_{ah} = \int_{T_{\min,ah}^n}^{\bar{\xi}_1^n} g_n^{ah}(t)dt \tag{6}$$

追踪列车组中的后行列车完成区间段 n 上旅行时间的分布，是受到前行列车实际旅行时间 ξ_1^n 影响的，因而后行列车在区间 n 上的旅行时间概率是一个受到前行列车实际旅行时间 ξ_1^n 影响的条件概率，其概率密度函数可以表示为 $\rho_n^{fo}(\xi_2^n \mid \xi_1^n)$，公式（4）—（5）给出了其计算方法。那么前行列车在时间区间 $[T_{\min,ah}^n, \bar{\xi}_1^n]$ 末端边界时刻 $\bar{\xi}_1^n$ 到达区间终点的情况下，后行列车在时间区间 $[\max[T_{\min,fo}^n + I, \bar{\xi}_1^n], \bar{\xi}_2^n + I]$ 内完成区间段 n 上旅行的可能性大小 α_{fo} 可以表示为：

$$\alpha_{fo} = \int_{\max[T_{\min,fo}^n + I, \bar{\xi}_1^n]}^{\bar{\xi}_2^n + I} \rho_n^{fo}(t - I \mid \bar{\xi}_1^n) \, dt \tag{7}$$

其中 I 为两列车之间的最小追踪间隔时间，前车在时间区间 $[T_{\min,ah}^n, \bar{\xi}_1^n]$ 内其他时间点到达区间终点情况下，由于 $[\max[T_{\min,fo}^n + I, \xi_1^n], \bar{\xi}_2^n + I] \supseteq [\max[T_{\min,fo}^n + I, \bar{\xi}_1^n], \bar{\xi}_2^n + I]$，后行列车在时间区间 $[\max[T_{\min,fo}^n + I, \xi_1^n], \bar{\xi}_2^n + I]$ 内完成区间段 n 上旅行的可能性都大于或等于 α_{fo}。

那么，该列车运行图计划方案下，追踪列车组在区间 n 上旅行时间可靠度 $\alpha = \min[\alpha_{ah}, \alpha_{fo}]$。

3.2　晚点高发区间的辨识

给定一个期望的列车区间旅行时间可靠度 α_0，若某趟列车在区间 n 上的旅行时间可靠度 $\alpha_n < \alpha_0$，说明该趟列车在该区间上按照列车运行图所规定的运行时间旅行的能力较低，易发生晚点。本节设晚点高发区间的旅行时间期望可靠度 α_0 小于 0.2。

表 3 - 1　　　　　　　　　　　区间 1 易晚点列车统计

有效计算点总数(个)		85	
$\alpha < 0.2$ 的计算点数(个)		32	
晚点高发率(%) 平均区间旅行时间可靠度		37. 65 0. 245	
区间 1 上 各时段易晚 点列车数	时段	易晚点列车数	时段	易晚点列车数
	6:00—7:00	0	13:00—14:00	1
	7:00—8:00*	5	14:00—15:00	1
	8:00—9:00	3	15:00—16:00*	5
	9:00—10:00	3	16:00—17:00	0
	10:00—11:00	2	17:00—18:00	1
	11:00—12:00*	3	18:00—19:00	1
	12:00—13:00	3	19:00—20:00*	4

注：带 "＊" 的时段为存在连发两列或两列以上列车都是易晚点列车的时段。

　　按区间分类，统计深圳地铁 5 号线 2012 年 3 月 21 日上午 6 点至下午 8 点间的 14 个小时中，列车运行图计划的所有列车的发车时刻和区间运行时间，在已知各区间的列车旅行时间概率密度函数 $g_n(t)$ 的条件下，根据式（6）—（7）计算出每趟列车的区间旅行时间可靠性，用折线段表示出来，与期望的列车区间旅行时间可靠度 $\alpha_0 = 0.2$ 比对，得到各个区间的晚点高发辨识图，如图 3 - 2 所示。

　　除去错误的统计数据后，区间上发出的每趟列车的旅行时间可靠性对应区间晚点辨识图上的一个有效计算点。这里将区间晚点高发辨识图上列车区间旅行时间可靠度 $\alpha_n < \alpha_0$ 的计算点个数占有效计算点总数的百分比定义为区间晚点高发率，如公式（8）所示。文中若某区

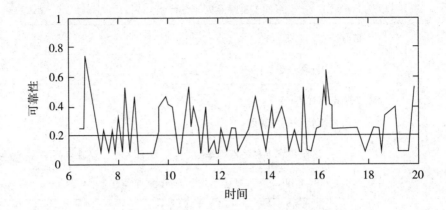

图 3 - 2   时区间 1（罗湖—国贸）晚点高发辨识

间的晚点高发率大于 50%，就说该区间为晚点高发区间。

区间 n 晚点高发率 = $\alpha_n < \alpha$ 的计算点个数/有效计算点总数（8）

以下以区间 1 为例，说明区间晚点高发率和晚点高发区间辨识方法。区间 1 上共 85 个有效计算点，其中 32 个计算点的列车旅行时间可靠度小于期望的可靠度，平均可靠度为 0.245，晚点高发率为 37.65%，该区间不是晚点高发区间。

从晚点高发辨识图上看，该区间上的旅行时间可靠度总体在 0.2 两边的分布较为平衡，峰值为 0.745，易晚点列车的可靠度除 11：49：15 处以外都是 0.084。由于该区间上的有效计算点数较少，所以对该区间是否为晚点高发区间的辨识结果可信度也较低。区间 1 上的易晚点列车在 7：00—8：00，15：00—16：00 分布最多，各时段易晚点列车数的详细统计参见表 3 - 1。

表 3 - 2 给出了深圳市地铁 5 号线下行方向 29 个区间站的计算结果，共有 6 个晚点高发区间，它们分别是区间 7、8、21、23、25 和 26。

表 3 - 2　　　深圳地铁 5 号线列车晚点高发区间辨识结果汇总

旅行区间	有效计算点总数(个)	$\alpha < 0.2$ 的计算点数(个)	平均可靠度	晚点高发率(%)	(是/否)晚点高发区间
区间 1	85	32	0.245	37.65	否
区间 2	101	0	0.431	0	否
区间 3	132	36	0.333	27.27	否
区间 4	123	45	0.297	36.59	否
区间 5	73	4	0.466	5.48	否
区间 6	150	23	0.528	15.3	否
区间 7	81	45	0.357	55.56	是
区间 8	102	55	0.239	53.92	是
区间 9	127	36	0.301	28.35	否
区间 10	86	37	0.329	43.02	否
区间 11	64	29	0.359	45.31	否
区间 12	103	40	0.256	38.83	否
区间 13	70	32	0.266	45.71	否
区间 14	129	42	0.303	32.56	否
区间 15	52	6	0.327	11.54	否
区间 16	102	47	0.205	46.08	否
区间 17	106	38	0.311	35.85	否
区间 18	133	23	0.391	17.29	否
区间 19	74	8	0.366	10.81	否
区间 20	98	47	0.241	47.96	否
区间 21	77	42	0.246	54.55	是

旅行区间	有效计算点总数(个)	$\alpha<0.2$ 的计算点数(个)	平均可靠度	晚点高发率(%)	(是/否)晚点高发区间
区间 22	131	31	0.311	23.66	否
区间 23	77	48	0.282	62.34	是
区间 24	77	7	0.456	9.1	否
区间 25	61	39	0.188	63.93	是
区间 26	78	49	0.179	62.82	是
区间 27	138	27	0.342	19.57	否
区间 28	113	37	0.320	32.74	否
区间 29	125	4	0.475	3.2	否

3.3　结论

（1）列车晚点对单线、高频率开行的城市轨道交通线营运影响不太大，但是对于成网共线营运的城市轨道交通网络来说，甚至能瘫痪这些网络的正常营运。定义和度量城市轨道交通列车区间旅行时间的可靠性，能有效提高城市轨道交通网络的运营可靠性。

（2）本章基于列车区间旅行时间拟合分布，分析了追踪列车组中后车区间旅行时间的重分布，得出了追踪列车组中后车的区间旅行时间重分布函数，其为前行列车区间旅行时间的条件概率函数。

（3）通过定义追踪列车组区间旅行时间可靠性，研究了追踪列车组区间旅行时间可靠度计算方法，并进一步研究了列车易晚点高发区间和易晚点追踪列车组辨识方法。探索满足期望可靠度 α_0 下的追踪列车组运行计划调整及其缓冲时间的并行优化方法将是下一步研究重点。

第4章 高铁列车图定区间旅行
时间适宜性分析*

本章摘要：牵引计算模拟和数据挖掘是两种确定列车适宜的图定区间旅行时间方法。前者适合于新建轨道交通线路，而数据挖掘方法更适合于积累了行车历史数据的运营线路。基于数据挖掘、适宜的图定区间旅行时间确定方法被提出来，它通过计算图定区间旅行时间邻域范围内列车实际旅行时间实现的可能性大小指标确定。不同区间、不同图定旅行时间下的列车区间实际旅行时间数据的峰度皆大于3，因而韦布尔分布作为理论分布拟合列车区间实际旅行时间分布，根方最小二乘误差指标显示韦布尔分布明显优于用正态分布、对数正态分布拟合结果。本书揭示了：网络运行图编制需要多种不同的列车图定区间旅行时间；在多因素影响下，不同区间都有其适宜的列车图定旅行时间；高铁列车在适宜的图定区间旅行时间指令下，列车区间实际旅行时间在图定区间

* 项目负责人指导的硕士研究生王永亮、姚力煊参与了这一领域的研究。

旅行时间前后 2.5 分钟的邻域范围内能达到 96% 以上的可靠度；若在非适宜的图定旅行时间指令下，这种可靠度可能不足 10%。

　　高速铁路列车运行图规定了高速列车在高速铁路网上的运行路径、运作时序和运作过程耗时，因而也就给定了高速列车在区间上的旅行时间和作业站上的停留时间。受天气、电力供应、列车载客量、乘客组织方式、列车运行控制以及高铁列车运行图自身等多方面因素的影响，高速列车区间实际旅行时间、作业站实际停留时间与图定时间会有一定的偏差。揭示不同因素导致的实际运作过程耗时与图定时间的偏差，是编制高可靠列车运行图的基础。列车图定区间旅行时间的确定，首先要满足线路技术条件的安全约束，如列车区间限速等①；然后满足网络化运营、客运需求下的列车运行图铺画需要②③④；再次满足节能、环保等方面的需求⑤⑥⑦⑧。因而适宜的

① Hu, S. J., *The Train Operation Organization and Capacity Theory*, China, Beijing: China Railway Press, 1993 (In Chinese).

② Higgins, A. and Kozan, E., "Modeling train delays in urban networks", *Transportation Science*, Vol. 32, 1998, pp. 346 – 358.

③ Abril, M., Barber. F., Ingolotti, L., Salido, M. A., Tormos, P. and Lova, A., 2008. "An assessment of railway capacity", *Transportation Research Part E*, Vol. 44, 2008, pp. 774 – 806.

④ Bury, K., *Statistical Distributions in Engineering*, Cambridge University Press, Cambridge, 1999.

⑤ Huisman, T. and Richard, J. B., "Running times on railway sections with heterogeneous train traffic", *Transportation Research Part B*, Vol. 35, 2001, pp. 271 – 292.

⑥ Barrena, E., Canca, D., C. Coelho, L., Laporte, G., "Exact formulations and algorithm for the train timetabling problem with dynamic demand", *Computers & Operations Research*, Vol. 44, 2014, pp. 66 – 74.

⑦ Espinosa – Aranda, J. L., García – Ródenas, Ramírez – Flores, M. D. C., et al., "High – speed railway scheduling based on user preferences", *European Journal of Operational Research*, Vol. 246, 2015, pp. 772 – 786.

⑧ Castillo, E., Gallego, I., Urena, J. M. and Coronado, J. M., "Timetabling optimization of a mixed double – and single – tracked railway network", *Applied Mathematical Modelling*, Vol. 35, 2011, pp. 859 – 878.

高铁列车图定区间旅行时间，应该满足网络化运营、客运需求下的列车运行图铺画需要，并使得列车实际区间旅行时间有足够大的可能性在其邻域范围内得以实现，还能满足节能、环保方面的需求。高速铁路调度指挥系统和运行监控系统能以分钟精度、自动记录下高铁列车图定时间和区间、作业站作业实际耗时，为厘清高铁列车图定区间旅行时间的适宜性，以及天气、电力、列车载客量、列车运行控制等因素导致的列车实际旅行过程耗时与图定时间的偏差提供了数据分析基础。目前这些数据由于缺乏相应的分析工具，使得这些海量数据没有转化为实际管理部门有价值的信息，使得相关部门在制定高铁列车运行图时缺乏科学的、定量化依据；高铁列车实际运营部门目前仍然依靠基于牵引计算的列车区间旅行时间或主观经验值。

基于牵引计算的列车区间旅行时间是一个确定的值，它依据牛顿动力学方程，结合列车的牵引力、摩擦力、空气阻力以及车辆自身重力因素之间的作用关系，参考列车区间牵引—惰行—制动运行过程计算得出，较少考虑线路上的扰动因素。因而这种方式得到的列车区间图定时间极少考虑在扰动因素下的可靠性。

由于多噪声因素的影响，高铁列车实际旅行时间偏离计划旅行时间，会破坏已有的运行计划，甚至造成延误的传递，影响客运服务水平。已有研究假设列车延误服从负指数分布，它通过统计每天通过区间总列车数 N、晚点列车趟数 N_p 和所有列车晚点总时间 p，那么晚点列车的平均晚点时间为 $\bar{p} = p/N_p$。因而得到列车晚点的频数分布服从负指数分布规律 $\omega_p = ae^{-m\bar{p}}$，再以列车晚点负指数分布规律计算列车间的缓冲时间①②③④⑤⑥⑦⑧⑨⑩⑪⑫⑬⑭。这种做法至少存在以下问题：（1）以列车晚点负指数分布规律计算列车间的缓冲时间，仅考虑了晚点列车因素，而没有考虑晚点列车数占通过列车总数比例因素。这属于保守的做法，以晚点坏的情形作为决策的依据。当晚点列车是

① Hu, S. J. , *The Train Operation Organization and Capacity Theory*, China, Beijing: China Railway Press, 1993 (In Chinese).

② Vansteenwegen, P. , Oudheusden, D. V. , "Developing railway timetables which guarantee a better service", *European Journal of Operational Research*, Vol. 173, 2006, pp. 337 – 350.

③ Kroon, L. , Dekker, R. , Maroti, G. , Helmrich, M. R. , and Vromans, M. , "Stochastic improvement of cyclic railway timetables", *Transportation Research Part B*, Vol. 42, 2008, pp. 553 – 570.

④ Cacchiani, V. and Toth, P. , "Nominal and robust train timetabling problems", *European Journal of Operational Research*, Vol. 219, 2012, pp. 727 – 737.

⑤ Goossens, J. W. , Hoesel, S. V. and Kroon, L. , "On solving multi – type railway line planning problems", *European Journal of Operational Research*, Vol. 168, 2006, pp. 403 – 424.

⑥ Salido, M. A. , Barber, F. and Ingolotti, L. , "Robustness for a single railway line: Analytical and simulation methods", *Expert Systems with Applications*, Vol. 39, 2012, pp. 13305 – 13327.

⑦ Yu – Hern, C. , Chung – Hsing, Y. and Ching – Cheng, S. , "A multi – objective model for passenger train services planning: Application to Taiwan's high – speed rail line", *Transportation Research Part B*, Vol. 34, 2000, pp. 91 – 106.

⑧ Ye, H. , Liu, R. , "A multiphase optimal control method for multi – train control and scheduling on railway lines", *Transportation Research Part B*, Vol. 93, 2016, pp. 377 – 393.

⑨ Albrecht, A. R. , Howlett, P. G. , Pudneyand, P. J. , Yu, X. , "Energy – efficient train control: From local convexity to globaloptimization and uniqueness", *Automatica*, Vol. 49, 2013, pp. 3072 – 3078.

⑩ Howlett, P. G. , Pudney, P. J. , and Yu, X. , "Local energy minimization in optimal train control", *Automatica*, Vol. 45, 2009.

⑪ Albrecht, A. , Howlett, P. , Pudney, P. , Yu, X. and Zhou, P. , "The key principles of optimal train control—Part 1: Formulation of the model, strategies of optimal type, evolutionary lines, location of optimal switching points", *Transportation Research Part B*, Vol. 94, 2016, pp. 482 – 508.

⑫ Luan, X. , Miao, J. , Meng, L. , Corman, F. and Lodewijks, G. , "Integrated optimization on train scheduling and preventive maintenance time slots planning", *Transportation Research Part C*, Vol. 80, 2017, pp. 329 – 359.

⑬ Jovanovic, P. , Kecman, P. , Bojovic, N. and Mandic, D. , "Optimal allocation of buffer times to increase train schedule robustness", *European Journal of Operational Research*, Vol. 256, 2017, pp. 44 – 54.

⑭ Yang, L. , Qi, J. , Li, S. and Gao, Y. , "Collaborative optimization for train scheduling and train stop planning on high – speed railways", *Omega*, Vol. 64, 2016, pp. 57 – 76.

小概率事件时，在极少发生晚点情况的列车间加入缓冲时间，会浪费线路的通行能力。（2）列车晚点是天气、电力供应、列车载客量、乘客组织方式、列车运行控制以及高铁列车运行图自身等多方面的原因造成的，列车晚点负指数分布规律不能揭示列车晚点和造成晚点原因之间的关联关系，且每一次列车运行图的调整，都需要重新统计归纳这种规律的参数，这种参数不具有稳定性，因而造成规律使用时的不确定性。

本章从统计列车在不同图定区间旅行时间下的实际旅行时间分布规律研究出发，研究不同区间适宜的图定旅行时间，这种规律既能考虑列车晚点发生的概率，又能考虑列车准点的可靠度，且其参数具有稳定性，可以用于铺画列车运行图。

4.1　衡量标准

假设分析的高铁线路途经车站集合为 N ，N 中任意两车站间的有向区间用 a 表示，它们形成的集合用 A 表示，那么 $a \in A$ 。所有高速列车在区间 a 上的图定旅行时间集合用 T_a 表示，其任意图定时间 $t_i^a \in T_a$ ，i 表示区间 a 上的第 i 个图定区间旅行时间。高铁列车在区间 a 上图定旅行时间为 t_i^a 的实际区间旅行时间 $\tilde{t}_i^a$ 是一个随机变量，其分布是图定旅行时间 t_i^a 的条件概率分布，假设该分布的概率密度函数为 $\rho(\tilde{t}_i^a \mid t_i^a)$ 。

高铁列车运行的区间可能不是车站间的自然区间，可能是线路上不相邻车站所辖区间，即高铁列车在区间上是连续运行的，因而会存在跳站情况，因而由线路上不相邻车站组合成高铁列车运行区间的组合情况比较多。相对而言，从线路车站自然区间视角，以列车通过该车站自然区间前后是否停车，轨道车站自然区间可以分为四种类型，并用（＊，＊）表示列车在轨道车站自然区间端点是否停车，＊取值为 1 或者 2，1 表示列车路过轨道车站自然区间端点但不停车，2 表示列车路过轨道车站自然区间端点并且停车。（2，2）、（1，2）、（2，1）和（1，1）四种类型区间被称为基本区间。（2，2）停站类型的区间表示列车在轨道区间两端都停车，（1，2）停站类型的区间表示列车在轨道区间起点不停车，列车在轨道区间终点停车，（2，1）停站类型的区间表示列车在轨道区间起点停车，列车在轨道区间终点不停车，（1，1）停站类型的区间表示列车在轨道区间两端都不停车。在列车停站关系表中，用"0"表示列车不经过某车站。

（1）区间图定时间适宜性衡量标准。

假设 $\bar{c},\underline{c}$ 是给定的两个正值，可以用区间 a 图定时间 t_i^a 的邻域时间段 $[t_i^a - \underline{c}, t_i^a + \bar{c}]$ 上列车实际区间旅行时间 $\tilde{t}_i^a$ 分布的概率 $\int_{t_i^a - \underline{c}}^{t_i^a + \bar{c}} \rho(t \mid t_i^a)dt$ 来衡量高速列车区间图定时间 t_i^a 的适宜性。若 $t_{(\underline{c},\bar{c})}^a = max\left\{\int_{t_i^a - \underline{c}}^{t_i^a + \bar{c}} \rho(t \mid t_i^a)dt, \forall i\right\}$，且该概率大于给定的阈值，那么高速列车区间图定时间 $t_{(\underline{c},\bar{c})}^a$ 是适宜的。

（2）高铁列车运行可靠性。

同样，区间 a 图定时间 t_i^a 的邻域时间段 $[t_i^a - \underline{c}, t_i^a + \bar{c}]$ 上列车实际区间旅行时间 $\tilde{t}_i^a$ 分布的概率 $\int_{t_i^a - \underline{c}}^{t_i^a + \bar{c}} \rho(t \mid t_i^a)dt$ 也可以来衡量高铁列车运行的可靠性。研究高铁列车运行可靠性的目的有三项：其一是判断已有高铁运行图的可靠性；其二是通过在已有高铁运行图中加入缓冲时间或雍余时间，来提高已有高铁运行图的可靠性；其三是衡量列车运行控制系统在不同环境下，按图运行能力。一般列车运行图都要求一定的可靠性，不妨假设为 $\alpha, 0 < \alpha < 1$，这时往往要求求解满足等式 1 的 $\bar{c}$，以确定在车站或咽喉区两列列车之间的缓冲时间或雍余时间 $\bar{c}$。

$$\int_{-\infty}^{t^a_i + \bar{c}} \rho(t \mid t^a_i) dt = \alpha \tag{1}$$

4.2　数据说明

这里所用的数据是北京至深圳高速铁路线武汉辖区（许昌东至赤壁北段）在 2016 年 1 月 1 日至 3 月 30 日轨道电路的压力传感器记录的数据见表 4-1。这些数据包括列车目的地代码、车站、站台编号和在每个车站、每列列车的实际、计划的到达和离开时间等信息。根据这些记录可以计算每个区间列车计划和实际旅行时间、列车在每个车站的实际驻留时间。武汉辖区内正线管辖里程自 K780+712 至 K1353+654，全长 572.942km，北与郑州局许昌东站相邻，南与广铁集团公司岳阳东站相邻，设漯河西站、驻马店西站、明港东站、信阳东站、孝感北站、横店东站、L1L2 线路所、武汉站高速场、乌龙泉东站、咸宁北站、赤壁北站，共 10 个车站，1 个线路所，其中横店东站、乌龙泉东站为越行站，其他车站为客运站。从漯河西站到赤壁北站方向被视为下行方向，相反方向是上行方向。

原始数据记录的是通过武汉铁路局正线管辖里程内的所有高铁与动车（包括上行与下行），无论各次列车的起点与终点如何，只要通过该辖区，皆被记录在内。因此数据呈现出如下特点：列车或通过该辖区内的所有站点，或从某个站点入，或从某个站点出。表 4 - 2 给出了高铁列车的停站关系（只列出了一部分列车），表格中的"0"表示列车不经过该车站。武汉辖区内每天开行上行高铁列车 86 趟、下行高铁列车 114 趟。开行上行动车组列车 31 趟、下行动车组列车 22 趟。

表 4 - 1 原始数据

	车站	到站时间	出发时间	到达车次	出发车次	图定到达时间	图定出发时间
1	武汉高速场	2016/3/12 星期六 16：27：00	2016/3/12 星期六 16：32：00	G80	G80	2016/3/12 星期六 16：28：00	2016/3/12 星期六 16：33：00
2	L1L2线路所	2016/3/12 星期六 16：29：00	2016/3/12 星期六 16：29：00	G681	G681	2016/3/12 星期六 16：30：00	2016/3/12 星期六 16：30：00

表 4 - 2 上行高铁停靠关系

车次	赤壁北	咸宁北	乌龙泉东	武汉高速场	L1L2线路所	横店东	孝感北	信阳东	明港东	驻马店西	漯河西	许昌东
G554	0	0	0	2	1	1	1	2	2	2	1	0
G580	0	0	0	2	1	1	0	0	0	0	0	0
G546	0	0	0	2	1	1	1	2	2	2	1	2
G544	0	0	0	2	1	1	1	2	1	2	2	1

4.3　旅行时间分布拟合函数

　　找出反映列车区间实际旅行时间分布规律的拟合函数，有利于后期利用这些分布规律进行列车运行图优化，也有利于轻量化历史行车数据的存储。为此，本节首先分停站类型，分别求出各种停站类型、不同图定时间下的列车区间实际旅行时间的最大值、最小值、分布范围、平均值、标准差、偏度和峰度特征，如表4-3所示。由于列车实际运行区间的长度不一，列车区间实际旅行时间平均值也不一样（表4-3的期望列），但是不同区间列车实际旅行时间的方差皆小于2（表4-3标准差列），这说明高铁列车具有强劲的动力和高可靠的列车运行控制系统。同时也可以从列车区间实际旅行时间数据跨度范围列（表4-3的范围列）了解到：在相同区间、同样的区间图定时间指令下，列车区间实际旅行时间值差距大于2分钟，最大达到35分钟。这表明列车运行控制系统执行图定区间旅行时间的能力仍有待提升，也反映了目前使用的列车运行图尚有比较大的优化提升空间。表4-3的峰度列（表4-3最后一列）除了极个别值外（峰度列第3、34和44行），峰度值皆大于3，表明峰度值具有稳定性；这与文献①的表3中城市轨道交通列车区间实际旅行时间的峰度值是不确定的特性完全不同。城市轨道交通

---

　　① Li, M. S., Liu, Z. Q., Zhang, Y. H., Liu, W. J. and Shi, F., "Distribution analysis of train interval journey time employing the censored model with shiftingcharacter", *Journal of Applied Statistics*, Vol. 44, 2017, pp. 715–733.

因线路短等原因，列车区间实际旅行时间分布具有迁移特征。因而可以选择峰度值大于 3 的威布尔分布（Weibull Distribution）来拟合不同图定时间下的列车区间实际旅行时间分布。结合不同区间列车实际旅行时间的方差皆小于 2，以及列车区间实际旅行时间值差距较大两方面因素来看，列车区间实际旅行时间值中存在奇异值。文中设立列车区间实际旅行时间值出现频率不大于 3%、4%、5%、7% 和 8% 五个标准，去掉奇异值后，用威布尔分布（Weibull Distribution）拟合去掉奇异值后的列车区间实际旅行时间数据，并计算列车实际旅行时间直方图每个统计区间上出现的频率与拟合分布该区间概率差的最小二乘，并以这个最小二乘的根方作为判断标准，判断不同标准下拟合分布函数的优劣。漯河西—许昌东区间上拟合分布函数的参数及最小二乘的根方标准值见表 4 - 4。从表 4 - 4 可以看出，威布尔分布（Weibull Distribution）拟合结果优于正态分布、对数正态分布；图 4 - 2 至图 4 - 5 也展示了同样的结论。

表 4 - 3　　　　　　　上行各区间上列车实际旅行时间特征

区间	停站类型	图定区间时间（min）	Min $\tilde{t}^k$（s）	Max $\tilde{t}^k$（s）	Range	Average（s）	Standard deviation	Skewness	Kurtosis
赤壁北一咸宁北	(2,2)	13	13	25	12	14.63	1.61	4.91	31.66
		14	14	18	4	14.75	0.83	1.31	5.08
	(2,1)	10	11	13	2	11.44	0.56	0.72	2.43
		11	11	16	5	11.62	0.89	1.70	6.30
		13	11	16	5	11.63	0.83	2.62	14.20

续 表

区间	停站类型	图定区间时间（min）	Min $\tilde{t}^k$（s）	Max $\tilde{t}^k$（s）	Range	Average（s）	*Standard deviation*	Skewness	Kurtosis
赤壁北—咸宁北	（1,1）	8	8	43	35	9.05	1.74	13.70	263.56
		9	8	15	7	9.12	1.04	1.45	5.82
		10	8	22	14	9.32	1.23	3.85	32.86
	（1,2）	11	11	17	6	12.41	1.13	1.55	5.94
		12	10	16	6	12.49	1.01	1.23	4.61
武汉高速场—L1L2线路所	（2,1）	5	4	25	21	5.39	0.86	6.36	111.13
		6	4	7	3	5.08	0.43	0.64	5.97
	（1,1）	5	4	13	9	5.70	0.69	1.89	15.76
L1L2线路所—横店东	（1,1）	3	3	10	7	3.94	1.09	2.60	12.36
		4	3	25	22	3.81	0.91	5.74	104.26
		5	4	8	4	4.85	0.48	0.025	6.58
横店东—孝感北	（1,1）	18	17	43	26	18.23	1.54	6.23	57.45
		19	18	27	9	20.02	1.43	2.22	12.00
	（1,2）	21	20	32	12	21.96	1.16	4.78	39.29
		22	21	31	10	22.50	1.46	3.38	20.52
孝感北—信阳东	（2,2）	18	18	27	9	19.12	1.02	2.98	20.80
	（2,1）	15	15	36	21	15.65	2.06	8.24	80.04
		18	18	25	7	18.86	1.02	3.82	24.05
	（1,1）	13	12	34	22	12.93	1.41	7.94	101.72
		18	12	24	12	13.13	1.66	4.84	31.80

区间	停站类型	图定区间时间（min）	Min $\tilde{t}^k$（s）	Max $\tilde{t}^k$（s）	Range	Average（s）	*Standard deviation*	Skewness	Kurtosis
孝感北—信阳东	(1,2)	16	15	40	25	16.66	1.49	7.06	85.55
		17	15	27	12	17.07	1.54	3.34	19.05
信阳东—明港东	(2,2)	13	13	19	6	14.07	0.72	2.65	16.34
		14	14	19	5	14.82	0.76	2.57	15.89
	(2,1)	10	10	15	5	10.80	0.62	2.33	18.06
		11	10	17	7	11.07	1.02	3.95	21.02
	(1,1)	8	7	16	9	8.01	0.77	5.17	41.73
		10	11	15	4	11.70	0.99	2.23	8.44
	(1,2)	13	14	16	2	15.05	0.73	−0.08	1.91
明港东—驻马店西	(2,2)	17	16	25	9	18.02	0.88	4.07	32.25
		18	17	25	8	18.52	1.01	4.29	28.86
	(2,1)	14	14	23	9	14.72	1.06	5.45	42.60
	(1,1)	12	10	26	16	11.90	1.32	5.78	45.25
		13	11	20	9	11.58	0.87	5.39	51.25
		14	11	20	9	11.67	1.20	5.62	39.79
	(1,2)	15	13	26	13	15.33	1.09	4.03	27.71
		16	15	22	7	15.72	0.98	4.45	29.80

区间	停站类型	图定区间时间（min）	Min $\tilde{t}^k$（s）	Max $\tilde{t}^k$（s）	Range	Average（s）	*Standard deviation*	Skewness	Kurtosis
驻马店西—漯河西	（2,2）	18	15	27	12	19.12	1.14	3.08	17.23
		19	18	19	1	18.63	0.49	-0.55	1.31
		21	18	24	6	18.88	1.06	2.91	13.81
	（2,1）	15	13	25	12	15.72	1.42	3.96	22.40
		16	15	24	9	15.64	1.34	4.14	23.24
		18	15	24	9	15.60	1.38	4.20	24.17
		19	18	41	23	19.29	2.95	6.93	51.61
	（1,1）	13	10	25	15	13.06	1.52	5.05	34.27
		14	11	23	12	13.10	1.52	4.44	27.60
		17	13	18	5	16.33	0.82	-2.00	10.07
	（1,2）	16	14	27	13	16.60	1.52	3.72	20.89
漯河西—许昌东	（2,2）	16	11	22	11	16.39	1.20	-0.07	9.01
		17	13	23	10	16.94	1.07	0.46	8.86
		19	16	21	5	17.34	0.65	2.10	11.41
	（2,1）	13	10	21	11	13.49	1.18	2.73	15.91
		15	10	20	10	13.96	1.12	1.84	10.84
		16	10	19	9	13.95	1.24	1.51	8.37
	（1,1）	11	7	20	13	10.86	1.23	3.36	23.73
		13	8	20	12	11.09	0.99	4.66	40.26
		15	10	18	8	11.48	1.10	3.37	20.15

续　表

区间	停站类型	图定区间时间（min）	Min $\tilde{t}^k$（s）	Max $\tilde{t}^k$（s）	Range	Average（s）	*Standard deviation*	Skewness	Kurtosis
漯河西—许昌东	(1,2)	14	10	22	12	14.20	1.34	2.14	15.20
		15	11	21	10	14.25	1.34	3.15	16.78
		17	14	23	9	15.89	1.58	2.53	10.87

表 4 - 4　漯河西—许昌东列车实际旅行时间拟合分布函数的参数

区间	停车类型	%	停站时间	对数正态分布			正态分布			韦布尔分布		
				第1参数	第2参数	SRLSM	第1参数	第2参数	SRLSM	第1参数	第2参数	SRLSM
漯河西—许昌东	(1,1)	0.03	11	2.3700	0.0688	0.4864	10.7225	0.7596	0.4619	11.0943	8.0244	0.4937
		0.05	13	2.3957	0.0426	0.5023	10.9862	0.4663	0.4871	11.2102	22.9762	0.4035
		0.03	15	2.4270	0.0587	0.2823	11.3438	0.6719	0.2706	11.6679	16.5326	0.2385
	(1,2)	0.07	14	2.6492	0.0415	0.3581	14.1552	0.5941	0.3469	14.4509	19.3307	0.3321
		0.07	15	2.6404	0.0380	0.4224	14.0282	0.5319	0.4092	14.2857	26.7533	0.3281
		0.08	17	2.7421	0.0527	0.2311	15.5410	0.8281	0.2275	15.9460	18.9575	0.2471
	(2,1)	0.06	13	2.5881	0.0433	0.3397	13.3172	0.5742	0.3360	13.5899	26.5844	0.3148
		0.04	15	2.6276	0.0540	0.2341	13.8605	0.7595	0.2197	14.2346	17.1068	0.1882
		0.10	16	2.6266	0.0526	0.2582	13.8459	0.7389	0.2427	14.2119	17.1762	0.2066
	(2,2)	0.03	16	2.7944	0.0544	0.3563	16.3769	0.8666	0.3477	16.7550	24.0068	0.3068
		0.06	17	2.8268	0.0448	0.3969	16.9072	0.7439	0.3845	17.2429	26.9996	0.2959
		0.05	19	2.8503	0.0263	0.3415	17.2990	0.4602	0.3410	17.5377	36.6633	0.3272

4.4 图定区间旅行时间适宜性

武汉辖区内高铁线路途经车站集合为 $N =$ {漯河西站、驻马店西站、明港东站、信阳东站、孝感北站、横店东站、L1L2 线路所、武汉站高速场、乌龙泉东站、咸宁北站、赤壁北站}。若 $a \in N$ 代表漯河西—许昌东区段，图 4 - 1 给出了漯河西—许昌东区段上（2，2）停站类型高铁列车不同图定旅行时间使用频次。由于数据精确到分钟，从图上可以看出（2，2）停站类型所有高速列车在区间 a 上的图定旅行时间集合 $T_a =$ {16,17,18,19,20,21,22,23,24,26,27}，这说明因客运需求下的网络列车运行图铺画需要，漯河西—许昌东区段的列车区间图定旅行时间有多种需求。在统计的三个月中，16 分钟图定区间旅行时间共有 468 次，占到了 48.1%，出现的频次最高。其次是17 分钟图定区间旅行时间有 310 次，占到了 31.9%。24、26 和 27 分钟图定旅行时间各用了 1 次，各占到了总次数的 0.1%。由于大于或等于 20min 的图定旅行时间使用的次数较少，因而这里只画出图定时间为 16—19 分钟的高铁列车时间旅行时间直方图，如图 4 - 2 至图4 -5所示，其对应的理论分布的概率密度函数为 $\rho(\tilde{t}_i^a \mid t_i^a)$。例如，图 4 -2 对应的图定旅行时间为 $t_1^a = 16$ 分钟，其对应的理论分布的概率密度函数为 $\rho(\tilde{t}_1^a \mid 16)$。其他区间图定旅行时间具有类似的使用和分布规律。

考虑到统计数据的精度为 1min，这里 $(\bar{c}, \underline{c})$ 可以分别取 (0.5，0.5)、(1.5，1.5)、(2.5，2.5)。根据图 4 - 2 可知，漯河西—许昌

东区段图定时间为 16 分钟，$(\underline{c},\overline{c})$ 分别取 (0.5，0.5)、(1.5，1.5)、(2.5，2.5) 时，(2，2) 停站类型高速列车准点出发、在时间区段内 $(16-\underline{c},16+\overline{c})$ 到站的概率分别为：

$$\int_{16-0.5}^{16+0.5} \rho(t\mid 16)dt = 0.329 \tag{2}$$

$$\int_{16-1.5}^{16+1.5} \rho(t\mid 16)dt = 0.889 \tag{3}$$

$$\int_{16-2.5}^{16+2.5} \rho(t\mid 16)dt = 0.964 \tag{4}$$

同理，根据图 4-3、图 4-4、图 4-5 可以计算出该区段上图定时间为 17、18、19 分钟时，(2，2) 停站类型高速列车准点出发、在时间区段内 $(t_i^a-\underline{c},t_i^a+\overline{c})$ 到站的概率见表 4-5。尽管 $(\underline{c},\overline{c})$ 取 (2.5，2.5) 时，图定时间为 16、17、18、19 分钟，(2，2) 型高速列车准点出发，在时间区段内 $(t_i^a-\underline{c},t_i^a+\overline{c})$ 到站的概率值差别不大，但是 $(\overline{c},c)$ 取 (0.5，0.5) 和 (1.5，1.5) 时可以展现出以图定时间为 17 分钟概率值最大，分别为 0.577、0.884，即 $t_{(0.5,0.5)}^a = 0.577$，$t_{(1.5,1.5)}^a = 0.884$，并且 $t_{(1.5,1.5)}^a > 0.8$。这说明漯河西—许昌东区段图定时间为 17 分钟最为适宜。表 4-5 还给出了漯河西—许昌东区段上 (1，2)、(2，1) 和 (1，1) 型高速列车准点出发在时间区段内 $(t_i^a-\underline{c},t_i^a+\overline{c})$ 到站的概率。对照表 4-5 中的概率值，采用同样的计算方法，表 4-6 给出了武汉辖区内下行方向各区间上适宜的图定旅行时间值。从表 4-6 还可以看出，高铁列车在适宜的图定区间旅行时间指令下，列车区间实际旅行时间在图定区间旅行时间前后 2.5 分钟的邻域范围内能达到 96% 以上的可靠度；若在非适宜的图定旅行时间指令下，这种可靠度可能不足 10%。

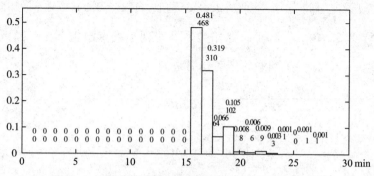

图 4-1　漯河西—许昌东区段上（2，2）型高铁列车

不同图定旅行时间使用频次

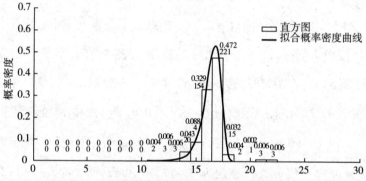

图 4-2　图定时间为 16min（2，2）型高铁列车实际

旅行时间及拟合分布曲线

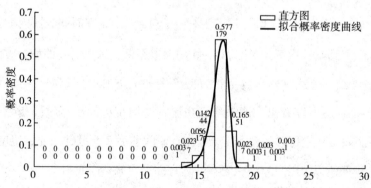

图 4-3　图定时间为 17min（2，2）型高铁列车实际

旅行时间及拟合分布曲线

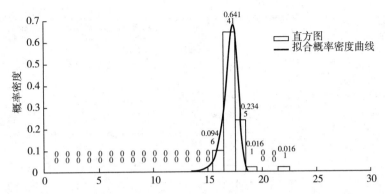

图 4 - 4　漯河西—许昌东区段上图定时间为 18min（2，2）型

高铁列车实际旅行时间

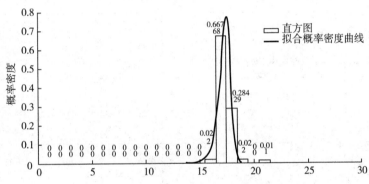

图 4 - 5　漯河西—许昌东区段上图定时间为 19min（2，2）型

高铁列车实际旅行时间

| 表 4 - 5 | | 区间图定旅行时间可靠性 | | | | |

计划旅行时间（min）	$(t_i^a - \underline{c}, t_i^a + \bar{c})$ 区间	漯河西—许昌东（2,2）型可靠度	漯河西—许昌东（2,1）型可靠度	漯河西—许昌东（1,2）型可靠度	漯河西—许昌东（1,1）型可靠度	
11	$(11-0.5,11+0.5)$	—	—	—	—	—
	$(11-1.5,11+1.5)$	$(11-1.5,11+0.5)$	—	—	—	0.918	0.887
		$(11-0.5,11+1.5)$	—	—			0.696
	$(11-2.5,11+2.5)$	$(11-2.5,11+0.5)$	—	—	—	0.959	0.921
		$(11-0.5,11+2.5)$	—	—			0.703

计划旅行时间（min）	$(t_i^a - \underline{c}, t_i^a + \bar{c})$ 区间		漯河西—许昌东(2,2)型可靠度	漯河西—许昌东(2,1)型可靠度	漯河西—许昌东(1,2)型可靠度	漯河西—许昌东(1,1)型可靠度	
12	$(12-0.5,12+0.5)$		—	—	—	—	—
	$(12-1.5,12+1.5)$	$(12-1.5,12+0.5)$	—	—	—	0.830	0.779
		$(12-0.5,12+1.5)$	—	—	—		0.220
	$(12-2.5,12+2.5)$	$(12-2.5,12+0.5)$	—	—	—	0.983	0.915
		$(12-0.5,12+2.5)$	—	—	—		0.237
13	$(13-0.5,13+0.5)$		—	0.539( )	—	0.026	
	$(13-1.5,13+1.5)$	$(13-1.5,13+0.5)$	—	0.592	—	0.126	0.122
		$(13-0.5,13+1.5)$	—	0.944	0.891	—	0.03
	$(13-2.5,13+2.5)$	$(13-2.5,13+0.5)$	—	0.593	—	0.868	0.864
		$(13-0.5,13+2.5)$	—	0.948	0.891	—	0.03
14	$(14-0.5,14+0.5)$		—	0.541	0.612	0.146	
	$(14-1.5,14+1.5)$	$(14-1.5,14+0.5)$	—	0.918	0.693	0.500	0.396
		$(14-0.5,14+1.5)$	—	0.935	0.557	0.814	0.250
	$(14-2.5,14+2.5)$	$(14-2.5,14+0.5)$	—	0.934	0.724	0.771	0.646
		$(14-0.5,14+2.5)$	—	0.950	0.557	0.836	0.271
15	$(15-0.5,15+0.5)$		—	0.134	0.144	0.000	
	$(15-1.5,15+1.5)$	$(15-1.5,15+0.5)$	—	0.799	0.818	0.015	0.015
		$(15-0.5,15+1.5)$	—	0.933	0.609	0.837	0.170	0.000
	$(15-2.5,15+2.5)$	$(15-2.5,15+0.5)$	—	0.805	0.929	0.060	0.060
		$(15-0.5,15+2.5)$	—	0.967	0.637	0.955	0.170	0.000

续　表

计划旅行时间(min)	$(t_i^a-\underline{c},t_i^a+\bar{c})$区间	子区间	漯河西—许昌东(2,2)型可靠度		漯河西—许昌东(2,1)型可靠度		漯河西—许昌东(1,2)型可靠度		漯河西—许昌东(1,1)型可靠度
16	(16-0.5,16+0.5)	—	0.329( )		0.028		—		—
	(16-1.5,16+1.5)	(16-1.5,16+0.5)	0.889	0.417	0.157	0.136	—		—
		(16-0.5,16+1.5)		0.801		0.049	—		—
	(16-2.5,16+2.5)	(16-2.5,16+0.5)	0.964	0.460	0.643	0.619	—		—
		(16-0.5,16+2.5)		0.833		0.052	—		—
17	(17-0.5,17+0.5)	—	0.577		0.100( )		0.152		—
	(17-1.5,17+1.5)	(17-1.5,17+0.5)	0.884	0.719	0.226	0.138	0.424	0.394	—
		(17-0.5,17+1.5)		0.742		0.126		0.182	—
	(17-2.5,17+2.5)	(17-2.5,17+0.5)	0.962	0.765	0.277	0.176	0.909	0.879	—
		(17-0.5,17+2.5)		0.774		0.201		0.182	—
18	(18-0.5,18+0.5)	—	0.234		0.127		—		—
	(18-1.5,18+1.5)	(18-1.5,18+0.5)	0.891	0.875	0.451	0.423	—		—
		(18-0.5,18+1.5)		0.250		0.155	—		—
	(18-2.5,18+2.5)	(18-2.5,18+0.5)	0.985	0.969	0.662	0.634	—		—
		(18-0.5,18+2.5)		0.250		0.155	—		—
19	(19-0.5,19+0.5)	—	0.020		—		—		—
	(19-1.5,19+1.5)	(19-1.5,19+0.5)	0.304	0.304	—		—		—
		(19-0.5,19+1.5)		0.020	—		—		—
	(19-2.5,19+2.5)	(19-2.5,19+0.5)	0.981	0.971	—		—		—
		(19-0.5,19+2.5)		0.030	—		—		—

表 4-6   各上行区间适宜的图定旅行时间

区间	停站类型	最适合的图定时间（min）
赤壁北—咸宁北	(2,2)	15
	(2,1)	11
	(1,2)	11
咸宁北—乌龙泉东	(1,1)	7
	(2,1)	9
乌龙泉东—武汉高速场	(1,1)	12
	(1,2)	13
武汉高速场—L1L2 线路所	(1,1)	6
	(2,1)	4
L1L2 线路所—横店东	(1,1)	4
横店东—孝感北	(1,1)	8
	(1,2)	22
孝感北—信阳东	(1,1)	13
	(1,2)	16
	(2,1)	15
	(2,2)	19
信阳东—明港东	(1,1)	8
	(1,2)	15
	(2,1)	11
	(2,2)	14

区间	停站类型	最适合的图定时间（min）
明港东—驻马店西	(1,1)	12
	(1,2)	15
	(2,1)	15
	(2,2)	18
驻马店西—漯河西	(1,1)	13
	(1,2)	16
	(2,1)	15
	(2,2)	19
漯河西—许昌东	(1,1)	11
	(1,2)	14
	(2,1)	13
	(2,2)	17

为了说明高铁列车完成图定"赶时间"任务的能力，表 4 - 5 增加了 $(\bar{c}, \underline{c})$ 分别取（1.5，0.5）、（0.5，1.5）、（2.5，0.5）、（0.5，2.5）情况下的列车准时达到车站的概率。如漯河西—许昌东区段、（2，2）停站类型高速列车准点出发、在时间区段内（16 - 1.5,16 + 0.5）、（16 - 2.5,16 + 0.5）到站的概率分别为 0.417 和 0.460，这说明在时间紧的情况下，目前高铁列车完成图定"赶时间"任务的能力不足，这可能是有运营速度不超过 300 公里/小时限制原因导致的。因为在这个区段上（2，2）型高速列车准点出发，在时间区段内（19 - 1.5,19 + 0.5）、（19 - 2.5,19 + 0.5）到站的概率分别达到 0.304 和 0.971，这说明在同一区间图定时间为 19 分钟时，使用接近 300 公里/小时的运行

速度是可以完成图定"赶时间"任务的。相对而言，高铁列车在不同类型的区段完成图定"赶时间"任务的能力表现不同，按照（2，2）、（2，1）、（1，2）、（1，1）类型区间次序依次增强。

从目前高铁线路运营时间和实际开行的列车趟数来看，运营时间从早上6：00到晚上10：00结束，一天运营16小时。上行方向运行高铁列车加动车组共127趟，平均列车发车间距时间为7.56分钟；下行方向运行高铁列车加动车组共136趟，平均列车发车间距时间为7.06分钟。结合图4-2至图4-5可知，在适宜的图定区间旅行时间 t_i^a 下，列车在时间区间 $(t_i^a - 3.5, t_i^a + 3.5)$ 内准点到达车站的可能性能达到99%以上，即在目前列车开行需求强度下，面对复杂的运输环境，武汉分局管辖区间内高铁列车在7分钟的间隔时间上能达到99%的可靠度。

4.5　结论

（1）客运需求要求列车运行图安排不同的区间图定旅行时间；不同的区间图定旅行时间指令下，列车实际旅行时间在其邻域范围内实现的可能性也不一样。

（2）在天气、电力供应、列车载客量、乘客组织方式、列车运行控制以及线路条件等多因素环境中，每个区间都有其适宜的图定区间旅行时间；列车运行图采用适宜的图定区间旅行时间，列车按计划完成运输任务的可能性高。

（3）威布尔分布（Weibull Distribution）可用于拟合不同图定区间旅行时间下的列车区间实际旅行时间分布。

第5章　车辆路段旅行时间理论分布[*]

本章摘要：交通信号是影响城市道路上车辆路段旅行时间的主要因素，本章深入分析了旅行时间波动性与交通信号、路段交通流量两致因间的关系，区分车辆路段旅行过程中发生的速度主动迁移和被动迁移不同情况，即受路段限速因素影响、通过驾驶员主动决策行为作用，车辆路段的旅行速度会发生主动迁移；和受路段交通信号灯因素影响，车辆路段旅行速度会发生被动迁移。运用具有迁移特征的受限因变量统计模型方法，提出了车辆路段旅行时间概率密度函数的计算方法，本质上车辆路段旅行时间分布是一簇经平移后的理想条件下车辆路段旅行时间分布的权重和，即混合分布。并使用道路卡口系统检测数据来验证方法的正确性，K-S检验结果证实这种方法能够很好地描述实际交通环境中车辆路段旅行时间分布规律，解释了不同场景下车辆路段旅行时间分布符合不同数学概率分布的原因；最后还给出了在信号周期时长、相位差参数变化下的车辆路段旅行时间分布趋势变化规律。

---

　　* 这部分研究成果已经写成论文 "*Analytic method for determining traffic signal impact on vehicle journey time distribution*"，该部分理论成果与第五章的研究成果，以及相关软件产品一并向国家知识产权局申报了专利"基于车辆路段旅行时间理论分布的交叉口信号参数优化及效果评估技术"。项目负责人指导的硕士研究生龙佳、陈浩、薛红丽、黎昉、王永亮参与了这一领域的研究，顺利完成硕士学位论文，获得硕士学位。

旅行时间可靠性是评价交通网络运行效率的重要指标，也是用户能直接感受到的重要出行路径选择决策指标。[1] 安全、便捷、舒适和经济是出行服务追求的目标，显著的出行时间波动将导致出行成本的增加、城市交通系统运行效率的降低、最终使得交通系统运行性能的降级。

　　国内外许多学者很早就开始了旅行时间可靠性方面的研究。Bates[2] 提出旅行时间波动的概念，在 Noland 和 Small[3] 的旅行时间分类的基础上，增加了额外的时间组成，称为时间波动。同时发现：旅行时间的波动将导致旅行时间长度的不确定性，构成了出行者对出行服务质量不满的主要因素。随后 Gaver[4]、Knight[5] 和 Abdel – Aty[6] 研究了旅行时间波动性对交通出行者出行决策行为的影响。Abdel – Aty 发现旅行时间波动性是影响出行者出行方式选择的重要因素。Noland 和 Polak[7] 指出：充分考虑旅行时间波动性，不仅能改善交通投资决

　　① Vanajakshi, L. , B. Williams and L. Rilett, "Improved Flow – Based Travel Time Estimation Method from Point Detector Data for Freeways", *Journal of Transportation Engineering*, Vol. 135, 2009, pp. 26 – 36.

　　② Bates, J. , Dix, M. and May, T. , "Travel time variability and its effect on time of day choice for the journey to work", *Transportation Planning Methods*, *Proceedings of Seminar C Held at the PTRC Summer Annual Meeting*, 1987, pp. 293 – 311.

　　③ Noland, R. B. and Small, K. A. , Travel – Time Uncertainty, "Departure Time Choice, and the Cost of Morning Commutes", *Transportation Research Record*, Vol. 1493, 1995, pp. 150 – 158.

　　④ Gaver, D. P. , "Headstart Strategies for Combating Congestion", *Transportation Science*, 1968.

　　⑤ Knight, T. E. , "An approach to the evaluation of changes in travel unreliability: A 'Safety margin' hypothesis", *Transportation*, Vol. 3, 1974, pp. 393 – 408.

　　⑥ A. , A. M. , K. R. and J. P. P. , "Investigating Effect of Travel Time Variability on Route Choice Using Repeated – Measurement Stated Preference Data", *Transportation Research Record*, 1995, pp. 39 – 45.

　　⑦ Noland, R. B. and Polak, J. W. , "Travel time variability: a review of theoretical and empirical issues", *Transport Reviews A Transnational Transdisciplinary Journal*, 2002, 22 (1), pp. 39 – 54.

策而且可以改善公共交通的管理。Lyman 和 Bertini[①]则建议将旅行时间可靠性作为区域交通规划的重要评价指标。目前对于旅行时间波动性的研究集中于波动性的价值，大部分的研究都是基于 SP（Stated Preference）调查[②][③][④]通过出行者对假设情景的选择来研究交通出行者对旅行时间波动的反应。Chen[⑤] 研究了旅行时间波动性对出行者路径选择行为的影响，将旅行时间波动的可靠性和不可靠性两方面综合起来考虑，提出了在一定可靠度下，基于期望超出旅行时间值的网络均衡模型（METE，Mean Excess Traffic Equilibrium）。姜玲[⑥]根据旅行时间波动性产生的原因不同，将旅行时间波动性分为日常波动、时段波动和车辆间波动；并着重研究了前两者。车辆间波动是在驾驶习惯、交通信号灯、路段交通流量等因素的影响下，不同车辆在同一交通环境中行驶相同的路程所产生的旅行时间波动。旅行时间可靠性涉及车辆间波动和车辆路段旅行时间波动两方面的基础研究，评价交通网络运行效率和对出行者出行决策过程的研究更注重车辆路段旅行时间分布方面的研究成果。

车辆路段旅行时间分布研究探讨车辆在路网某一路段或路径上的旅行时间服从何种概率分布规律。车辆旅行时间分布与众多的因素有

---

① Kate, L. and Bertini R. L. , "Using Travel Time Reliability Measures to Improve Regional Transportation Planning and Operations", *Transportation Research Record Journal of the Transportation Research Board*, 2008, 11 (2046), pp. 1 – 10.

② Hollander, Y. , "Direct versus indirect models for the effects of unreliability", *Transportation Research Part A Policy & Practice*, 2006, 40 (9), pp. 699 – 711.

③ Bates, J. , et al. , "The valuation of reliability for personal travel", *Transportation Research Part E Logistics & Transportation Review*, 2001, 37, pp. 191 – 229.

④ Matasa, A. A. , "Commuters' valuation of travel time variability", *Transportation Research Part E Logistics & Transportation Review*, 2008, 44, pp. 1074 – 1085.

⑤ Chen, A. , Zhou, Z. , "The a – reliable mean – excess traffic equilibrium model with stochastic travel times", *TransportationResearch Part B*, 2010, 44 (4), pp. 493 – 513.

⑥ 姜玲：《城市交通出行时间波动性的价值评估研究》，硕士学位论文，南京理工大学，2013 年，第 24—32 页。

关，本章研究的主要目的是探求交通系统内的两种主要因素，即交通信号、路段交通流量对车辆路段旅行时间分布的影响，以便探求使用交通控制手段降低车辆旅行时间波动性、提高路网交通通行可靠性的方法。因而首先假设：

（1）假设车辆都属于小汽车类型。即使是道路条件相同，如果路段上的车辆类型不同，那么统计相同车辆数的车辆路段旅行时间分布也可能是不同的。但是这种混合车流的车辆路段旅行时间分布可以使用单一车类车辆路段旅行时间分布的权重和来近拟，因而本章为论述简便起见，首先假设路段上的车辆都属于小汽车类型。

（2）车辆路段旅行时间分布与路段车辆的入流率密切相关。道路条件相同的路段，若路段车辆的入流率不同，也可能导致车辆路段旅行时间分布不同；考虑交通信号影响时尤甚。因而假定所有 OD 对在研究时段内的入流率为均匀入流率。值得注意的是：在交通信号、路段交通流量等因素的作用下，不同路段的入流率可能不同。

（3）统计时段不同，车辆路段旅行时间分布也不同。为了避免此种情况，假定统计时段是特定的，能使 OD 对流量全部完成旅行所需要的有限时长时段，比如从高峰期开始，到一小时高峰期内进入的 OD 对交通量完成旅行所需要的时间。这种假设可能会使统计出来的车辆路段期望旅行时间比实际旅行时间偏小，因为在实际的路段交通流在最后清空 OD 对流量时，还会有新的流量进来。讨论新进来流量的影响，只要对本章的方法稍作拓展，就能做得到。为了避免讨论清空 OD 对流量时，新进来流量的影响，仍然沿用这一假设。

（4）假定在无其他因素影响下，小汽车驾驶员的驾驶行为差异导致的车辆路段旅行时间分布为正态分布；只在路段限速因素影响下，因小汽车驾驶员的驾驶行为差异，导致的车辆路段旅行时间分布为对数正态分布。

（5）假设路段上的车流不受行人、自行车的横向干扰。横向干扰因素不在本章研究范围之内。

（6）假设道路网络所有的交叉口都是信号控制交叉口，交通网络中的信号灯都是固定配时信号灯，且在统计时段内的控制参数保持不变。

现有的研究车辆路段旅行时间分布的方法可以归为两类，一类是直接法：即直接采集数据，包括浮动车辆[1][2][3]、牌照法[4]、视频检测[5]、车牌自动识别（AVI）[6]、车辆自动定位[7][8]（AVL）等技术收集车辆路段或路径旅行时间数据，主要应用的方法是线性回归方法[9]、非参数回归法[10]、统计学理论[11]、假设检验方法[12]等分析车辆路段旅行

---

① Yang, Z. S., B. W. Gong and Lin, C. Y., "Travel Time Estimate based on Floating Car", *IEEE Computer Soc*: *Los Alamitos*, 2009, pp. 868 – 871.

② Liu, H. X. and Ma, W., "A virtual vehicle probe model for time – dependent travel time estimation on signalized arterials", *Transportation Research Part C*: *Emerging Technologies*, 2009, 17 (1), pp. 11 – 26.

③ Kerner, B. S., et al., "Traffic state detection with floating car data in road networks", *IEEE*, 2005, pp. 44 – 49.

④ Wosyka, J. and P. Pribyl, "Real – time travel time estimation on highways using loop detector data and license plate recognition", in *Elektro*, 2012.

⑤ Arthit, B. and Akara. P., "Travel Time Estimation for Highway in Pre – Timed Systems", Hong Kong, China, 2011, p. 8.

⑥ Dion, F. and Rakha. H., "Estimating dynamic roadway travel times using automatic vehicle identification data for low sampling rates", *Transportation Research Part B*: *Methodological*, 2006, 40 (9), pp. 745 – 766.

⑦ Bae, S., "Dynamic estimation of travel time on arterial roads by using an automatic vehicle location (AVL) bus as a vehicle probe", *Transportation Research Part A*, 1997, 1 (31), p. 60.

⑧ Jeong, R. H., "The prediction of bus arrival time using automatic vehicle location systems data", *Texas A \ &M University*, 2005.

⑨ Liu, J. and Guan. W., "A summary of traffic flow forecasting methods", *Journal of Highway and Transportation Research and Development*, 2004, 3, pp. 82 – 85.

⑩ Ibid..

⑪ Wilson, A. G., "A statistical theory of spatial distribution models", *Transportation Research*, 1967, 1 (3), pp. 253 – 269.

⑫ 柴华骏、李瑞敏、郭敏:《基于车牌识别数据的城市道路旅行时间分布规律及估计方法研究》,《交通运输系统工程与信息》2012 年第 12 卷第 6 期, 第 41—47 页。

时间分布。另一类是间接法：例如时间序列法①②、卡尔曼滤波法③④⑤⑥⑦、排队理论法⑧⑨⑩、神经网络法⑪⑫⑬、支持向量机回归法⑭⑮⑯等分析车辆路段旅行时间分布。往往这些方法要么误差很大，

① Dailey, D. J., "Travel – time estimation using cross – correlation techniques", *Transportation Research Part B: Methodological*, 1993, 27 (2), pp. 97 – 107.

② Rice, J. and VanZwet. E., "A Simple and Effective Method for Predicting Travel Times on Freeways", *IEEE Transactions on Intelligent Transportation Systems*, 2004, 5 (3), pp. 200 – 207.

③ Liu, H., et al., "Two distinct ways of using Kalman filters to predict urban arterial travel time", *IEEE*, 2006, pp. 845 – 850.

④ Miwa, T., et al., "En – route updating methodology of travel time prediction using accumulated probe – car data", *Proceeding of World Congress on Intelligent Transport System*, 2004.

⑤ Ramjattan, A. N. and C., "A Kalman Filter Model for an Integrated Land Vehicle Navigation System", *The Journal of Navigation*, 1995, 48 (2), pp. 293 – 302.

⑥ Wang, M. and Ma. Q., "Dynamic prediction method of route travel time based on interval velocity measurement system", *IEEE*, 2014, pp. 172 – 176.

⑦ Yang, J., "Travel time prediction using the GPS test vehicle and Kalman filtering techniques", *IEEE*, 2005, pp. 2128 – 2133.

⑧ Helbing, D., "A section – based queueing – theoretical traffic model for congestion and travel time analysis in networks", *Journal of Physics A: Mathematical and General*, 2003, 36 (46), pp. L593 – L598.

⑨ Nam, D. and Drew, D., "Traffic Dynamics: Method for Estimating Freeway Travel Times in Real Time from Flow Measurements", *Journal of Transportation Engineering*, 1996, 122 (3), pp. 185 – 191.

⑩ Wang, M. and Ma, Q., "Dynamic prediction method of route travel time based on interval velocity measurement system", *IEEE*, 2014, pp. 172 – 176.

⑪ Fei, X., Lu, C. and Liu, K., "A bayesian dynamic linear model approach for real – time short – term freeway travel time prediction", *Transportation Research Part C: Emerging Technologies*, 2011, 19 (6), pp. 1306 – 1318.

⑫ Liu, H., et al., "Two distinct ways of using Kalman filters to predict urban arterial travel time", *IEEE*, 2006, pp. 845 – 850.

⑬ Park, D. and Rilett, L. R., "Forecasting freeway link travel times with a multilayer feed-forward neural network", *Computer – Aided Civil and Infrastructure Engineering*, 1999, 14 (5), pp. 357 – 367.

⑭ Wu, C. H., Ho, J. M. and Lee, D. T., "Travel – Time Prediction With Support Vector Regression", *IEEE Transactions on Intelligent Transportation Systems*, 2004, 5 (4), pp. 276 – 281.

⑮ Xu, T., et al., "Urban Road Sections Travel Time Estimation Based on Real – time Traffic Information", *ICCASM – 12*, 2012.

⑯ Yao, Z., Shao, C. and Xiong, Z., "Research on Use of Support Vector Machine for Forecasting Link Travel Time", *Journal of Highway and Transportation Research and Development*, 2007, 9, p. 23.

要么成本高，难以实际应用。更重要的是这些方法难以考虑不断变化的车辆运行环境，忽略了影响旅行时间分布的一些内部致因，比如交通信号灯和交通流量。有关研究表明：车辆在交叉口的延误时间占总旅行时间 25% 左右[①]。龙佳[②]运用分段加和运算方法考虑了交通信号灯对路段旅行时间分布规律的影响。虽然陈浩[③]更全面地考虑了信号灯和流量对旅行时间分布规律的影响，但是其只考虑了车辆在红灯期间有排队的可能性，实际上在绿灯期间也是有车辆排队的，而且考虑的是一种特殊情况下的旅行时间分布。

目前关于车辆旅行时间的研究大都隐藏了旅行时间波动性与其致因间的关系，没有揭示车辆旅行时间波动的致因。因而已有的研究都难以满足本章提出的目标要求。本章运用逐段递推法，考虑交通信号灯、流量的影响，分析城市道路车辆路段旅行时间理论分布规律。

5.1　基本定义和符号说明

b：绿灯时长包含的小分段数；

d_m：前后交叉口 C_m，C_{m+1} 的相位差；

D_m：交叉口 C_m 的交通量到达强度；

① Tarnoff, P. J. and Ordonez, J. , "Signal Timing Practicesand Procedures - State of The Practice", *Institute of Transportation Engineers*, 2004, pp. 1 - 3.

② 龙佳：《公交车到站时间分布规律及其运行可靠性分析》，硕士学位论文，中南大学，2012 年，第 26—36 页。

③ 陈浩：《基于车辆旅行时间分布规律的公交站点能力优化研究》，硕士学位论文，中南大学，2013 年，第 43—65 页。

$f^{*}(x)$：无其他影响因素作用下的车辆路段实际旅行时间概率密度函数；

$f(x)$：表示迁移后的车辆路段实际旅行时间分布；

$\bar{f}(t)$：车辆受到红灯信号阻滞，通过交叉口的可能性被平移后的概率密度函数；

$f^{(j)}(t)$：从第 j 个小分段出发的车辆路段旅行时间概率密度函数；

$\tilde{f}(t)$：信号周期影响下，车辆在路段上的期望旅行时间概率密度函数；

$f^{ij}(t)$：表示在 $\{i,j\}$ 时段进入路段 L_1 不受交叉口信号灯和路段流量影响的车辆路段旅行时间概率密度函数；

$f^{ij}_{kn}(t)$：表示车辆在 $\{i,j\}$ 时段内进入路段 L_1 而在 $\{k,n\}$ 时段内到达交叉口 C_1 停车线前的概率密度函数；

$\tilde{f}^{ij}(t)$：在 $\{i,j\}$ 时段进入路段 L_1 受交叉口信号灯和路段流量影响的车辆旅行时间概率密度函数；

$\tilde{f}(t)_{L1}$：研究时段内，在路段 L_1 上受信号灯和路段流量影响的车辆路段期望旅行时间概率密度函数；

g：将信号周期均分为 g 个小分段；

$g_{L_1}(t)$：路段 L_1 前端交通流入量函数；

h_1：绿灯启亮后，第一辆车通过交叉口停车线的所用时间；

h_2：第一辆车与第二辆车间通过交叉口停车线的车头时距；

h_3：第二辆车与第三辆车间通过交叉口停车线的车头时距；

h_4：第一辆车与第四辆车间通过交叉口停车线的车头时距；

h：稳定车头时距（饱和车头时距）；

h'：表示绿灯启亮后，前四辆车通过交叉口的车头时距和；

$\tilde{h}_1$：交叉口 C_1 所有车辆的平均车头时距；

$h_m(t)$：饱和状态下，车辆通过交叉口 C_m 的流出率函数；

I：研究时段内包含的周期数；

L^k：城市道路路段 k 的长度；

m：红灯期间到达的车辆进入下一个路段的可能性被推移到了下一绿灯期的前 $1/m$；

$mo\ d_Q$：Q_t 个周期后余下的排队车辆数；

N_{ij}：表示第 i 个周期的第 j 个小分段进入路段 L_1 的交通量；

N_z：研究总时段内进入的车辆总数；

p_{kn}^{ij}：在 $\{i,j\}$ 小分段进入路段 L_1 而在 $\{k,n\}$ 小分段到达交叉口 C_1 停车线前的概率；

$P_{C_1}(t)$：车辆在交叉口 C_1 的被放行可能性函数；

q_{kn}^{ij}：在 $\{i,j\}$ 小分段进入路段 L_1 而在 $\{k,n\}$ 小分段到达交叉口 C_1 停车线前的交通量；

q_{kn}：在 $\{k,n\}$ 小分段到达交叉口 C_1 停车线前的交通量；

q_{kg}：第 k 个周期的绿灯相到达交叉口停车线的交通量；

q_{kr}：第 k 个周期的红灯相到达交叉口停车线的交通量；

Q_{kn}：第 k 个信号周期第 n 个时间小分段末的排队长度；

Q_i：第 i 个周期总的排队车辆数；

Q_z：研究时段结束后累积的总的排队车辆数；

Q_t：研究时段结束后排队车辆消散需要的周期数；

S_1：将信号周期均分为 g 个小分段后，每个小分段的长度；

$t_{L_1}^0$：车辆在路段 L_1 上的平均旅行时间；

t^k：车辆在路段 k 的理论旅行时间；

$\tilde{t}^k$：路段 k 的实际旅行时间；

T_1：交叉口 C_1 的信号周期；

T_{g1}：交叉口 C_1 的信号绿灯时长；

T_m：交叉口 C_m 的信号周期时长；

T_{gm}：交叉口 C_m 的信号绿灯时长；

u_1：交叉口 C_1 绿灯相的交通量流出率；

u_m：交叉口 C_1 绿灯相的交通量流出率；

v^k：路段 k 上车辆的平均旅行速度；

v_{max}：车辆在路段 k 的最大速度；

v_{max_Pro}：车辆的路段性能速度；

v_{max_Lim}：路段的最高限速；

v_{max_Pan}：路段限速的处罚速度；

V_1：交叉口 C_1 信号绿灯时间内能通过的最大车辆数；

V_m：交叉口 C_m 信号绿灯时间内能通过的最大车辆数；

x^k：等于 $1/v^k$；

$x_i^{'}$：受限因变量模型中的因变量；

y_i^*：受限因变量模型中的潜在变量；

λ_1：交叉口 C_1 的绿信比；

λ_m：交叉口 C_m 的绿信比；

$\varphi_{C_m}(t)$：车辆通过交叉口 C_m 的流出率函数；

ξ_{ij}：在 $\{i,j\}$ 时段进入路段的车辆数所占权重；

β_k：第 k 个信号周期末交叉口前的排队车辆数；

ω_j：第 j 个小分段的权重；

$\{i,j\}$：表示第 i 个周期的第 j 个小分段；

δ：一个足够小的正数；

σ_{L_1}：车辆在路段 L_1 上的旅行时间的标准差；

ε^k：路段 k 的实际旅行时间与理论旅行时间的误差值。

5.2　旅行时间波动成因分析

交通出行者从起点出发，经过多个路段和交叉口最终到达目的地，路段和交叉口的组合构成了整个出行路径。车辆路段路径旅行时间包括确定性旅行时间长短和不确定性延误两个方面。影响车辆路段旅行时间波动的主要因素包括：驾驶员的驾驶行为、车辆类型、路段交通流量、交叉口的信号灯、路段限速规则等。驾驶员驾驶行为的差异性和车辆类型差异归类于交通体差异性，属于旅行时间波动的内因；路段交通流量、交叉口信号灯以及路段限速规则可以归类于交通系统环境因素，是可控的旅行时间波动的外因。

（1）驾驶员驾驶行为差异性因素。

驾驶员的特性，如年龄、性别、性格、驾驶技术等具有一定的差异，使得不同驾驶员在同一驾驶环境中会表现出不同的驾驶行为，引发旅行时间的波动，这种人机结合体内部因素导致的旅行时间波动性能用正态分布规律很好地描述。城市道路交通管理的一个明显特征就是限速管理，在限速环境下的城市道路，车辆旅行时间也会出现一定程度的波动，这种波动性呈现单方向偏移特征，对数正态分布能够很好地描述这种波动性。内因引发的旅行时间波动性是旅行时间特征的基本状态，即使其他因素都不存在，这种旅行时间波动性仍然会存在，因此引入了假设（4）。

（2）交通信号灯。

城市道路平面信号交叉口是城市道路的典型交叉口，占有较大的比例。车辆从路段驶入交叉口时都要受到交叉口的交通信号灯控制：车辆到达交叉口停车线前遇到绿灯时，车辆可以顺利通过交叉口进入下一路段；若遇到红灯，则需要停车等待绿灯启亮后通过交叉口进入下一路段。波动性旅行时间基本状态在交叉口信号灯强制中断下，旅行时间分布会变得更加复杂，但是会呈现出一定的规律。探究旅行时间波动基本状态在信号灯强制中断后的变化规律是本章研究重点。

城市道路路段前后端一般都有交叉口，路段前端交叉口除了会发生阻滞车流通行作用外，还会影响路段交通入流率，因而路段前后端信号灯相位差是影响车辆路段旅行时间分布的重要参数，本章也将认真考虑这一参数的影响。

（3）路段交通流量。

车辆路段旅行时间波动不仅在路段上行驶时会受到交通流量的影响，在通过交叉口时也会受到交通流量的影响。若路段上交通流量小，交通流呈现自由流状态，驾驶员可以按照自己的期望速度行驶；随着交通量的增加，车辆间的间距减小，行驶车辆会受到来自其他车辆的横向以及纵向压力，速度会受到前车的制约；交通流处于非自由流状态，车辆旅行时间波动性较小。通过交叉口时，交通流量对其的影响主要体现在受交叉口前排队车辆长度的影响。车辆在交叉口前遇到排队车辆时需等待排队车辆消散后才能顺利通过交叉口，若交通量非常大时可能需要等待多个信号周期才能通过交叉口。事实上，交叉口延误是造成交通出行者旅行时间不确定的重要因素。因而，路段交通流量也是旅行时间分布规律研究中主要考虑的因素。

5.3　路段旅行时间理论分布的受限因变量模型

假设 L^k 是城市道路路段 k 的长度，v^k 是该路段上车辆的平均旅行速度，那么车辆在该路段上的理论旅行时间 t^k 可以表示为：

$$t^k = \frac{L^k}{v^k} \tag{1}$$

车辆在该路段上的实际旅行时间 $\tilde{t}^k$ 与车辆在该路段上的理论旅行时间 t^k 将有一个误差值 ε^k，满足 $\varepsilon^k \sim N(0, \sigma^2)$，如果令 x^k 等于 $1/v^k$，那么车辆在该路段上的实际旅行时间 $\tilde{t}^k$ 与理论旅行时间 t^k 存在以下关系：

$$\tilde{t}^k = t^k + \varepsilon^k = \frac{L^k}{v^k} + \varepsilon^k = L^k \times x^k + \varepsilon^k \tag{2}$$

受限因变量模型中的因变量 y_i^* 是自变量 x_i' 的线性函数：

$$y_i^* = x_i' \times \beta + \varepsilon_i, \varepsilon_i \sim N(0, \sigma^2), \tag{3}$$

比较式（2）和式（3）可以发现它们具有一致的表达形式，分布规律具有一定的相似性。车辆路段平均旅行速度 v^k 满足 $0 < v^k \leqslant v_{\max}$，$v_{\max}$ 与车辆的路段性能速度 $v_{\max\_Pro}$、路段的最高限速 $v_{\max\_Lim}$ 和路段限速的处罚速度 $v_{\max\_Pan}$ 等因素有关，其中车辆的路段性能速度 $v_{\max\_Pro}$ 远远大于路段的限速 $v_{\max\_Lim}$ 和路段限速的处罚速度 $v_{\max\_Pan}$，路段限速处罚速度 $v_{\max\_Pan}$ 大于路段的限速 $v_{\max\_Lim}$，则 x^k 的取值范围为 $(1/v_{\max}, +\infty)$。因而可以看出车辆路段实际旅行时间 $\tilde{t}^k$ 主要分布在区间 $(0, +\infty)$ 上，即在区间 $(-\infty, 0)$ 上的可能性很小。假设 d 能

满足这一物理性质，该假设是合理的。

当车辆在车速限制的道路上行驶时，式（2）中的 $L^k \times x^k$ 部分分布在区间 $[L^k / v_{\max\_Pro}, +\infty)$ 上。为避免受到超速处罚，在路段限速处罚速度 $v_{\max\_Pan}$ 的影响下，理性驾驶员的驾驶行为将使得 $L^k \times x^k$ 部分的值主要分布在区间 $[L^k / v_{\max\_Pan}, +\infty)$ 上，理性驾驶员会选择一个接近路段限速的车辆速度，完成路段的旅行。因而 $L^k \times x^k$ 部分的值出现在区间 $[L^k / v_{\max\_Pro}, L^k / v_{\max\_Pan})$ 上的可能性都发生了迁移，这一迁移新规律与受限因变量模型的截取和审查性质不同。不妨假设只受路段限速影响，且无其他影响因素作用下的车辆路段实际旅行时间分布服从对数正态分布（Logarithmic normal distribution），其概率密度函数 $f^*(x)$ 为：

$$f^*(x) = \begin{cases} \dfrac{1}{\sigma x \sqrt{2\pi}} \exp\left\{ -\dfrac{1}{2}\left(\dfrac{lnx - \mu}{\sigma}\right)^2 \right\}, x > 0 \\ 0, x \leq 0 \end{cases} \tag{4}$$

那么，车辆路段实际旅行时间式（2）中的 $L^k \times x^k$ 部分的值在区间 $(-\infty, L^k / v_{\max\_Pan})$ 上的可能性都迁移到区间 $[L^k / v_{\max\_Pan}, +\infty)$ 上去了，若用 $f(x)$ 表示迁移后的车辆路段实际旅行时间分布，则迁移规律可以表示为：

$$f(x) = \begin{cases} 0, if x \leq L^k / v_{\max\_Pan} \\ f^*(x) + \dfrac{\displaystyle\int_{x-\delta}^{x+\delta} f^*(\tau)\, d\tau}{2\delta \displaystyle\int_{L^k/v_{\max\_Pan}}^{+\infty} f^*(\tau)\, d\tau} \times \displaystyle\int_{-\infty}^{L^k/v_{\max\_Pan}} f^*(\tau)\, d\tau, \\ if x > L^k / v_{\max\_Pan} \end{cases} \tag{5}$$

δ 为一个足够小的正数。这种迁移规律能用图 5-1 展示，图中实线曲线表示潜在车辆路段旅行时间概率密度曲线，虚线曲线表示受路段限速影响，发生迁移后的车辆路段实际旅行时间概率密度曲线。其中旅行时间期望值 $t_{L_1}^0 = 6\min$ ，标准差 $\sigma_{L_1} = 0.5$ ，平均速度为 $v_{L_1} = 36\text{km/h}$ ，路段限速的处罚速度 $v_{\max\_Pan} = 40\text{km/h}$ 。受路段限速影响的车辆路段旅行时间分布是驾驶员主动意识决策行为下导致的旅行时间分布发生迁移。受路段交叉口信号灯影响的旅行时间分布也会发生迁移，不过后者是一种被动式的迁移过程，即交叉口信号红灯会使得车辆产生被动的延误。这两种迁移过程在特定的环境中可能同时发生，这时必须首先考虑受路段限速影响的车辆路段旅行时间分布的迁移，再考虑受交叉口信号灯影响下的车辆路段旅行时间分布的迁移。第四节将专门讲解交叉口交通信号影响下的车辆路段旅行时间分布的迁移规律。

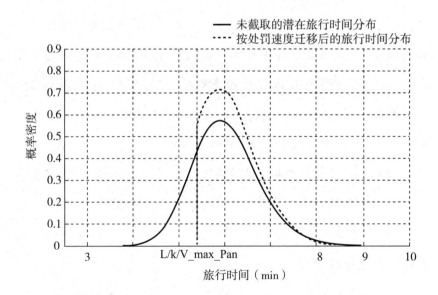

图 5 – 1　发生迁移的车辆路段旅行时间分布曲线

5.4　路段旅行时间分布规律分析

本节主要考虑交通信号灯及临近交叉口相位差、交通流量几个因素，采用逐段递推方法分析车辆路段旅行时间理论分布规律。为此，在这里，交叉口前的停车线被视作是下一路段的起始位置，车辆在交叉口内的旅行时间包含在下一路段的旅行时间中，交叉口停车线前的延误时间包含在所在路段上的旅行时间内。

因而根据路段前后是否紧邻交通信号灯，依据假设 f，即假设道路网络所有的交叉口都是信号控制交叉口，那么交通网络上的路段可以分为三种类型，并用（＊，＊）表示路段前后是否紧邻交通信号灯，＊取值为 0 或 1，0 表示非紧邻交通信号灯，1 表示紧邻交通信号灯。(0，1)、(1，0) 和 (1，1) 三种类型路段称之为基本路段。(0，1) 类型的路段表示从始点出发的路段（如图 5 - 2 虚线框），(1，0) 指与终点相关联的路段（如图 5 - 2 实线框），基本路段 (1，1) 前后都紧邻信号交叉口（如图 5 - 2 虚线框）。因而，需要考虑三种基本路段 (0，1)、(1，1)、(1，0) 情况下的路段旅行时间理论分布。

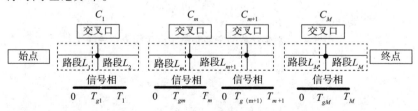

图 5 - 2　路段分类

5.4.1　（0，1）基本路段

（0，1）类型路段为从起始点出发的路段，如图 5 - 3 所示，其上包含路段 L_1，路段一端是始点，另一端是交叉口 C_1，其旅行时间的计算是从车辆进入该路段到通过后端交叉口停车线的时间，因而包括在停车线前的等待时间。通过停车线即进入了下一路段 L_2。

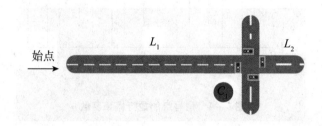

图 5 - 3　（0，1）基本路段

5.4.1.1　交通信号灯的影响分析

这里假设交叉口信号绿灯在 0 时刻启亮，交叉口信号周期为 T_1，绿信比为 λ_1，则绿灯时长为 $T_{g1} = T_1 \times \lambda_1$。本节假设只有一辆车在路段上行驶，当车辆到达停车线前遇到绿灯，车辆可以顺利通过；遇到红灯，则车辆受红灯阻滞的影响而停车等待绿灯。那么，车辆在该交叉口的被放行可能性函数 $P_{C_1}(t)$ 可由式（6）表示，放行可能性函数如图 5 - 4 所示。

$$P_{C_1}(t) = \begin{cases} 1, t \in (k \times T_1, k \times T_1 + T_{g1}) \\ 0, t \in (k \times T_1 + T_{g1}, (k+1) \times T_1) \end{cases}, k \in \{0,1,2,\cdots\} \quad (6)$$

根据第三节的结论，不受交通信号灯影响时，车辆到达交叉口停车线前的可能性函数为 $f(t)$，如图 5 - 5 所示。

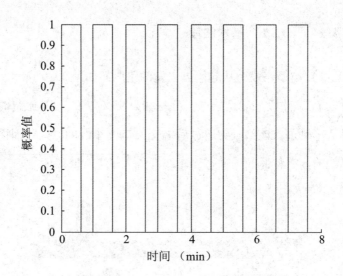

图 5-4 信号灯的放行概率函数

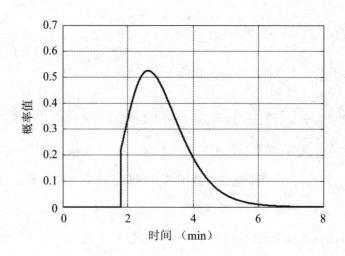

图 5-5 不受信号灯影响的概率密度函数

交叉口信号灯对车辆旅行时间的影响主要体现在交叉口红灯对车辆的阻滞。车辆在绿灯相位可以顺利通行，遇到红灯则需要停车等待，进入下一路段的时刻将被往后推移，换句话说，红灯期间车辆进入下一路段的可能性被往后推移了。车辆在红灯期间通过交叉口前停车线进入下一个路段的可能性被推移到了下一绿灯期的前 $1/m$，m 为一个整数，如图 5 - 6 所示。

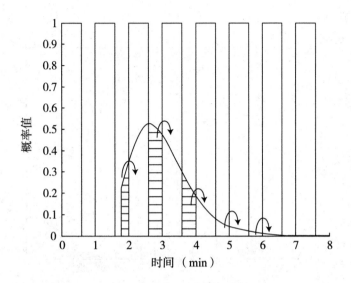

概率值

时间（min）

图 5 - 6　信号红灯对车辆的阻滞作用

设 $\bar{f}(t)$ 为车辆受到红灯信号阻滞，通过交叉口的可能性被平移后的概率密度函数。为此定义特殊加和 $\oplus$，则 $\bar{f}(t)$ 可以表示为放行可能性函数 $P_{C_1}(t)$ 与车辆到达交叉口停车线前的可能性函数为 $f(t)$ 的特殊加和：

$$\bar{f}(t) = f(t) \oplus P_{C_1}(t) =$$

$$\begin{cases} f(t) + \dfrac{1}{m}\Big(\displaystyle\int_{(k-1)\times T_1+T_{g1}}^{k\times T_1} f(\tau)\,d\tau\Big), t \in \Big(k\times T_1, k\times T_1 + \Big(\dfrac{1}{m}\Big)\times T_{g1}\Big] \\ f(t), t \in \Big(k\times T_1 + \Big(\dfrac{1}{m}\Big)\times T_{g1}, k\times T_1 + T_{g1}\Big] \\ 0, t \in (k\times T_1 + T_{g1}, (k+1)\times T_1] \end{cases} \quad (7)$$

假设车辆在路段上的旅行时间期望值 $t_{L_1}^0 = 3\min$，标准差 $\sigma_{L_1} = 0.8$，平均速度为 $v_{L_1} = 36\mathrm{km/h}$，路段限速的处罚速度 $v_{\max\_Pan} = 60\mathrm{km/h}$，绿信比 $\lambda_1 = 0.65$，周期 $T_1 = 1(\min)$，绿灯相位时长为

$T_{g1} = 0.6(\min)$，并假设这辆车在 0 时刻进入路段。那么受交叉口信号灯影响，车辆到达交叉口停车线前的旅行时间概率密度函数曲线如图 5 - 7 所示。

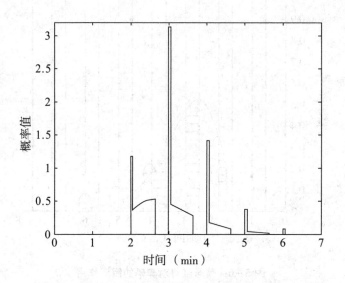

图 5 - 7　平移后的车辆旅行时间分布

然而，车辆进入路段的时刻不可能都集中在 0 时刻，车辆进入时刻分布在整个信号周期时长 $[0,T_1)$ 区间，将 $[0,T_1)$ 均分成 g 个小分段，则每个小分段的长度为 $S_1 = T_1/g$，当 g 足够大的时候，可以认为在时间段 $[(j-1) \times S_1, j \times S_1]$，$j \in \{1,2,3,\cdots,g\}$ 内进入的所有车辆都是在时间段端点 $(j-1) \times S_1$ 进入路段 L_1。任意时刻进入的车辆其驶过交叉口停车线所需旅行时间的概率密度函数都相同，从 g 个小分段出发，车辆通过路段后端交叉口前停车线的时刻可能性函数 $f^{(j)}(t)$，$(j \in \{1,2,3,\cdots,g\})$ 分别表示为：

$$f^{(j)}(t) = f(t - (j-1) \times S_1) \tag{8}$$

那么，车辆在第 j 个时间段进入，受到红灯信号阻滞，通过交叉口的可能性被平移后的概率密度函数 $\overline{f}^{(j)}(t)$ 为从 g 个小分段出发，车辆通过路段后端交叉口前停车线的时刻可能性函数 $f^{(j)}(t)$ 与放行可能性函数 $P_{C_1}(t)$ 的特殊加和，即 $\bar{f}^{(j)}(t) = f^{(j)}(t) \oplus P_{C_1}(t)$。那么在第 j 个时间段进入，受到红灯信号阻滞，通过交叉口前停车线的时刻可能性的概率密度函数 $\bar{f}^{(j)}(t)$ 往左平移 $(j-1) \times S_1$ 个单位，就可以得到第 j 个时间段进入，受到红灯信号阻滞车辆路段旅行时间概率密度函数 $\bar{f}^{(j)}(t+(j-1) \times S_1)$。把 g 个时间段进入，经平移后所得的车辆旅行时间概率密度函数 $\bar{f}^{(j)}(t+(j-1) \times S_1)$ 按均匀权重 $\omega_j = \dfrac{1}{g}, j=1,2,\cdots,g$ 加起来，就可以得到车辆在路段上的期望旅行时间概率密度函数 $\tilde{f}(t)$ 为：

$$\tilde{f}(t) = \sum_{j=1}^{g} \omega_j \times \bar{f}^{(j)}(t+(j-1) \times S_1) \tag{9}$$

当 $g=3$ 时，车辆在第 1、2、3 小分段进入路段 L_1，到达交叉口 C_1 停车线前时刻的可能性概率密度函数如图 5-8（a）所示。红灯期间，受交叉口 C_1 信号红灯的阻滞作用，车辆通过交叉口 C_1 停车线的可能性被平移到下一个绿灯期的前 $1/m$。不同时段进入路段 L_1 的车辆通过路段时刻可能性的概率密度函数如图 5-8（b）—（d）所示。

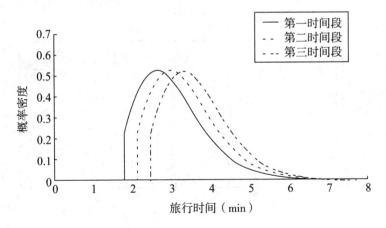

（a）车辆在不同时段进入、驶出路段时刻可能性函数

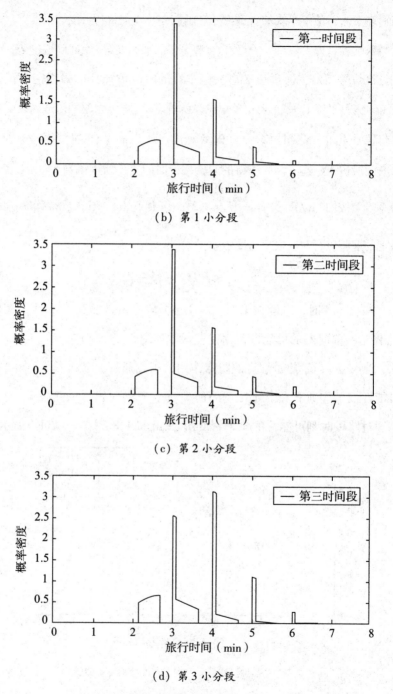

（b）第 1 小分段

（c）第 2 小分段

（d）第 3 小分段

图 5-8　不同时段进入的车辆通过停车线时刻的可能性概率密度函数

根据式（9）可得到当时间区间 $[0, T_1)$ 被均分为 3 个小分段，且认为车辆进入的时刻都集中在每个小分段起始端上时，车辆通过路段时刻可能性的概率密度函数如图 5 – 9 所示。若将 $[0, T_1)$ 均分为 10 个小时间区段，其他参数保持不变，车辆通过路段时刻可能性的概率密度函数可以根据同样的方法得到，这时车辆通过路段时刻可能性的概率密度函数如图 5 – 10 所示。

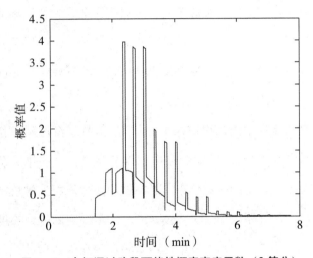

图 5 – 9　车辆通过路段可能性概率密度函数（3 等分）

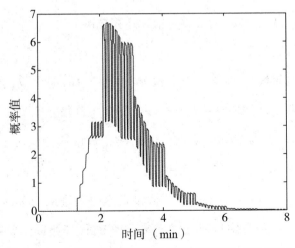

图 5 – 10　车辆通过路段可能性概率密度函数（10 等分）

5.4.1.2　交通流量的影响分析

随着路段交通流量的增大，路段末端交叉口停车线前排队将逐步形成。此时路段末端交叉口信号灯的影响和交叉口前排队车辆的影响将同时作用于车辆路段旅行时间分布。此时，车辆能否顺利通过交叉口取决于两个关键因素，即车辆到达交叉口停车线前时相位是否处于绿灯以及是否遇到排队。绿灯区间，未遇到排队车辆可顺利通过，否则需排队通过。红灯区间，车辆需等待通过，绿灯启亮后无排队时直接通过，否则需排队通过。故交叉口排队长度对车辆旅行时间长短的影响占有主导作用。

路段交通流量增大过程以及交叉口 C_1 信号红灯的阻滞作用，将会在路段后端交叉口 C_1 停车线前出现排队车辆，这些排队车辆将会影响车辆路段旅行时间的重分布。需经过两步才能将这种情况考虑完整：第一步，计算路段 L_1 后端交叉口 C_1 停车线前的排队长度所形成的外部环境；第二步，结合城市道路车辆自身在限速条件下路段旅行时间的波动规律，分析受路段后端交叉口前排队车辆、信号红灯阻滞作用的车辆通过交叉口停车线可能性迁移规律。

（1）排队长度。

路段 L_1 前端交通流入率函数 $g_{L_1}(t)$ 是时间的函数。如果将一个信号周期长时间段 $[0,T_1)$ 均分成 g 个小分段，则每个小分段的长度为 $S_1 = T_1/g$，当 g 足够大的时候，可以认为在时间段 $[(j-1) \times S_1, j \times S_1]$，$j \in \{1,2,3,\cdots,g\}$ 内进入的所有车辆都是在时间端点 $(j-1) \times S_1$ 进入路段 L_1。假设任意时刻进入的车辆，其驶过交叉口停车线所需旅行时间的概率密度函数都相同。整个研究时段被细分，用 $\{i,j\}$ 表示第 i 个周期的第 j 个小分段，则 $\{i,j\}$ 小分

段进入路段 L_1 的交通量为：

$$N_{ij} = \int_{(i-1)\times T_1+(j-1)\times S_1}^{(i-1)\times T_1+j\times S_1} g_{L_1}(t)\,dt\,(i=1,2,3,\cdots,I;j=1,2,3,\cdots,g) \quad (10)$$

I 为研究时段内包含的周期数。令 $f^{ij}(t)$ 表示在 $\{i,j\}$ 小分段进入路段 L_1 不受信号灯和流量影响时的车辆驶过路段时刻可能性概率密度函数。$f^{ij}(t)$ 的表达式如下：

$$f^{ij}(t) = f(t-[(i-1)\times T_1+(j-1)\times S_1]) \quad (11)$$

车辆不受其他车辆影响时，在 $\{i,j\}$ 小分段进入路段 L_1 而在 $\{k,n\}$ 小分段到达交叉口 C_1 停车线前的概率为 p_{kn}^{ij}：

$$p_{kn}^{ij} = \int_{k\times T_1+(n-1)\times S_1}^{k\times T_1+n\times S_1} f^{ij}(t)\,dt\left(\frac{i\leqslant k}{j=1,2,\cdots,g}\right) \quad (12)$$

这种情况下，在 $\{i,j\}$ 小分段进入路段 L_1，而在 $\{k,n\}$ 小分段到达交叉口 C_1 停车线前的交通量 q_{kn}^{ij}：

$$q_{kn}^{ij} = N_{ij}\times p_{kn}^{ij} \quad (13)$$

得到在 $\{k,n\}$ 小分段到达交叉口 C_1 停车线前的交通量 q_{kn} 为：

$$q_{kn} = \sum_i \sum_j N_{ij}\times p_{kn}^{ij} \quad (14)$$

同理可以得到第 k 个周期的绿灯相到达交叉口停车线的交通量 q_{kg}，绿灯时长包含的小分段记为 b：

$$b = floor(\frac{T_{g1}}{S_1}) \quad (15)$$

$$q_{kg} = \sum_{n=1}^{b} q_{kn} \quad (16)$$

第 k 个周期的红灯相到达交叉口停车线的交通量 q_{kr} 为：

$$q_{kr} = \sum_{n=b+1}^{g} q_{kn} \quad (17)$$

这里首先介绍一下绿灯相时期内的车辆通过交叉口的通行能力。

根据美国通行能力手册 *Highway Capacity Manual 2000*，排队车辆在绿灯期间进入交叉口，其车头时距有一定的规律，第四辆车后，车头时距保持稳定。h_1 为第一辆车从绿灯启动开始，到第一辆车通过交叉口停车线的时间，并假设前四辆车间的车头时距分别为 h_1、h_2、h_3、h_4（单位：s），稳定车头时距为 h。车头时距分布如下：

$$h_1, h_2, h_3, h_4, \underbrace{h, \cdots, h}_{V_1-4} \tag{18}$$

每个信号绿灯时间内能通过的最大车辆数 V_1 为：

$$V_1 = floor\left[(T_{g1} \times 60 - h_1 - h_2 - h_3 - h_4)/h \right] + 4 \tag{19}$$

每个周期绿灯相的交通量流出率 u_1 为：

$$u_1 = V_1 / T_{g1} \tag{20}$$

为了方便计算，采用平均车头时距来代替固定的车头时距通过交叉口，用 $\tilde{h}_1$ 表示：

$$\tilde{h}_1 = T_{g1} / V_1 \tag{21}$$

随着到达交叉口停车线前的交通流量的增多以及交叉口信号红灯的阻滞作用，交叉口停车线前会积累一定量的车辆，形成排队。流量越大，排队车辆数越多。β_k 表示第 k 个信号周期末交叉口前的排队车辆数。$v_{kg} = q_{kg} - u_1 \times T_{g1}$ 表示第 k 个信号周期绿灯相到达交叉口停车线的车辆数与绿灯相能通过的车辆数的差。这时可以分第 1 信号周期和其他信号周期情况来讨论信号周期末交叉口前的排队车辆数。

● 当 $k = 1$ 时：

若 $v_{kg} > 0$，绿灯期间进入的车辆在本绿灯期间内不能完全清空，则该周期末的排队车辆数为绿灯期间的滞留车辆数加上红灯期间到达的车辆数：

$$\beta_k = v_{kg} + q_{kr} \tag{22}$$

若 $v_{kg} < 0$ ，绿灯期间进入的车辆在本绿灯期间内能完全清空，则该周期的排队车辆数为红灯到达的车辆数：

$$\beta_k = q_{kr} \tag{23}$$

● 当 $k > 1$ 时：

若 $v_{kg} + \beta_{k-1} > 0$ ，绿灯相到达的车辆与上一周期末排队车辆的和大于该周期信号交叉口能通过的最大车辆数，则该周期末的排队车辆数为：

$$\beta_k = v_{kg} + \beta_{k-1} + q_{kr} \tag{24}$$

若 $v_{kg} + \beta_{k-1} < 0$ ，绿灯期间没有排队车辆，则排队车辆数为红灯期间到达的车辆数，则该周期的排队车辆数为：

$$\beta_k = q_{kr} \tag{25}$$

车辆在各周期末及绿灯时期均有可能遇到排队。

因此，在 $\{k,n\}$ 小分段时期到达交叉口停车线前遇到的排队车辆数计算如下：

Ⅰ. 当 $k = 1$ 时：

a. 若 n 是满足式 $n \times S_1 < = T_{g1}$ 的正整数，那么第 n 个时间小分段仍处于绿灯时区，令

$$v_{kn} = \sum_{i=1,2,\cdots,n} q_{ki} - u_1 \times n \times S_1 \tag{26}$$

当 $v_{kn} < 0$ 时，则第 k 个信号周期第 n 个时间小分段末的排队长度 Q_{kn} 为：

$$Q_{kn} = 0 \tag{27}$$

当 $v_{kn} > 0$ 时，则第 k 个信号周期第 n 个时间小分段末的排队长度 Q_{kn} 为：

$$Q_{kn} = v_{kn} \tag{28}$$

b. 若 n 是满足式 $n \times S_1 > T_{g1}$ 的正整数，即第 n 个小分段跨入了

公共交通运营可靠性分析理论及其应用

红灯时区，则

$$v'_{kn} = q_{kg} - u_1 \times T_{g1} \tag{29}$$

当 $v'_{kn} \leqslant 0$ 时，则第 k 个信号周期第 n 个时间小分段末的排队长度 Q_{kn} 为：

$$Q_{kn} = \sum_{i=b,b+1,\cdots,n} q_{ki} \tag{30}$$

当 $v'_{kn} > 0$ 时，则第 k 个信号周期第 n 个时间小分段末的排队长度 Q_{kn} 为：

$$Q_{kn} = v'_{kn} + \sum_{i=b,b+1,\cdots,n} q_{ki} \tag{31}$$

Ⅱ. 当 $k > 1$ 时：

a. 若 $n \times S_1 < = T_{g1}$ ，即第 n 个小分段处于绿灯时期，令

$$v_{kn} = \beta_{k-1} + \sum_{i=1,2,\cdots,n} q_{ki} - u_1 \times n \times S_1 \tag{32}$$

当 $v_{kn} < 0$ 时，则第 k 个信号周期第 n 个时间小分段末的排队长度 Q_{kn} 为：

$$Q_{kn} = 0 \tag{33}$$

当 $v_{kn} > 0$ 时，则第 k 个信号周期第 n 个时间小分段末的排队长度 Q_{kn} 为：

$$Q_{kn} = v_{kn} \tag{34}$$

b. 若 $n \times S_1 > T_{g1}$ ，即第 n 个小分段处于红灯时期，仍令

$$v'_{kn} = \beta_{k-1} + q_{kg} - u_1 \times T_{g1} \tag{35}$$

当 $v'_{kn} < 0$ 时，则第 k 个信号周期第 n 个时间小分段末的排队长度 Q_{kn} 为：

$$Q_{kn} = \sum_{i=b,b+1,\cdots,n} q_{ki} \tag{36}$$

当 $v'_{kn} > 0$ 时，则第 k 个信号周期第 n 个时间小分段末的排队长度 Q_{kn} 为：

$$Q_{kn} = v'_{kn} + \sum_{i=b,b+1,\cdots,n} q_{ki} \tag{37}$$

因此，第 k 个信号周期第 n 个时间小分段末的排队长度 Q_{kn} 可以表示为：

$$Q_{kn} = \begin{cases} 0, \ 若(n-1) \times S_1 < T_{g1} \ 且 v_{kn} < 0 \\ v_{kn}, \ 若(n-1) \times S_1 < T_{g1} \ 且 v_{kn} > 0 \\ \sum_{a=b,b+1,\cdots,n-1} q_{ka}, \ 若(n-1) \times S_1 > T_{g1} \ 且 v'_{kn} < 0 \\ v'_{kn} + \sum_{a=b,b+1,\cdots,n-1} q_{ka}, \ 若(n-1) \times S_1 > T_{g1} \ 且 v'_{kn} > 0 \end{cases} \tag{38}$$

Q_{kn} 能给出车辆在任意小分段到达交叉口 C_1 停车线前遇到的排队长度，该排队长度揭示了车辆在路段上行驶的外部环境。

（2）概率平移。

车辆通过交叉口的具体时间由排队长度及到达时刻是否是绿灯相决定。令 $f^{ij}(t)$ 表示在 $\{i,j\}$ 时段进入路段 L_1 不受交叉口信号灯和路段流量影响的车辆驶过路段时刻可能性的概率密度函数，$f^{ij}(t)$ 的表达式如下：

$$f^{ij}(t) = f(t - [(i-1) \times T_1 + (j-1) \times S_1]) \tag{39}$$

a. 没遇排队。若车辆在 $\{k,n\}$ 时段到达交叉口 C_1 停车线前没有遇到排队车辆，车辆能否通过交叉口，完全取决于第 k 个信号周期第 n 个小分段处在第 k 周期的是绿灯相还是红灯相。若是绿灯相，此时车辆直接通过；若是红灯相，车辆将停车等待到下一绿灯，这时 $\{k,n\}$ 时段内的车辆通过交叉口停车线的可能性将平移叠加到下一绿灯相的第一个小分段上。

设 $f^{ij}_{kn}(t)$ 表示车辆在 $\{i,j\}$ 时段内进入路段 L_1 而在 $\{k,n\}$ 时段内到达交叉口 C_1 停车线前的概率密度函数。

$$f^{ij}_{kn}(t) = f^{ij}(t), t \in ((k-1) \times T_1 + (n-1) \times S_1, (k-1) \times T_1 + n \times S_1) \tag{40}$$

因而，在 $\{i,j\}$ 时段进入路段 L_1 不受交叉口信号灯和路段流量影响的车辆驶过路段时刻可能性的概率密度函数 $f^{ij}(t)$，在受交叉口信号灯影响情况下，该函数在 $\{k,n\}$ 时段到达交叉口 C_1 停车线前的可能性都被平移后的车辆驶过路段时刻可能性的概率密度函数 $\bar{f}^{ij}(t)$ 可以表示为：

$$\bar{f}^{ij}(t) = \begin{cases} f_{kn}^{ij}(t), Q_{kn} = 0 \text{ and } n \leqslant b, (k-1) \times T_1 + \\ (n-1) \times S_1 \leqslant t < k \times T_1 + n \times S_1 \\[2ex] f_{(k+1),1}^{ij}(t) + \dfrac{1}{s_1} \displaystyle\int_{(k-1) \times T_1 + (n-1) \times S_1}^{k \times T_1 + n \times S_1} f_{kn}^{ij}(t) \, dt, Q_{kn} = \\ 0 \text{ and } n > b, k \times T_1 \leqslant t < k \times T_1 + S_1 \\[2ex] 0, Q_{kn} = 0 \text{ and } n > b, (k-1) \times T_1 + \\ (n-1) \times S_1 \leqslant t < k \times T_1 + n \times S_1 \\[2ex] f_{kn}^{ij}(t), t \in \text{others} \end{cases} \tag{41}$$

式（41）需要对每一个 $\{k,n\}$ 时段都进行这样的平移（ $k = I_1, I_1 - 1, \cdots, 1; n = g, g-1, \cdots, 1$ ），并采用 $\{k,n\}$ 的逆序方式进行，平移后的车辆驶过路段时刻的概率密度函数仍然都用 $\bar{f}^{ij}(t)$ 表示，最终将得到在 $\{i,j\}$ 时段进入路段 L_1 受交叉口信号灯且未遇到排队车辆影响的车辆驶过路段时刻可能性的概率密度函数 $\bar{f}^{ij}(t)$ 。

b. 遇到排队。若车辆在 $\{k,n\}$ 时段到达交叉口 C_1 停车线前遇到了排队车辆，车辆只能停车等待，当排队车辆先行通过交叉口后，该车辆才有机会在绿灯相内通过交叉口停车线。此时需要区分 $\{k,n\}$ 时段所处的信号相，结合绿灯相时期内车辆通过交叉口的通行能力，才能推算出最先出现的这个机会所在的小时段。

讨论车辆在 $\{k,n\}$ 时段到达交叉口 C_1 停车线前遇到了排队车辆的情况时，若 $n \leqslant b$ ，即时段 $\{k,n\}$ 处在绿灯相时，车辆在 $\{k,n\}$ 时段通过交叉口停车线的可能性都平移到了 $\{k,n+floor(Q_{kn} \times \tilde{h}_1 / S_1)\}$（若 $Q_{kn} \leqslant (b-n) \times S_1 \times u_1$ ）或 $\{k+floor((Q_{kn}-(b-n) \times S_1 \times u_1)/V_1)+1, floor((mod((Q_{kn}-(b-n) \times S_1 \times u_1),V_1) \times \tilde{h}_1)/S_1)\}$（若 $floor((Q_{kn}-(b-n) \times S_1 \times u_1)/V_1) \geqslant 0$ ）时段上了；若 $n > b$ ，即时段 $\{k,n\}$ 处在红灯相，车辆在 $\{k,n\}$ 时段通过交叉口停车线的可能性都平移到了 $\{k+floor(Q_{kn}/V_1)+1, floor((mod(Q_{kn},V_1) \times \tilde{h}_1)/S_1)\}$ 时段上了。因而，在 $\{i,j\}$ 时段进入路段 L_1 不受交叉口信号灯和路段流量影响的车辆驶过路段时刻可能性的概率密度函数 $f^{ij}(t)$ ，在受交叉口信号灯和交叉口排队车辆影响情况下，该函数在 $\{k,n\}$ 时段到达交叉口 C_1 停车线前的可能性都被平移后的车辆驶过路段时刻可能性的概率密度函数 $\bar{f}^{ij}(t)$ 可以表示为：

$$\bar{f}^{ij}(t) = \begin{cases} f^{ij}_{k'n'}(t) + \dfrac{1}{s_1} \displaystyle\int_{(k-1) \times T_1 + (n-1) \times S_1}^{k \times T_1 + n \times S_1} f^{ij}_{kn}(t)\,dt, Q_{kn} > 0 \text{ and } n \leqslant b, t \in \{k',n'\} \\[4pt] 0, Q_{kn} > 0 \text{ and } n \leqslant b, t \in \{k,n\} \\[4pt] f^{ij}_{k'n'}(t) + \dfrac{1}{s_1} \displaystyle\int_{(k-1) \times T_1 + (n-1) \times S_1}^{k \times T_1 + n \times S_1} f^{ij}_{kn}(t)\,dt, Q_{kn} > 0 \text{ and } n > b, t \in \{k',n'\} \\[4pt] 0, Q_{kn} > 0 \text{ and } n > b, t \in \{k,n\} \\[4pt] f^{ij}_{kn}(t), t \in \text{others} \end{cases}$$

(42)

这里 $k' = k, n' = n + floor(Q_{kn} \times \tilde{h}_1 / S_1)$（若 $Q_{kn} \leqslant (b-n) \times S_1 \times u_1$ ）或 $k' = k + floor((Q_{kn}-(b-n) \times S_1 \times u_1)/V_1)+1$ ， $n' = floor((mod((Q_{kn}-(b-n) \times S_1 \times u_1),V_1) \times \tilde{h}_1)/S_1)$ ，若（ $floor((Q_{kn}-(b-n) \times S_1 \times u_1)/V_1) \geqslant 0$ ）; $k' = k + floor(Q_{kn}/V_1)+$

$1,n^{'} = floor((mod(Q_{kn}, V_1) \times \tilde{h}_1)/S_1)$。并用 $t \in \{k,n\}$ 表示 t 取 $\{k,n\}$ 时段的任意值。式（42）需要对每一个 $\{k,n\}$ 时段都进行这样的平移（ $k = I, I-1, \cdots, 1; n = g, g-1, \cdots, 1$ ），并采用 $\{k,n\}$ 的逆序方式进行，平移后的车辆驶过路段时刻可能性的概率密度函数都用 $\bar{f}^{ij}(t)$ 表示，最终将得到在 $\{i,j\}$ 时段进入路段 L_1 受交叉口信号灯和交叉口排队车辆影响的车辆驶过路段时刻可能性的概率密度函数 $\bar{f}^{ij}(t)$。

根据式（43），$\{i,j\}$ 时段进入路段 L_1 的交通量为 N_{ij}，那么在研究总时段内进入的车辆总数 N_z 为：

$$N_z = \sum_i \sum_j N_{ij} \tag{43}$$

在 $\{i,j\}$ 时段进入路段的车辆数所占权重 ξ_{ij} 为：

$$\xi_{ij} = N_{ij} / N_z \tag{44}$$

车辆驶过路段时刻可能性的概率密度函数 $\bar{f}^{ij}(t)$ 向左平移（ $i-1$ ） $\times T_1 + (j-1) \times S_1$ 个单位，就得到在 $\{i,j\}$ 时段进入路段 L_1 受交叉口信号灯和交叉口排队车辆影响的车辆路段旅行时间概率密度函数 $\bar{f}^{ij}\{t + [(i-1) \times T_1 + (j-1) \times S_1]\}$。因此，研究时段内受信号灯和路段流量影响的车辆路段期望旅行时间概率密度函数 $\tilde{f}(t)_{L_1}$ 为：

$$\tilde{f}(t)_{L_1} = \sum_{i=1}^{I} \sum_{j=1}^{g} \xi_{ij} \times \bar{f}^{ij}\{t + [(i-1) \times T_1 + (j-1) \times S_1]\} \tag{45}$$

式（45）表示一类混合分布，是分布簇 $\bar{f}^{ij}(t)$ 的权重和，权重 ξ_{ij} 满足 $\sum_{ij} \xi_{ij} = 1$。

假设车辆在路段上的旅行时间期望值 $t_{L_1}^0 = 3\text{min}$，标准差 $\sigma_{L_1} = 0.8$，平均速度为 $v_{L_1} = 35\text{km/h}$，路段限速的处罚速度 $v_{\text{max}\_Pan} = 50\text{km/h}$，绿信比 $\lambda_1 = 0.6$，周期 $T_1 = 1(\text{min})$，绿灯相位时长为

$T_{g_1} = 0.6(\mathrm{min})$，每周期被细分为 $g = 50$ 个小分段。以 0 时刻为研究时间起点，取 10 分钟为研究时段长度，将研究时段均分为 5 个小时间段，每个小时间区段长度为 2min，假设路段 L_1 前端交通流入率 $g_{L_1}(t)$ 在这 5 小时间段的值依次为 10、13、16、14、12（pcu/min），每个小分段内的交通流入率如图 5 – 11 所示。根据式（44）可以得出交叉口前的排队车辆数随时间的变化如图 5 – 12 所示。从图 5 – 12 可以看出，随着流量的增加，交叉口前排队车辆数逐渐增加。图 5 – 13 表明受交叉口前排队车辆影响，车辆路段旅行时间分布会整体向右偏移。

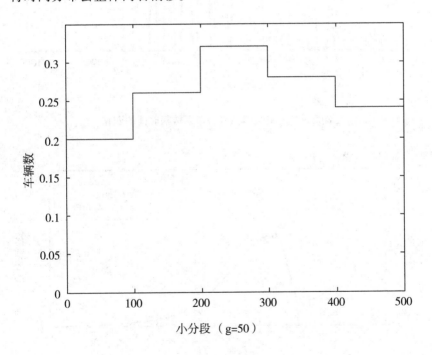

图 5 – 11　路段前端交通流入率

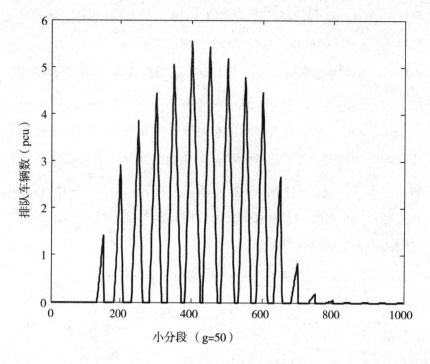

图 5 – 12　交叉口前排队车辆数随时间的变化

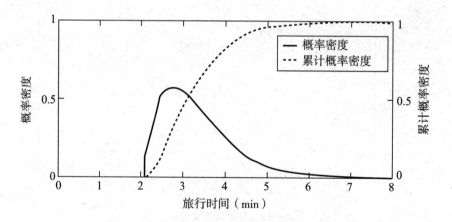

图 5 – 13　交通信号灯和路段流量影响下的概率密度函数及累计分布函数

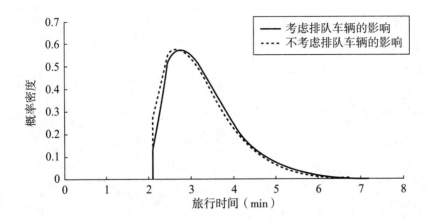

图 5–14　有排队车辆对车辆路段旅行时间分布的影响

5.4.2　（1，1）基本路段

（1，1）基本路段前后都紧邻交叉口，在道路交通网络中是最常见的型式。

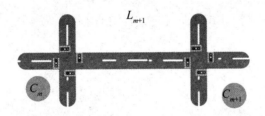

图 5–15　（1，1）基本路段示意

在交叉口 C_m 的信号红灯阻滞作用下，会形成车辆排队。信号绿灯启亮后，排队车辆以固定的车头时距通过交叉口 C_m，当排队车辆数大于等于交叉口 C_m 的通行能力 V_m 时（即处于饱和状态），绿灯启亮后，车辆通过交叉口 C_m 的车头时距分布为 $h_1, h_2, h_3, h_4, \underbrace{h, \cdots, h}_{V_m-4}$。用 i 表示第 i 个信号周期，车辆通过交叉口 C_m 的流出率函数 $h_m(t)$ 如式（46）所示：

公共交通运营可靠性分析理论及其应用

$$h_m(t) =$$

$$
\begin{cases}
\dfrac{4}{h_1^2} \times (t - (i-1) \times T_m), \\[4pt]
\quad t \in \left[(i-1) \times T_m, (i-1) \times T_m + \dfrac{h_1}{2}\right) \\[8pt]
\dfrac{2}{h_1} - \dfrac{4}{h_1^2} \times \left(t - \left((i-1) \times T_m + \dfrac{h_1}{2}\right)\right), \\[4pt]
\quad t \in \left[(i-1) \times T_m + \dfrac{h_1}{2}, (i-1) \times T_m + h_1\right) \\[8pt]
\dfrac{4}{h_2^2} \times (t - ((i-1) \times T_m + h_1)), \\[4pt]
\quad t \in \left[(i-1) \times T_m + h_1, (i-1) \times T_m + h_1 + \dfrac{h_2}{2}\right) \\[8pt]
\dfrac{2}{h_2} - \dfrac{4}{h_2^2} \times \left(t - \left((i-1) \times T_m + h_1 + \dfrac{h_2}{2}\right)\right), \\[4pt]
\quad t \in \left[(i-1) \times T_m + h_1 + \dfrac{h_2}{2}, (i-1) \times T_m + h_1 + h_2\right) \\[8pt]
\dfrac{4}{h_3^2} \times (t - ((i-1) \times T_m + h_1 + h_2)), \\[4pt]
\quad t \in \left[(i-1) \times T_m + h_1 + h_2, (i-1) \times T_m + h_1 + h_2 + \dfrac{h_3}{2}\right) \\[8pt]
\dfrac{2}{h_3} - \dfrac{4}{h_3^2} \times \left(t - \left((i-1) \times T_m + h_1 + h_2 + \dfrac{h_3}{2}\right)\right), \\[4pt]
\quad t \in \left[(i-1) \times T_m + h_1 + h_2 + \dfrac{h_3}{2}, (i-1) \times T_m + h_1 + h_2 + h_3\right) \\[8pt]
\dfrac{4}{h_4^2} \times (t - ((i-1) \times T_m + h_1 + h_2 + h_3)), \\[4pt]
\quad t \in \left[(i-1) \times T_m + h_1 + h_2 + h_3, (i-1) \times T_m + h_1 + h_2 + h_3 + \dfrac{h_4}{2}\right) \\[8pt]
\dfrac{2}{h_4} - \dfrac{4}{h_4^2} \times \left(t - \left((i-1) \times T_m + h_1 + h_2 + h_3 + \dfrac{h_4}{2}\right)\right), \\[4pt]
\quad t \in \left[(i-1) \times T_m + h_1 + h_2 + h_3 + \dfrac{h_4}{2}, (i-1) \times T_m + h'\right) \\[8pt]
\dfrac{4}{h^2} \times (t - ((i-1) \times T_m + h' + (k-1) \times h)), \\[4pt]
\quad t \in \left[(i-1) \times T_m + h' + (k-1) \times h, (i-1) \times T_m + h' + \left(k - \dfrac{1}{2}\right) \times h\right) \\[8pt]
\dfrac{2}{h} - \dfrac{4}{h^2} \times \left(t - \left((i-1) \times T_m + h' + \left(k - \dfrac{1}{2}\right) \times h\right)\right) \quad t \in \Big[(i-1) \times T_m + \\[4pt]
h' + \left(k - \dfrac{1}{2}\right) \times h, (i-1) \times T_m + h' + k \times h\Big) \\[8pt]
0, t \in \left[(i-1) \times T_m + hh + (V_m - 4) \times h, i \times T_m\right)
\end{cases}
$$

$$(46)$$

其中 $h' = h_1 + h_2 + h_3 + h_4$，$i = 1, 2, \cdots, I_{m+1} + w$，$k = 1, 2, \cdots,$ $V_m - 4$。

假设车辆以到达强度 $D_m(\mathrm{pcu/min})$ 均匀到达交叉口 C_m 停车线前。一个周期内进入路段的车辆数为：$D_m \times T_m$。交叉口 C_m 的车辆通行能力流出率为 u_m，一个信号周期内能驶出的车辆数为 $u_m \times T_{gm} = u_m \times \lambda_m \times T_m$。当 $D_m \times T_m = u_m \times \lambda_m \times T_m$，即 $D_m = u_m \times \lambda_m$ 时在绿灯期末所有车辆会刚好能排完。车辆通过交叉口 C_m 的流出率函数 $\varphi_{C_m}(t)$ 是时间的函数。

（1）当 $D_m \leqslant u_m \times \lambda_m$ 时，车辆在绿灯期末不会有排队现象。

a. $i = 1$ 时，

$$\varphi_{C_m}(t) = \begin{cases} D_m t \in [0, T_{gm}) \\ 0, t \in [T_{gm}, T) \end{cases} \tag{47}$$

b. $1 < i \leqslant I_{m+1}$ 时，

信号交叉口 C_m 红灯的阻滞作用，使得在上一信号周期红灯期间出现了排队现象。红灯时长 $T_{rm} = T_m \times (1 - \lambda)$。信号绿灯启亮时，排队车辆以固定车头时距 $h_1, h_2, h_3, h_4, \underline{h, \cdots,} h$ 通过交叉口，当排队车辆排空后，车辆将以到达强度 D_m 通过交叉口 C_m。因而，首先要判断什么时候排队车辆消散完毕，设 t_0 时刻排队消散，即有：

$$D_m \times T_{rm} + D_m \times (t_0 - (i-1) \times T_m) = u_m \times (t_0 - (i-1) \times T_m) \tag{48}$$

推导得出：

$$t_0 = \frac{D_m \times T_{rm}}{u_m - D_m} + (i-1) \times T_m \tag{49}$$

此时第 i 个周期总的排队车辆数为：

$$Q_i = D_m \times T_{rm} + D_m \times (t_0 - (i-1) \times T_m) = D_m \times T_{rm} \times \left(\frac{u_m}{u_m - D_m}\right)$$

$$\tag{50}$$

$ceil[Q_i]$ 表示取不小于 Q_i 的最小整数，令 $N_h = ceil[Q_i]$ 表示绿灯启亮后 N_h 辆排队车辆以固定车头时距通过交叉口 C_m。流出率函数如式（51）所示。

$$\varphi_{C_m}(t) = \begin{cases} h_m(t), t \in \left[(i-1) \times T_m, (i-1) \times T_m + h^{'} + (N_h - 4) \times h\right) \\ D_m, t \in \left[(i-1) \times T_m + h^{'} + (N_h - 4) \times h, (i-1) \times T_m + T_{gm}\right) \\ 0, t \in \left[(i-1) \times T_m + T_{gm}, i \times T_m\right) \end{cases}$$

(51)

式中：$i = 2,3,\cdots,I_{m+1}$。

由于最后一个信号周期（即 I_{m+1}）红灯时期还有排队，则在 $I_{m+1} + 1$ 个周期还有车辆流出，则最后一个周期红灯时期的排队车辆 Q_r 为：

$$Q_r = ceil(D_m \times T_{rm}) \tag{52}$$

c. $i = I_{m+1} + 1$ 时，流出率函数为：

$$\varphi_{C_m}(t) = \begin{cases} h_m(t), t \in \left[(i-1) \times T_m, (i-1) \times T_m + t^0\right) \\ 0, t \in \left[(i-1) \times T_m + t^0, i \times T_m\right) \end{cases} \tag{53}$$

上式中，若 $Q_r = 0$，则 $t^0 = 0$；若 $Q_r = 1$，则 $t^0 = h_1$；若 $Q_r = 2$，则 $t^0 = h_1 + h_2$；若 $Q_r = 3$，则 $t^0 = h_1 + h_2 + h_3$；若 $Q_r \geq 4$，则 $t^0 = h^{'} + (Q_r - 4) \times h$。

（2）当 $D_m > u_m \times \lambda_m$ 时，车辆在绿灯期末还有排队。

a. $i = 1$ 时：

若 $D_m \leqslant u_m$ 时，在第一个信号绿灯期间不会产生排队车辆。第一个信号周期的流出率函数为：

$$\varphi_{C_m}(t) = \begin{cases} D_m t \in \left[0, T_{gm}\right) \\ 0, t \in \left[T_{gm}, T\right) \end{cases} \tag{54}$$

若 $D_m > u_m$ 时，第一个信号周期绿灯启亮就有车辆排队。从 0 时刻起车辆就以固定的车头时距通过交叉口。第一个信号周期的流出率函数为：

$$\varphi_{C_m}(t) = \begin{cases} h_m(t), t \in \left[0, h^{'} + (V_m - 4) \times h\right) \\ 0, t \in \left[h^{'} + (V_m - 4) \times h, T_m\right) \end{cases} \tag{55}$$

$i > 1$ 时，每个周期能排出的车辆数为 V_m，由于排队车辆在每个周期都未排空，I_{m+1} 个周期后还累积一定量的排队车辆 Q_z。

$$Q_z = D_m \times I_{m+1} \times T_m - u_m \times \lambda_m \times T_m \times (I_{m+1} - 1) \tag{56}$$

此时需要判断累积的排队车辆还需多少时间能排空。

$$Q_t = floor\left(\frac{Q_z}{V_m}\right) \tag{57}$$

$$mod_Q = ceil(mod(Q_z, V_m)) \tag{58}$$

此时从第 2 个周期到第 $I_{m+1} + Q_t$ 个周期内，车辆都是以固定的车头时距流出交叉口 C_m，流出率函数 $\varphi_{C_m}(t)$ 为：

b. $1 < i < I_{m+1} + Q_t + 1$ 时：

$$\varphi_{C_m}(t) = \begin{cases} h_m(t), t \in \left[(i-1) \times T_m, (i-1) \times T_m + T_{gm}\right) \\ 0, t \in \left[(i-1) \times T_m + T_{gm}, i \times T_m\right) \end{cases} \tag{59}$$

式中 $i = 2, 3, \cdots, I_{m+1} + Q_t$

c. $i = I_{m+1} + Q_t + 1$ 时：

$$\varphi_{C_m}(t) = \begin{cases} h_m(t), t \in \left[(i-1) \times T_m, (i-1) \times T_m + t^1\right) \\ 0, t \in \left[(i-1) \times T_m + t^1, i \times T_m\right) \end{cases} \tag{60}$$

上式中，若 $mod_Q = 0$，则 $t^1 = 0$；若 $mod_Q = 1$，则 $t^1 = h_1$；若 $mod_Q = 2$，则 $t^1 = h_1 + h_2$；若 $mod_Q = 3$，则 $t^1 = h_1 + h_2 + h_3$；若 $mod_Q \geq 4$，则 $t^1 = h^{'} + (mod_Q - 4) \times h$。

交通网络中前后交叉口的信号周期不同，绿灯启亮时刻不一致，需要考虑相位差的影响。假设后端交叉口 C_{m+1} 绿灯启亮时间比前端交

叉口 C_m 绿灯启亮时间早，相位差 d_m 取值在最小的信号周期内，即 $0 \leqslant d_m \leqslant min\{T_m, T_{m+1}\}$。由于最初假设交叉口 C_m 的绿灯启亮时刻为 0，相位差的存在使得 0 时刻并非交叉口 C_{m+1} 的绿灯启亮时刻。为了方便计算，将 0 时刻调整为后端交叉口 C_m 的绿灯启亮时刻。则交叉口 C_m 在 $(0, d_m)$ 内的流出量分布为 0，从 d_m 时刻后按照 $\varphi_{C_m}(t - d_m)$ 的分布流出。交叉口 C_m 的车辆流出量分布函数就是路段 L_{m+1} 的流入量函数 $g_{L_{m+1}}(t)$。

$$g_{L_{m+1}}(t) = \begin{cases} 0, t \in [0, d_m) \\ \varphi_{C_m}(t - d_m), t \geqslant d_m \end{cases} \tag{61}$$

得到路段 L_{m+1} 的流入量分布后可以按照第 4.1.2 节所述方法来计算车辆在路段 L_{m+1} 上的期望旅行时间概率密度函数。

5.4.3 （1，0）基本路段

（1，0）基本路段后端没有交叉口，是路径的最后一路段。在该类型路段上旅行时间波动产生的主要原因是驾驶员的驾驶行为。车辆在该类型路段的旅行时间服从第 3 节所述的概率密度函数 $f(x)$，见公式（5）。

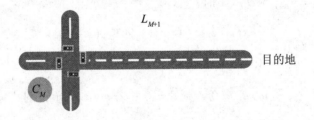

图 5 - 16   （1，0）基本路段示意

5.5 实例分析

本节利用湖南衡阳市解放大道从光辉街到华新大道道路卡口系统的检测数据来验证本章方法的正确性。数据采集时间为 2013 年 10 月 11 日 8：20—9：19，该路段两交叉口相距 500m。在解放大道与光辉街的交叉口以及解放大道与华新大道的交叉口上都设有卡口监控设备，行驶方向是解放大道由东向西。路段（不包括交叉口）在理想条件下的旅行时间服从对数正态分布，旅行时间均值为 0.7min，方差为 0.04。车辆通过该路段的平均速度为 48km/h，处罚速度为 58km/h。

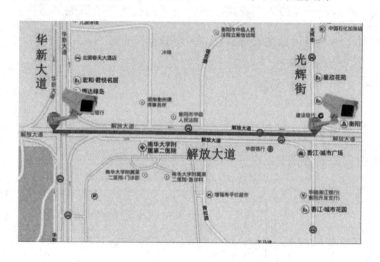

图 5 - 17 衡阳市解放大道

解放大道与华新大道交叉口信号周期 $T = 80s$，四相位控制，其中右转不受信号灯控制。相应的信号相位如图 5 - 18 所示。

卡口系统的检测数据包括：车辆在解放大道上由东向西分别通过光

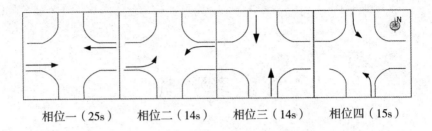

相位一（25s）　　相位二（14s）　　相位三（14s）　　相位四（15s）

图 5-18　解放大道与华新大道交叉口信号相位

辉街和华新大道的具体时刻（精确到秒）、通过车辆的车牌号等信息。在研究时段内检测到通过光辉街的有 455 组数据，通过华新大道的有 725 组数据。一方面需要的数据是车辆从光辉街到华新大道的行驶时间，即直行车辆的路段旅行时间，而检测到的数据是包括直行、左转和右转的车辆，故两处检测到的车辆数不一致。另一方面从图 5-17 可以看出，在该研究路段上有支路，因而需要对检测到的数据进行筛选，选出直行车辆，进行筛选处理后有 288 组数据符合要求。

5.5.1　K-S 检验

根据第 3 节，受路段限速影响的车辆未受交叉口信号影响的路段旅行时间分布如图 5-19 所示。

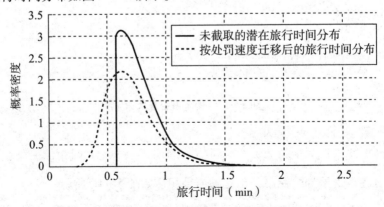

图 5-19　路段限速影响下的车辆路段旅行时间分布

　　车辆通过光辉街的时刻就是车辆进入研究路段的时刻，因而间接获得了研究路段的车辆流入率，如图 5 – 20 所示。运用之前提出的方法计算出到达华新大道交叉口的排队车辆数如图 5 – 21 所示。

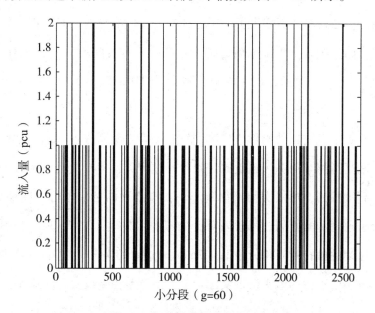

图 5 – 20　路段前端交通流入率

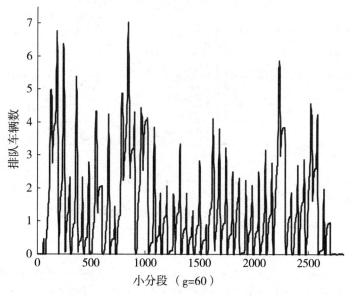

图 5 – 21　到达华新大道交叉口的排队数

按照之前提出的方法获得车辆路段旅行时间概率密度，车辆通过路段的实际旅行时间直方图和理论的旅行时间概率密度对比如图 5 - 22 所示。累计概率分布对比如图 5 - 23 所示。从两图可以看出，车辆路段理论旅行时间概率密度能很好地贴合实际旅行时间直方图。按之前提出的方法计算所得车辆通过该路段的旅行时间均值为 1.091min，方差 0.170；车辆通过该路段的实际旅行时间均值是 1.067min，方差是 0.156，两者的差距很小。

也有学者提出采用替代序列①方法来拟合车辆旅行时间，替代旅行时间是指将车辆进入路段的时刻和通过交叉口停车线的时刻分别按从小到大排列，再依次相减得到车辆在该路段的替代旅行时间序列。替代、理论和实际的旅行时间对比如图 5 - 22、图 5 - 23 所示。使用替代序列的旅行时间均值为 1.067min，方差 0.1003，其均值较本章提出的方法所求的均值更接近实际均值，但方差相差较大。从图 5 - 22、

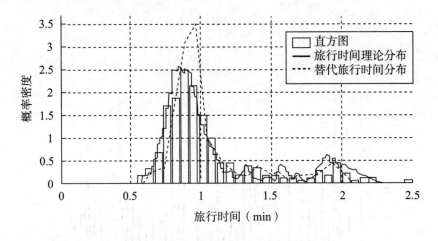

图 5 - 22　三者的概率密度函数对比

① Sumalee, A., et al., "Dynamic stochastic journey time estimation and reliability analysis using stochastic cell transmission model: Algorithm and case studies", *Transportation Research Part C: Emerging Technologies*, 2013, 35, pp. 263 - 285.

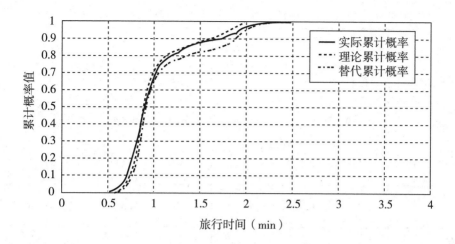

图 5 – 23　三者的累计概率密度函数对比

图 5 – 23 可以看出，用替代序列来刻画的旅行时间分布还是有较大的误差。替代序列旅行时间分布需要通过检测数据获得，属于实验性方法；本章所提出来的方法属于分析类方法。K – S（Kolmogorov – Smirnov）检验是基于累计分布函数，用以检验一个经验分布是否符合某种理论分布或比较两个经验分布是否有显著性差异。

单样本的 K – S 检验是用来检验一个数据的观测经验分布是否已知的理论分布。当两者间的差距很小时，推断该样本是否取自已知的理论分布。两样本 K – S 检验由于对两样本的经验分布函数的位置和形状参数的差异都敏感而成为比较两样本的最有用且常规的方法之一。假设临界值 D 为累计频率差值的最大值，当实际观测 $D > D(n, \alpha)$ 则拒绝样本来自服从某特定分布的总体，否则接受。$D(n, \alpha)$ 是显著水平为 α、样本容量为 n 时的理论值。$D(n, \alpha)$ 在不同参数下的取值见表 5 – 1。

表 5 – 1 $D(n,\alpha)$ 在不同参数下的取值

n	显著水平(α)					
	0.4	**0.2**	**0.1**	**0.05**	**0.04**	**0.01**
5	0.369	0.447	0.509	0.562	0.580	0.667
10	0.268	0.322	0.368	0.409	0.422	0.487
20	0.192	0.232	0.264	0.294	0.304	0.352
30	0.158	0.190	0.217	0.242	0.250	0.290
50	0.123	0.149	0.169	0.189	0.194	0.225
>50	$0.87/\sqrt{n}$	$1.07/\sqrt{n}$	$1.22/\sqrt{n}$	$1.36/\sqrt{n}$	$1.37/\sqrt{n}$	$1.63/\sqrt{n}$

通过计算得到本章所提出方法计算所得的车辆路段旅行时间理论分布与实际旅行时间分布的临界值 $D = 0.05$ ；本书中样本容量 n 为 288， α 取 0.05，则：

$$D(288,0.05) = \frac{1.36}{\sqrt{288}} \approx 0.08 \qquad (62)$$

满足 $D < D(n,\alpha)$ ，可以认为样本来自服从车辆路段旅行时间理论分布的总体，即本章提出的理论方法能很好地描述城市道路路段旅行时间分布。

当采用替代序列法来计算车辆路段旅行时间分布时，得到车辆路段替代旅行时间分布的临界值 $D = 0.128$ ，因为 $D > D(n,\alpha)$ ，所以拒绝样本来自车辆路段替代旅行时间分布总体。

5.5.2　时段适应性检验

为了检验本章提出的方法对一天不同时段统计数据的适应性，还采集时间为 2014 年 3 月 22 日（星期六）整天的数据，以 15min 为一个统计时段，从整天的交通流量变化图得出 9：45—10：45 为交通量高峰期；另外取 15：00—16：00 平峰时间段为研究时段。路段在理想条件下的旅行时间服从对数正态分布，车辆在该路段行驶的期望旅行速度 48km/h，旅行时间的方差为 0.04；考虑到车流较小时，车辆间的束缚作用比较小，因而平峰期的车辆路段旅行时间方差为 0.05，期望仍然为 48km/h。车辆通过该路段的处罚速度为 58km/h。在高峰研究时段内检测到研究时段通过光辉街的有 628（平峰期：574）组数据，通过华新大道的有 506（平峰期：460）组数据，处理后有 338（平峰期：314）组数据符合要求（见表 5 - 2）。

表 5 - 2　　　　　　　　　高峰期和平峰期的参数取值

时间	高峰期（9：45—10：45）				平峰期（15：00—16：00）			
项目	平均速度	处罚速度	旅行时间方差	样本容量	期望旅行速度	处罚速度	旅行时间方差	样本容量
本书方法	48	58	0.04	338	48	58	0.05	314
替代序列	—	—	—	338	—	—	—	314
实际	—	—	—	338	—	—	—	314

公共交通运营可靠性分析理论及其应用

表 5 - 3 高峰期和平峰期的结果对比

时间	高峰期（9：45 - 10：45）					平峰期（14：00 - 15：00）				
项目	期望旅行时间	旅行时间方差	K-S检验临界值 D	临界值 D	检验结果	期望旅行时间	旅行时间方差	K-S检验临界值 D	临界值 D	检验结果
本书方法	1.079	0.2296	0.0739	0.049	接收	1.05	0.233	0.0767	0.072	接收
替代序列	1.121	0.18625		0.089	拒绝	1.04	0.17		0.117	拒绝
实际	1.121	0.247	—	—	—	1.04	0.227	—	—	—

根据第 3 节，受路段限速影响的车辆未受交叉口信号影响的路段旅行时间分布为：

本章提出的方法计算所得车辆在高峰期通过该路段的旅行时间均值为 1.1167min（平峰期：1.05），方差 0.2363（平峰期：0.233）；车辆通过该路段的实际旅行时间均值是 1.1168 min（平峰期：1.04），方差是 0.246（平峰期：0.227），两者的差距很小。使用替代序列的旅行时间均值为 1.1168 min（平峰期：1.04），方差 0.18625（平峰期：0.17），其均值较本章提出的方法所求的均值更接近实际均值，但方差相差较大。理论、替代和实际的旅行时间对比如图 5 - 24 所示。

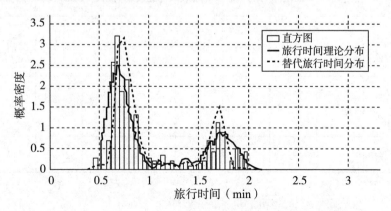

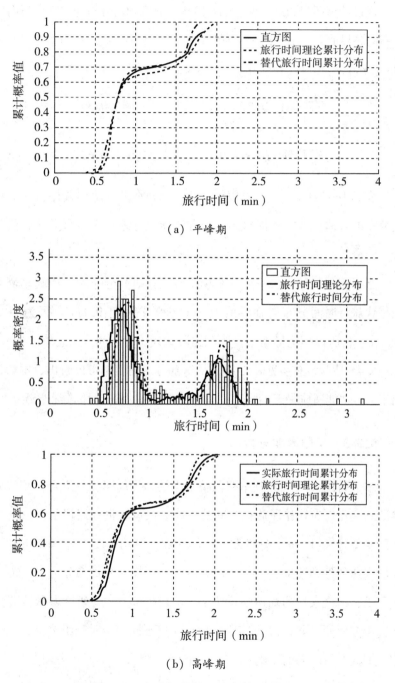

（a）平峰期

（b）高峰期

图 5-24　三者的概率密度和累计概率密度对比

通过计算所得的高峰期车辆路段旅行时间理论分布与实际旅行时间分布的临界值 $D = 0.049$（平峰期:0.072）；本书中高峰期样本容量 n 为 338（平峰期：314），α 取 0.05，则：

$$高峰期：D(338,0.05) = \frac{1.36}{\sqrt{338}} \approx 0.0739$$

$$平峰期：D(314,0.05) = \frac{1.36}{\sqrt{314}} \approx 0.0767 \qquad (63)$$

满足 $D < D(n,\alpha)$，可以认为样本来自服从车辆路段旅行时间理论分布的总体，即本章提出的理论方法能很好地描述城市道路路段旅行时间分布。

当采用替代序列法来计算车辆路段旅行时间分布时，得到车辆路段替代旅行时间分布的临界值 $D = 0.089$ 平峰期:0.117，因为 $D > D(n,\alpha)$，所以拒绝样本来自车辆路段替代旅行时间分布总体。

$K-S$ 检验汇总参见表 5-3，从这部分对比实例可以看出，本章提出来的方法能适应一天不同时段的路段交通流的旅行时间分布情况。

5.5.3 参数影响分析

本节讨论（1，1）基本路段情形中的信号周期参数组合、相位差参数的变化对车辆路段旅行时间的影响。假设车辆在路段上的旅行时间期望值 $t_{L_2}^0 = 1\min$，标准差 $\sigma_{L_2} = 0.05$，平均速度为 $v_{L_2} = 35\mathrm{km/h}$，路段限速的处罚速度 $v_{\max\_Pan} = 50\mathrm{km/h}$，周期时长被细分为 $g = 50$ 个小分段，前交叉口的到达强度为 $D_1 = 12(\mathrm{pcu/h})$。研究参数变化时的三个方面的问题：（1）路段前后交叉口不同信号时长组合下，相位差对期望旅行时间的影响；（2）路段前后交叉口不同信号时长组合，对旅行时间概率密度曲线的影响；（3）路段前后交叉口不同信号时长组合，对路段通行能力的影响。

（1）相位差的影响。

研究相位差的影响，将从两方向进行：第一个方向是固定相位差，探讨路段前后交叉口信号时长组合下的期望旅行时间变化趋势；第二个方向是固定路段前后交叉口信号时长组合，探讨相位差变化下的期望旅行时间变化趋势。为此，首先假设路段前端交叉口信号周期 $T_1 \in (0.5,3)(\min)$，路段末端交叉口信号周期 $T \in (0.5,3)(\min)$；路段前端交叉口绿信比 $\lambda_1 = 0.5$，路段末端交叉口绿信比 $\lambda_2 = 0.5$。当前后端交叉口相位差 d 分别为 0、0.2、0.4、0.5($\min$) 时，车辆期望路段旅行时间变化如图 5 – 26 所示，从图上可以看出：当相位差固定时，路段前后端交叉口信号时长变化时车辆路段期望旅行时间变化也很大，当路段后端交叉口信号时长略大于前端交叉口信号时长时，车辆路段期望旅行时间出现局域极小值。

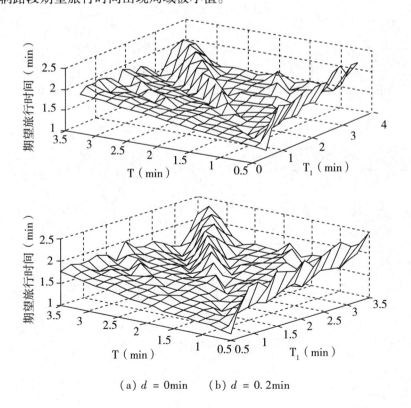

（a）$d = 0\min$　　（b）$d = 0.2\min$

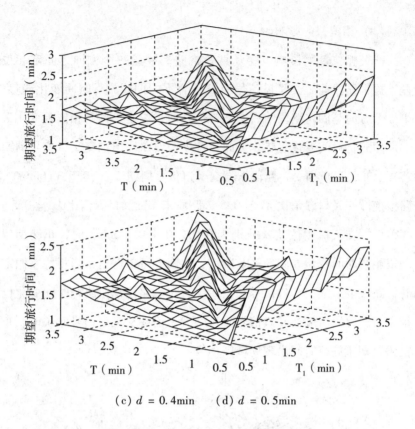

（c） $d = 0.4\text{min}$　　（d） $d = 0.5\text{min}$

图 5 – 25　不同信号周期组合下相位差对车辆期望路段旅行时间的影响

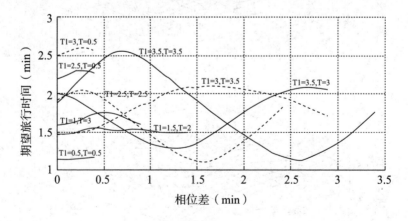

（a）相位差对期望旅行时间的影响

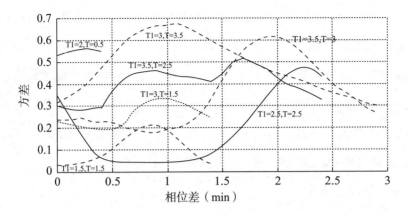

（b）相位差对旅行时间方差的影响

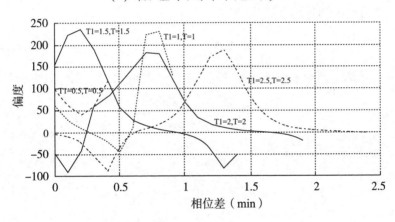

（c）相位差对旅行时间偏度的影响

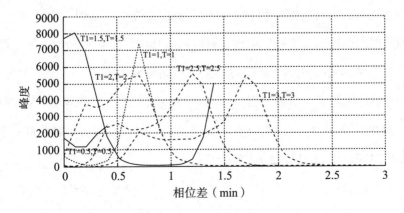

（d）相位差对旅行时间峰度的影响

图 5-26 相位差对车辆路段旅行时间的影响

一般随机变量的前四阶矩（一阶矩、二阶矩、三阶矩、四阶矩）能充分描述随机变量的概率密度曲线的形态。一阶矩为随机变量的均值，二阶矩为随机变量的方差，三阶矩为随机变量的偏度，偏度（Skewness）能有效描绘随机变量的概率分布的对称性，四阶矩为随机变量的峰度，峰度（Kurtosis）能描绘随机变量概率分布的尖峭程度或峰凸程度。前四阶矩的计算公式如下所示：

一阶矩（Mean）：

$$\mu = E(t) \tag{64}$$

二阶矩（Variance）：

$$\sigma^2 = E[(t - \mu)^2] \tag{65}$$

三阶矩（Skewness）：

$$\sqrt{\beta_1} = \frac{E[(t - \mu)^3]}{\sigma^3} \tag{66}$$

四阶矩（Kurtosis）：

$$\beta_2 = \frac{E[(t - \mu)^4]}{\sigma^4} \tag{67}$$

固定路段前后端交叉口的信号周期时长，分别绘制相位差变化下车辆路段旅行时间期望值、方差值、偏度、峰度，如图 5 - 27 所示。旅行时间的期望、方差、偏度、峰度随着相位差变化相当大，而且路段前后端交叉口的信号周期时长越大，相位差对期望、方差、偏度、峰度的影响越大。例如，当 $T_1 = 0.5, T = 0.5$ 时，车辆路段期望旅行时间在范围 $[1.1, 1.2]$ 间变化；而当 $T_1 = 3, T = 3$ 时，车辆路段期望旅行时间在范围 $[1.1, 2.6]$ 间变化。

当路段前后端交叉口信号时长一致时，相位差变化对旅行时间的偏度及峰度的影响很大。

（2）对旅行时间概率密度曲线的影响。

由公式（44）可以看出，车辆路段期望旅行时间分布是一类混合分布，由分布簇 $f^{ij}(t)$ 的权重和组成。因此，车辆路段期望旅行时间分布显现出多态性，在不同参数下能够呈现不同类型数学分布的某些特征。车辆路段期望旅行时间分布的多态性既表现为路段前后交叉口的信号周期时长固定时，相位差变化影响下的多态性；也表现为路段前后交叉口的信号周期时长组合变化下的多态性。车辆路段期望旅行时间分布的多态性导致不同学者在不同的特定环境中检测判定车辆路段期望旅行时间符合不同的数学概率分布。

令 d_g 为路段前后交叉口信号灯实际绿波带对应的相位差，那么不同路段前后交叉口的信号周期长度、相位差下的车辆路段期望旅行时间分布如图 5 – 27 所示。

由图 5 – 27（a）可以看出，当相位差取 $d = d_g/4$ 时，车辆路段期望旅行时间分布接近于正态分布，而相位差取其他值时，车辆路段期望旅行时间分布离正态分布相距较远。图 5 – 27（b）（c）（d）显示出车辆路段期望旅行时间分布展现出震荡特征。图 5 – 27（e）展示了车辆路段期望旅行时间分布接近于对数正态分布的形态。

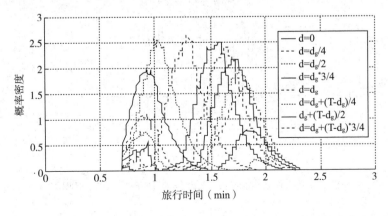

（a）前后信号周期时长都为 1.6，$d_g = 1.156$ 时，旅行时间概率密度

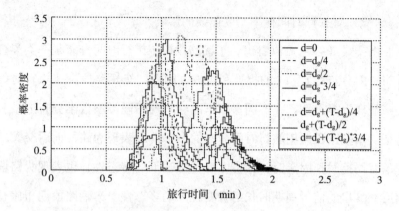

（b）前后信号周期时长都为 1，d_g = 0.2678 时，旅行时间概率密度

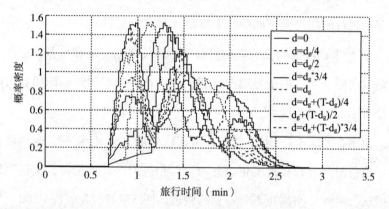

（c）前后信号周期时长分别为 2 和 1，d_g = 0.2678 时，旅行时间概率密度

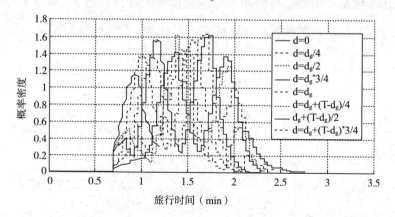

（d）前后信号周期时长都为 1 和 2，d_g = 0.2678 时，旅行时间概率密度

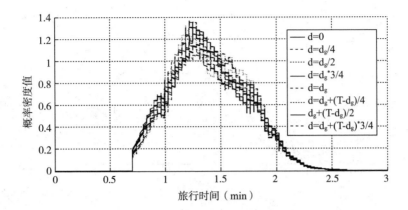

（e）前后信号周期时长都为 1 和 1.6，$d_g = 0.8239$ 时，旅行时间概率密度

图 5 - 27 不同信号时长下的旅行时间概率密度

（3）对通行能力的影响。

图 5 - 28 展示了路段前后交叉口的信号周期长度组合下的路段通行能力，在给定的实例中：短周期时长组合，能使得路段获得较大的通行能力。

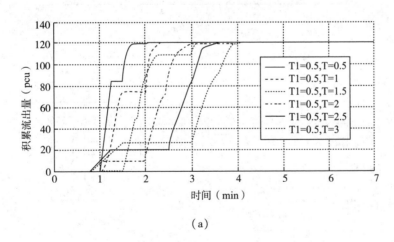

（a）

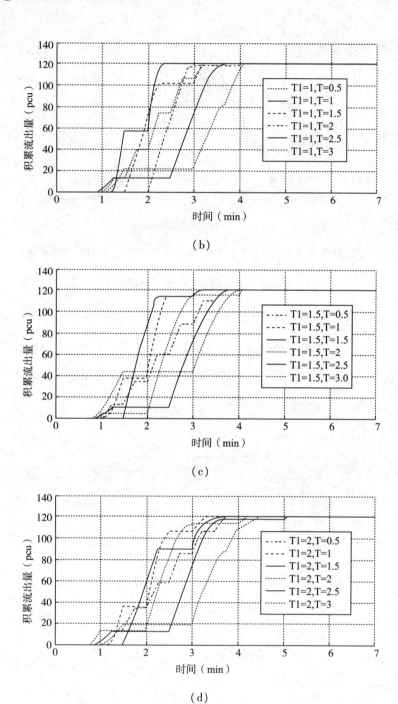

（b）

（c）

（d）

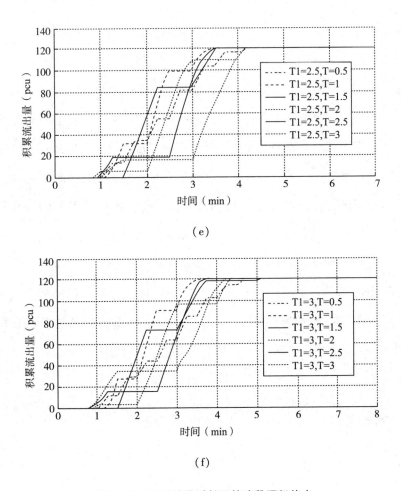

图 5 – 28　不同信号时长下的路段通行能力

5.6　结论

　　本章分析了车辆路段旅行时间波动性与驾驶员、交叉口信号灯、路段交通流量等致因间的关系，并结合车辆在路段上行驶过程的物理运动规律和新发现的具有迁移特征的受限因变量模型，提出了车辆路段旅行时间的概率密度生成方法。采用对数正态分布来刻画只受驾驶员驾驶行为差异性因素影响的理想条件下车辆路段的旅行时间分布。在实际交通环境下，受路段限速因素影响，通过驾驶员主动意识决策行为作用，理想条件下车辆路段的旅行时间分布会发生迁移；受路段交叉口信号灯因素影响，理想条件下车辆路段的旅行时间分布也会发生被动迁移，即交叉口信号红灯会使得车辆产生被动的延误。这两种迁移过程在特定的环境中可能同时发生。根据不同情况下的迁移规律，得出了车辆路段的旅行时间理论概率分布计算公式，它属于一种混合分布。本章还利用道路卡口系统的检测数据，用 Kolmogorov – Smirnov 检验方法验证了所提出方法的正确性；并与替代序列方法进行了对比，显示了本章提出方法的优越性。本章研究结论对交通规划、交通管理中旅行时间的计算以及交通信息服务等方面的应用具有重要的意义。

第6章　交叉口信号参数优化方法[*]

本章摘要：为了充分利用电子警察视频系统提取的数字化数据来优化交叉口信号参数，本章以数字化数据为基础，先得到了车辆路段旅行时间理论分布，后以系统总旅行时间为优化目标，同步实现交叉口信号周期时长和绿信比的优化。因车辆路段旅行时间分布是路段车辆构成、路段的基本渠化方式、交叉口控制方式以及驾驶人驾驶习惯等因素综合作用的结果，所以通过仿真发现，该方法能获得比英国 TRRL 法、澳大利亚 ARRB 法降低约 15% 的系统总停车延误，降低总停车次数，节约 0.5% 系统总旅行时间的效果，且优化结果与路段限速等路段管理措施建立了直接的因果关系，优化效果更易于理解和检验。

　　平面交叉口是城市道路交通网络的通行瓶颈，车辆在交叉口前的

---

　　* 本部分成果整理成论文 "Optimization of traffic signal parameters based on distribution of link travel time"，2017 年 1 月发表在 SCI 期刊 *Journal of Central South University* 上；并且这部分成果与第四章成果以及相关软件产品一并向国家知识产权局申报了专利——"基于车辆路段旅行时间理论分布的交叉口信号参数优化及效果评估技术"。数据处理过程中整理的关于摩托车安全问题的相关研究成果 "Injury severity of motorcycle riders involved in traffic crashes in hunan, China：a mixed ordered logit approach. International" 发表在 SCI 国际期刊 *Journal of Environment Research and Public Health*. 1660 – 4601. 2016. 6 上。项目负责人指导的硕士研究生陈浩、薛红丽、黎昉、王永亮参与了这一领域的研究，顺利完成硕士学位论文，获得硕士学位。

延误时间占到了总行程时间的 20%—50%[1]。为了提高城市道路平面交叉口处的车辆通行能力，在采取了交叉口进口道拓宽、渠化、引入左转（直行）前行待驶等交通工程手段的同时，也在交叉口处安装了电子警察视频系统，以监拍在交叉口附近的违规驾驶行为，保证车流通行顺畅。这些交叉口前的电子警察系统在交通执法的同时，也能拍摄通过该交叉口的车辆图像，从中能提取出车辆特征（例如车牌号、车辆通过时间）等数字化信息。如何科学、合理地利用这些数字化信息，优化交叉口信号参数，以提高道路平面交叉口处的通行能力是本章研究的目的。交叉口信号参数包括确定信号周期时长和绿信比。

（1）信号周期时长。信号周期是指信号灯不同灯色轮流显示一次的时间和，信号周期优化的目标包括车辆平均延误、排队长度、停车次数、资源消耗、污染物排放、舒适性等。周期时长优化方法主要有英国的 TRRL 法、澳大利亚的 ARRB 法以及美国的 IICM 法。1958 年，Webster[2] 以车辆平均延误最小为目标，提出了定时信号配时的经典模型。以其形式简单、参数少、精度较高、推出时间早而得到广泛应用。Webster 算法主要适用于低饱和度状态，当饱和度偏大时，信号周期明显偏大，车辆延误成倍增加。随后，Kim[3] 提出了过饱和信号交叉口的信号配时优化模型。1981 年，Akcelik[4] 通过引入"停车补偿系数"建立了考虑停车次数和交通延误两目标的信号配时优化评价指标，其对应着澳大利亚的 ARRB 法。美国《道路通行能力手

① Tamoff, P. J., Ordonez, J., "Signal timing practices and procedures – state of the practice", *Institute of Transportation Engineers*, 2004, pp. 1 – 3.

② Webster, F. V., "Traffic signal settings", *Road Research Technical Paper*, 1958, 39.

③ Kim, Y., Messer, C. J., "Traffic signal timing models for oversaturated signalized intersections", *Signalized Intersections*, 1991, p. 111.

④ Akcelik, R., "Traffic signals: capacity and timing analysis", *ARRB Research Record*, No. 123, 1981.

册》（HCM 2000①）提出了信号周期时长计算公式，众多学者认为这是最短的信号周期②。Chang③提出一个离散动态优化模型来解决交叉口交通流过饱和现象，利用两阶段控制来获得最优周期和绿信比。Park④等建立了同时对绿信比、周期时长、相位差进行优化的随机信号优化模型。后来的学者对城市交通信号优化控制技术同样进行了大量的研究，将人工智能方法应用到交通系统的控制当中。其中用的比较多的是模糊控制⑤⑥⑦、遗传算法⑧⑨、蚁群算法⑩⑪、神经网络⑫等。

① Reilly W., "Highway capacity manual 2000", *Transportation News*, 1997, 1 (1-2), pp. 5-7.

② 尚斌：《基于信号交叉口渠化段长度的配时参数优化方法》，硕士学位论文，吉林大学，2007年，第35—50页。

③ Chang, T. H., Lin, J. T., "Optimal signal timing for an oversaturated intersection", *Transportation Research Part B*, 2000, 34 (6), pp. 471-491.

④ Paik, B., "Enhanced gentic algorihm for signal timing optimization of oversaturated intenections", *Transportation Research Record* 1727, National Reserch Council Washington, D. C., 2000, pp. 32-41.

⑤ Pappis, C. P., Mamdam, E. H., "AFuzzy logic controller for a traffic junction", *IEEE Transactionson Systems. Man and Cygernetics*, 1977, 1 (10), pp. 707-717.

⑥ Kim, J., "A fuzzy logic control simulator for adaptive traffic management. Proceedings of the Sixth IEEE International Conference on Fuzzy Systems" // *Fuzzy Systems*, 1997, *Proceedings of the Sixth IEEE International Conference on. IEEE*, Vol. 3, 1997, pp. 1519-1524.

⑦ Trabia, M. B., Kaseko, M. S., Ando, M., "A two-stage fuzzy logic controller for traffic signals", *Transportation Research Part C Emerging Technologies*, 1999, 7 (6), pp. 353-367.

⑧ Takashi, N., Terutoshi, K., "Development of a self-organizing traffic control system using neural network models", *Transportation Research Record*, 1324, *Transportation Reserch Board*, *National Research Counci*, Washington, D. C., 1991, pp. 137-145.

⑨ Foy, M. D., Benekohal, R. F., Goldberg, D. E., "Signal timing determination using genetic algorithms", *Transportation Research Record*, 1992, pp. 108-115.

⑩ Ceylan, H., Bell, M. G. H., "Traffic signal timing optimisation based on genetic algorithm approach, including drivers' routing", *Transportation Research Part B Methodological*, 2004, 38 (4), pp. 329-342.

⑪ He, J. J., Hou, Z. E., "Ant colony algorithm for traffic signal timing optimization", *Advances in Engineering Software*, 2012, 43 (1), pp. 14-18.

⑫ Mitsuru, S., Zhong, F. J., "Artificial neural network-based heuristic optimal traffic signal timing", *Computer-aided Civil and Infrastructure Engineering*, 2000, 15 (4), pp. 293-307.

国内杨佩昆[1]将信号配时的视角从停车线转移到冲突点，称为"冲突点法"。因只适用两相位控制，公式冗繁，交通参数难以获得，不具有实用性。袁春华、史峰[2]等利用可穿越空挡理论来计算信号周期时长。徐冬玲[3]提出了一个模糊神经网络信号配时模型。杨锦冬等[4]利用灰色系统分析来进行信号配时。丁建梅[5]运用车流波动理论计算最短周期时长。

（2）绿信比。绿信比是各相位的有效绿灯时间与周期时长的比值。通常有两种优化思路：一是等饱和度分配；二是不等饱和度分配。

第一，Webster[6]认为若车辆平均延误最小，交叉口总饱和度亦最小。则绿信比与各相位中的交通流量比成比例，将有效绿灯时间平均分配到关键相位得到各相位的绿信比，称为"等饱和度分配"。

第二，Akcelik[7]提出了不等饱和度绿信比计算法，适用于各相位饱和度要求不同状况。SCATS 绿信比优化引入了"类饱和度"的概念，应用余缺调剂实现特殊通行要求，来维持饱和度大致相等；而TRANSYT 系统和 SCOOT 系统则是在等饱和度的基础上，综合考虑受阻排队长度、拥挤程度和延误、停车次数而加以确定。

---

① 杨佩昆、张树升：《交通管理与控制》，人民交通出版社 1995 年版。

② 袁春华、史峰：《利用冲突点的车流特点确定信号控制周期》，《华东交通大学学报》2002 年第 19 卷第 4 期，第 14—16 页。

③ 徐冬玲、方建安、邵世煌：《交通系统的模糊控制及其神经网络实现》，《信息与控制》1992 年第 21 卷第 2 期，第 74—79 页。

④ 同上。

⑤ 丁建梅、王常虹：《基于波动理论的交叉口信号控制参数优化方法》，《哈尔滨工业大学学报》2008 年第 11 期，第 1717—1721 页。

⑥ Webster, F. V., "Traffic signal settings", *Road Research Technical Paper*, 1958, p. 39.

⑦ Reilly, W., "Highway capacity manual 2000", *Transportation News*, 1997, 1（1 - 2），pp. 5 - 7.

上述方法虽有一定的优势与广泛应用，但均没有从车辆在交叉口临近路段系统内的通行效率角度来考虑，而通行效率直接与车辆平均延误、排队长度、停车次数、资源消耗、污染物排放、舒适性目标线性相关，因车辆路段旅行时间分布是路段车辆构成、路段的基本渠化方式、交叉口控制方式以及驾驶人驾驶习惯等因素综合作用的结果，所以以路段旅行时间分布来考虑系统通行效率将更具优势。因而本章将利用电子警察系统记录下来的数字化数据为基础，得出车辆在路段上的旅行时间理论分布，以系统通行效率为目标，同时优化信号周期时长和绿信比两参数。

6.1　路段旅行时间理论分布

假设交叉口前的停车线为下一路段的起始位置，车辆在交叉口内的旅行时间都包含在下一路段的旅行时间中。根据路段前后是否紧邻信号交叉口，将交通网络上的路段分为三种，即（0，1）、（1，0）和（1，1）三种基本路段类型（如图 6 - 1 所示）。1 表示紧邻信号交叉口，0 则相反。这里假设交叉口都是信号交叉口。

（1，0）是路径的最后一段，在这一路段上，旅行时间波动的主要原因是驾驶员的驾驶行为差异性导致旅行时间波动。在该类型路段的旅行时间分布服从对数正态分布的概率密度函数。而（0，1）和（1，1）类型之间的区别主要是（1，1）类型的路段前的流入率是受路段前端信号交叉口的影响，得到流入率的概率密度函数之后的分析方法与（0，1）类型的计算方法是一致的。因而在这里就只简述（0，1）基本路段类型的旅行时间分布方法。

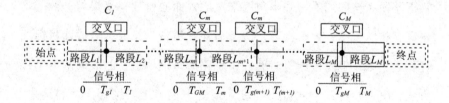

图 6 - 1　路段分类

6.1.1　路段限速影响

假设在无其他影响因数作用下的车辆路段旅行时间服从对数正态分布，其概率密度函数 $f^*(t)$ 为：

$$f^*(t) = \begin{cases} \dfrac{1}{\sigma t \sqrt{2\pi}} \exp\left\{ -\dfrac{1}{2}\left(\dfrac{lnt-\mu}{\sigma}\right)^2 \right\}, t > 0 \\ 0, t \leqslant 0 \end{cases} \tag{1}$$

在限速影响条件下，可以运用具有迁移特征的受限因变量统计模型方法来描述城市道路车辆路段旅行时间分布。旅行时间在区间 $(-\infty, t_0)$ 上的可能性都将迁移到区间 $[t_0, +\infty)$ 上，则迁移后的车辆路段实际旅行时间分布 $f(x)$ 为：

$$f(t) = \begin{cases} 0, if\, t \leqslant t_0 \\ f^*(t) + \dfrac{\displaystyle\int_{x-\delta}^{x+\delta} f^*(\tau)d\tau}{2\delta\displaystyle\int_{t_0}^{+\infty} f^*(\tau)d\tau} \times \displaystyle\int_{-\infty}^{t_0} f^*(\tau)d\tau, if\, t > t_0 \end{cases} \tag{2}$$

其中：δ 为一个足够小的正数；$t_0 = L/v_{\max\_Pan}$；L 是城市道路路段 k 的长度；$v_{\max\_Pan}$ 为路段限速的处罚速度。

6.1.2　信号灯和交通量的影响

将一个信号周期长时间段 $[0, T)$ 均分成 g 个小分段，则每个小分

段的长度为 $S = T/g$ 。整个研究时段被细分，用 $\{i,j\}$ 表示第 i 个周期的第 j 个小分段（ $i = 1,2,\cdots,I;j = 1,2,\cdots,g$ ）。令 $f^{ij}(t)$ 表示在 $\{i,j\}$ 时段进入路段 L 不受交叉口信号灯和路段流量影响的车辆驶过路段时刻可能性的概率密度函数，$f^{ij}(t)$ 的表达式为：

$$f^{ij}(t) = f(t - [(i - 1) \times T + (j - 1) \times S]) \tag{3}$$

I. 未遇排队。交叉口灯相决定了车辆是否通过交叉口，即若遇红灯则需停车等待，且红灯期间到达交叉口前的车辆进入下一路段的可能性被推移到了下一绿灯相初期。设 $f_{kn}^{ij}(t)$ 表示车辆在 $\{i,j\}$ 时段内进入路段 L 而在 $\{k,n\}$ 时段内到达交叉口 C 停车线前的概率密度函数。

$$f_{kn}^{ij}(t) = \begin{cases} f^{ij}(t), t \in ((k - 1) \times T + (n - 1) \times S, (k - 1) \times T + n \times S) \\ 0, t \in others \end{cases}$$

$$\tag{4}$$

在未遇排队情况下，受交叉口信号灯影响，函数 $f^{ij}(t)$ 中在 $\{k, n\}$ 时段到达交叉口 C 停车线前的可能性，都被平移后的车辆驶过路段时刻可能性的概率密度函数 $\bar{f}^{ij}(t)$ 可以表示为：

$$\bar{f}^{ij}(t) = \begin{cases} f_{kn}^{ij}(t), Q_{kn} = 0 \text{ and } n \leqslant b, (k - 1) \times T + (n - 1) \times S \leqslant \\ t < (k - 1) \times T + n \times S \\ f_{(k+1),1}^{ij}(t) + \dfrac{1}{S} \displaystyle\int_{(k-1) \times T + (n-1) \times S}^{(k-1) \times T + n \times S} f_{kn}^{ij}(t) dt, Q_{kn} = \\ 0 \text{ and } n > b, k \times T \leqslant t < k \times T + S \\ 0, Q_{kn} = 0 \text{ and } n > b, (k - 1) \times T + (n - 1) \times S \leqslant \\ t < (k - 1) \times T + n \times S \\ \bar{f}^{ij}(t), t \in others \end{cases}$$

$$\tag{5}$$

式（5）需对各个 $\{k,n\}$ 时段采用 $\{k,n\}$ 逆序方式进行平移（ $k=I$, $I-1,\cdots,1;n=g,g-1,\cdots,1$ ）。平移后的车辆驶过路段时刻的概率密度函数仍然都用 $\bar{f}^{ij}(t)$ 表示。起始时，令函数 $\bar{f}^{ij}(t)=0$ 。

Ⅱ. 遇到排队。排队消散后车辆才能在绿灯相通过交叉口。此时，车辆在 $\{k,n\}$ 小分段到达交叉口 C 停车线前通过交叉口的可能性被平移后的车辆驶过停车线的可能性概率密度函数 $\bar{f}^{ij}(t)$ 为：

$$\bar{f}^{ij}(t) = \begin{cases} f^{ij}_{k'n'}(t) + \dfrac{1}{S}\displaystyle\int_{(k-1)\times T+(n-1)\times S}^{k\times T+n\times S} f^{ij}_{kn}(t)dt, Q_{kn}>0 \text{ and } n \le b, t \in \{k',n'\} \\[2ex] 0, Q_{kn}>0 \text{ and } n \le b, t \in \{k,n\} \\[2ex] f^{ij}_{k'n'}(t) + \dfrac{1}{S}\displaystyle\int_{(k-1)\times T+(n-1)\times S}^{k\times T+n\times S} f^{ij}_{kn}(t)dt, Q_{kn}>0 \text{ and } n > b, t \in \{k',n'\} \\[2ex] 0, Q_{kn}>0 \text{ and } n > b, t \in \{k,n\} \\[2ex] f^{ij}_{kn}(t), t \in others \end{cases}$$

$$(6)$$

其中： $k'=k,n'=n+floor(Q_{kn}\times \tilde{h}/S)$ （若 $Q_{kn} \le (b-n)\times S \times u$ ）或 $k'=k+floor((Q_{kn}-(b-n)\times S \times u)/V)+1$, $n'=floor((mod((Q_{kn}-(b-n)\times S \times u),V)\times h)/S)$ 若 $(floor((Q_{kn}-(b-n)\times S \times u)/V) \ge 0)$ ； $k'=k+floor(Q_{kn}/V)+1$, $n'=floor((mod(Q_{kn},V)\times h)/S)$ 。并用 $t \in \{k,n\}$ 表示 t 取 $\{k,n\}$ 时段的任意值。式（6）要对每一个 $\{k,n\}$ 时段都进行这样的平移（ $k=I,I-1,\cdots,1;n=g,g-1,\cdots,1$ ），并采用 $\{k,n\}$ 的逆序方式进行，平移后的车辆驶过路段时刻可能性的概率密度函数都用 $\bar{f}^{ij}(t)$ 表示。 Q_{kn} 为 $\{k,n\}$ 时段内的排队车辆数， $\tilde{h}$ 为平均车头时距（可取 2.5s）， b 为绿灯时长包含的小分段数 $b=floor(T_g/S)$, V 为每个信号绿灯时间内能通过的最大车辆数 $V=floor(T_g/\tilde{h})$, u 为每个周期绿

灯相的交通量流出率 $u = V/T_g$。

假设在 $\{i,j\}$ 时段进入路段的车辆数所占权重 ξ_{ij} 为 $\xi_{ij} = N_{ij}/N_z$，N_{ij} 为 $\{i,j\}$ 时段进入路段 L 的交通量，N_z 为研究时期的总交通量。车辆驶过路段时刻可能性的概率密度函数 $\bar{f}^{ij}(t)$ 向左平移 $(i-1) \times T + (j-1) \times S$ 个单位，就得到在 $\{i,j\}$ 时段进入路段 L 受交叉口信号灯和交叉口排队车辆影响的车辆路段旅行时间概率密度函数 $\bar{f}^{ij}\{t + [(i-1) \times T + (j-1) \times S]\}$。因此，研究时段内受信号灯和路段流量影响的车辆路段期望旅行时间概率密度函数 $\tilde{f}(t)_L$ 为：

$$\tilde{f}(t)_L = \sum_{i=1}^{l} \sum_{j=1}^{g} \xi_{ij} \times \bar{f}^{ij}\{t + [(i-1) \times T + (j-1) \times S]\} \quad (7)$$

6.2　几个旅行时间测度

面对波动的旅行时间环境，不同道路使用者将选择不同的择路标准。对风险中立用户，期望旅行时间（Mean Travel Time，MTT）是他们的路径选择准则。Lo[1]（2006）指出风险规避用户，注重旅行时间的可靠性，因此提出了旅行时间预算（Travel Time Budget，TTB）作为路径选择准则。Chen[2]（2010）考虑旅行时间可靠和不可靠两方面，将超出期望旅行时间（Mean - excess Travel Time，METT）作为用户路径选择准则，他将旅行时间超出相应路径的 TTB 的条件期望值

---

① Lo, H. K., Luo, X. W., Siu, B. W. Y., "Degradable transport network: travel time budget of travelers with heterogeneous risk aversion", *Transportation Research Part B*, 2006, 40 (9), pp. 792 – 806.

② Chen, A., Zhou, Z., "The a – reliable mean – excess traffic equilibrium model with stochastic travel times", *Transportation Research Part B*, 2010, 44 (4), pp. 493 – 513.

定义为超出期望旅行时间（METT）。本节将采用超出期望旅行时间和旅行时间预算准则分别作为用户路径选择准则，进行交叉口信号参数优化分析。

设 t_m 为路段 L_m 上的随机旅行时间，ξ_m 为路段 L_m 上 α 可靠度需求下的旅行时间预算。则根据超出期望旅行时间的定义，路段 L_m 上的超出预算旅行时间的期望为：

$$\eta_m(\alpha) = E[t_m \mid t_m \geq \xi_m(\alpha)], \forall m \tag{8}$$

其中旅行时间预算为：

$$\xi_m(\alpha) = min\{\xi \mid Pr(t_m \leq \xi) \geq \alpha\}, \forall m \tag{9}$$

路段旅行时间的概率密度函数 $f(t_m)$ 已知，则 $\eta_m(\alpha)$ 为：

$$\eta_m(\alpha) = E[t_m \mid t_m \geq \xi_m(\alpha)]$$

$$= \int_{\xi_m(\alpha)}^{+\infty} t_m \times \frac{f(t_m)}{Pr[t_m \geq \xi_m(\alpha)]} d(t_m)$$

$$= \frac{1}{1-\alpha} \int_{\xi_m(\alpha)}^{+\infty} t_m \times f(t_m) d(t_m), \forall m \tag{10}$$

6.3 交叉口信号参数优化方法

本节将采用路段旅行时间理论分布以及超出期望旅行时间和旅行时间预算准则，利用十字型网络（如图 6-2 所示）来研究交叉口的信号参数优化问题。这里只考虑通过信号相位排除了交叉口内交通流间交叉冲突之后的信号周期时长和绿信比参数优化（交通流间可以含有分流、合流冲突点）。十字型网络包括 5 个节点、4 条路段、4 条路径、4 个 OD 对（$r_1 s_1$、$r_1 s_2$、$r_2 s_1$、$r_2 s_2$），对应的交通需求分别用 $q_{r_1 s_1}$、$q_{r_1 s_2}$、$q_{r_2 s_1}$、$q_{r_2 s_2}$ 表示，满足 $q_{r_1 s_1} + q_{r_1 s_2} + q_{r_2 s_1} + q_{r_2 s_2} = q$，包含一个信号交叉口 C_1（如图 6-2 所示）。路段属性见表 6-2。车辆通过该交通网络中路段的平均速度为 48km/h，处罚速度为 55km/h。信号交叉口 C_1 的信号周期为 T，采用两相位控制，其中右转不受信号灯控制。相应的信号相位如图 6-3 所示。相位一的绿信比为 λ_1，相位二的绿信比为 λ_2，满足 $\lambda_1 + \lambda_2 = 1$。其中讫点 s_1 和 s_2 都作为虚拟的交叉口处理，信号周期都为 1min，绿信比都为 1。

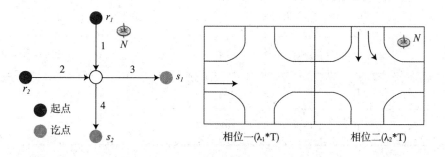

图 6-2　十字型网络　　图 6-3　交叉口 C_1 的信号相位

首先使用第 2 章介绍的方法，在已知交通需求 $q_{r_1 s_1}$、$q_{r_1 s_2}$、$q_{r_2 s_1}$、$q_{r_2 s_2}$、信号周期为 T、绿信比为 λ_1 的情况下，计算 4 条路段上的车辆路段旅行时间分布，再计算超出期望旅行时间和旅行时间预算准则值，最后用路段上的交通流量乘以路段的超出期望旅行时间或旅行时间预算准则值，就能得到相应测度下的系统总旅行时间。通过改变交通需求、信号周期和绿信比参数，可以得到不同参数下的系统总旅行时间，从而可以找到一定交通需求下，最优的信号周期为 T、绿信比 λ_1 参数值。

因而，交叉口信号参数优化方法可以用以下优化模型来表达：

$$\text{Min } q_{L_i} \times t_{L_i} \tag{11}$$

$$s.\,t.\,T \in [0,180]$$

$$\lambda_1 \in (0,1)$$

$$\lambda_1 + \lambda_2 = 1$$

这里 q_{L_i} 表示路段交通流量，t_{L_i} 表示旅行时间测度。一维搜索方法可用于该优化模型的求解。

表 6 – 1   路段属性

路段号	零流时间/min	方差	通行能力/pcu	前端出口车道数	后端进口车道数
1	1.8	0.05	1800	2	2
2	2.0	0.05	2000	2	2
3	1.2	0.05	2000	2	1
4	1.3	0.05	2300	2	1

6.3.1 信号周期时长变化影响

令路段 1 和路段 2 所占流量比分别为总交通需求 q 的 0.4 和 0.6，路段 3 和路段 4 所占流量比都为 0.5，信号交叉口 C_1 绿信比为 0.5。当交叉口 C_1 的信号周期时长变化时，该网络的超出期望旅行时间（METT）、期望旅行时间（MTT）和传统用户模型的用户总旅行时间见表 6 – 2。表 6 – 2 还给出了相应参数下的 Vissim 仿真结果，不同信号周期对应的系统用户总旅行时间见表 6 – 3，交叉口信号周期对交通网络总旅行时间的影响趋势如图 6 – 4 所示。

表 6 - 2　　　　　　　不同信号周期时长下的系统总旅行时间

交通需求/ cpu/h	信号周期时长/ min	0.5	1.0	1.5	2.0	2.5	3.0	3.5	4.0	5.0
2500	METT/ min	19260.81	11989.87	10536.31	11056.28	11247.34	11770.08	12217.8	12885.24	13103.81
	MTT/ min	12972.3	9009.35	8926.82	8979.17	9134.52	9282.38	9362.49	9510.34	9693.87
	仿真/ min	10397.86	9551.92	9705.9	9870.2	10014.15	10215.66	10424.35	10670.41	10746.15
	UE/min	9778.44								
2000	METT/ min	8442.07	8184.59	8297.28	8625.725	8733.334	9033.04	9307.24	9636.44	9941.18
	MTT/ min	7162.97	6953.45	7024.56	7107.85	7220.13	7311.68	7394.8	7511.09	7617.79
	仿真/ min	7422.26	7623.97	7639.97	7716.96	7850.08	7981.34	7983.84	8186.61	8324.1
	UE/min	9619.95								
1500	METT/ min	5867.47	6010.31	6188.28	6374.37	6570.9	6773.72	6894.55	7071.44	7313.82
	MTT/ min	5097.32	5160.55	5222.51	5289.25	5355.86	5421.11	5516.84	5588.19	5678.44
	仿真/ min	5436.61	5505.19	5557.63	5688.67	5754.75	5812.38	5898.93	5989.49	6029.43
	UE/min	9563.47								

注：标有实线下划线的为最大值，虚线下划线为最小值，下同。

表 6 – 3   绿信比变化对系统总旅行时间的影响

交通需求/cu/h	绿信比	0.2	0.3	0.4	0.5	0.6	0.7	0.8
2500	METT/min	82857.85	32361.09	16770.99	10536.31	10696.67	16086.77	63640.41
	MTT/min	63455.46	23341.03	10827.80	8926.82	8946.61	11684.30	42926.29
	仿真/min	19565.38	15643.00	10820.26	9782.43	9815.41	9955.87	18797.52
	UE/min	9778.440						
2500	METT/min	55531.13	18335.73	8515.96	8297.28	8370.34	8729.47	31534.99
	MTT/min	36357.22	12010.12	7082.70	7024.56	7062.97	7190.58	22239.39
	仿真/min	15242.23	8426.85	7666.24	7650.07	7658.93	7718.78	10178.71
	UE/min	9619.95						
2500	METT/min	19958.92	7020.02	6192.42	6188.28	6271.66	6282.92	11028.96
	MTT/min	18175.10	5378.79	5230.17	5222.51	5270.66	5317.59	8803.22
	仿真/min	8781.71	5645.14	5590.59	5551.08	5586.67	5613.47	5762.55
	UE/min	9563.47						

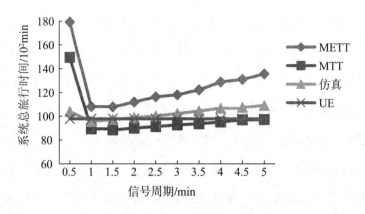

（a）$q = 2500\text{pcu/h}$

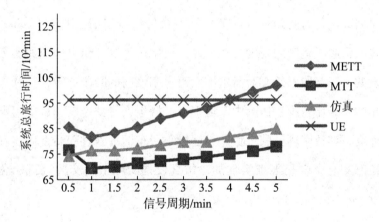

（b）$q = 2000\text{pcu/h}$

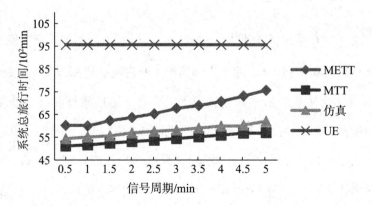

（c）$q = 1500\text{pcu/h}$

图 6-4　不同信号周期时下的系统总旅行时间变化趋势

从表6－2可以看出，交通量较大（q＝2500 pcu/h）时，信号周期1.5 min 为最佳周期，能达到系统最优；交通量中等（q＝2000 pcu/h）时，最佳信号周期为1 min；交通量较小（q＝1500 pcu/h）时，最佳信号周期为0.5 min。由上可知，交通量较大时，增加信号周期时长能提高通行能力，但是到了一定程度后，延误时间增长更快，因而，最佳信号周期能使得系统总的用户旅行时间最短。值得注意的是，当交通系统承载中等交通需求（q＝2000pcu/h）时，Vissim仿真达到系统最优时的信号周期长度为0.5 min，而通过超出期望旅行时间或旅行时间预算准则值计算的最优信号周期长度为1 min，这一现象引起了笔者的高度关注。这一现象是Vissim仿真采取跟驰模型引发的，当路段上的交通需求不大时，车辆间的间距比较大，前车对后车的影响比较小，仿真中车辆都会保持最大行驶速度和最大可能的加速度，导致车辆行驶过程差异性极小。车辆行驶过程高度同步在实际道路交通流中是很难实现的，仿真仅是实际道路交通流理想化的展示。

6.3.2 绿信比变化影响

交叉口 C_1 的信号周期时长 T_1 ＝1.5min，路段1和路段2所占流量比分别为0.4和0.6，路段3和路段4所占流量比都为0.5，交叉口 C_1 的绿信比从0.2依次递增至0.8，系统总用户旅行时间变化如表6－4所示；系统总用户旅行时间随绿信比的变化趋势如图6－5所示。

由上可知当绿信比等于0.5时，系统用户总旅行时间最短，达到系统最优。0.5为当前交通需求下交叉口的最佳绿信比，图6－5也说明不合适的信号绿信比将会使得系统用户旅行时间激增，造成交通拥堵等问题。

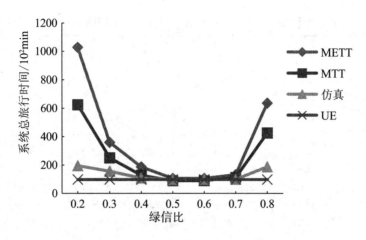

（a）q = 2500pcu/h

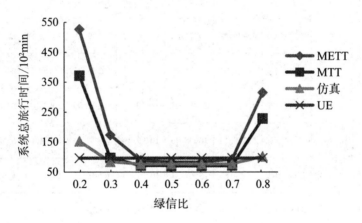

（b）q = 2000pcu/h

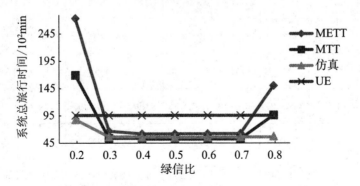

（c）q = 1500pcu/h

图 6 - 5　系统用户总旅行时间随绿信比变化趋势

表 6 – 4   信号配时对系统总旅行时间的影响（$q = 2500\text{pcu/h}$）

项目	绿信比 周期 时长/ min	0.2	0.3	0.4	0.5	0.6	0.7	0.8
METT/ mim	0.5	238101.17	98142.15	53919.13	17863.52	28120.54	68740.37	187827.12
	1.0	141187.91	52720.45	24482.67	11372.25	10743.66	31560.93	94917.44
	1.2	113513.97	41624.63	20472.57	10598.23	10532.78	23864.58	92658.47
	1.3	97188.76	36242.71	18441.97	10497.00	10607.83	22554.78	67902.93
	1.4	108738.09	42426.22	19774.88	10699.07	10570.95	20259.05	82760.05
	1.5	88196.88	37232.02	13485.76	10756.61	10735.37	16159.72	68802.77
	1.6	83483.95	40912.12	19051.05	10637.28	10801.09	20524.27	58666.99
	1.7	87323.107	34215.18	16905.76	10799.19	10822.34	16661.67	65507.88
	1.8	77068.02	33324.56	13567.27	10724.64	10768.31	16274.74	57837.58
	2.0	83031.05	28549.78	14989.64	10948.92	11070.59	13120.78	56140.04
	2.5	69443.28	28964.44	11308.09	11151.59	11327.38	11800.43	43719.48
	3.0	58696.54	23304.46	12650.58	11770.08	11802.77	14002.07	41220.50
MTT/ mim	0.5	140354.74	59767.20	35739.748	13666.62	19651.06	45307.81	114687.87
	1.0	86529.90	36736.53	17715.38	9429.77	9019.00	22306.03	62307.20
	1.2	73179.72	29270.27	14942.84	8945.21	8912.26	16270.19	61273.67
	1.3	65978.48	25347.15	13005.20	8874.33	8962.24	15761.51	46801.03
	1.4	76614.13	29370.37	14113.39	8958.79	8935.43	13710.40	56551.79

续　表

项目	绿信比 周期 时长/ min	0.2	0.3	0.4	0.5	0.6	0.7	0.8
MTT/ mim	1.5	59770.30	26238.39	10508.79	8981.29	8995.99	11769.04	45742.58
	1.6	56744.93	28766.64	13744.81	8948.68	9034.44	14191.53	40812.15
	1.7	58615.73	22813.96	11951.06	8991.28	9031.42	11987.79	44610.97
	1.8	53516.39	22327.37	10463.69	8946.32	9032.96	11608.68	39139.59
	2.0	59229.13	17750.16	11072.09	9055.02	9116.76	10038.74	37605.14
	2.5	47160.06	18241.59	9243.17	9120.66	9266.30	9613.72	27767.39
	3.0	42362.08	15389.29	9287.09	9282.38	9363.78	9709.47	25292.25

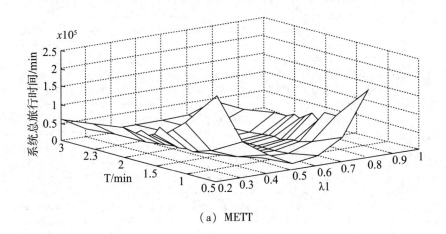

（a）METT

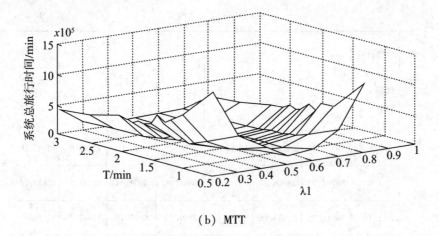

（b）MTT

图 6-6   系统用户总旅行时间随信号配时变化趋势（$q = 2500$pcu/h）

表 6-5   信号配时对系统总旅行时间的影响（$q = 2000$pcu/h）

项目	绿信比 周期 时长/ min	0.2	0.3	0.4	0.5	0.6	0.7	0.8
METT/ mim	0.5	132190.60	61118.05	23973.92	8520.53	12516.92	33768.75	105897.32
	0.6	<u>179199.83</u>	41619.01	22528.03	8605.50	8654.38	22064.83	142120.06
	0.7	91453.43	47965.88	18061.39	8027.11	8582.4	32238.34	62082.05
	0.8	92821.58	35315.04	10619.02	8114.41	8062.57	20416.88	75635.09
	0.9	67363.68	33912.20	12074.44	8054.35	8081.63	15865.30	52420.91
	1.0	87973.99	25521.78	11990.33	8145.62	8226.52	14083.37	59870.91
	1.1	59424.70	26027.52	8688.76	8146.90	8160.75	11521.43	43805.52
	1.5	51914.77	15590.55	8546.88	8359.08	8410.58	8602.41	35334.89
	2.0	46102.04	14425.36	8712.57	8625.72	8688.02	8804.53	25062.47
	2.5	36833.43	13497.90	8770.10	8733.33	9026.43	9005.98	24443.57
	3.0	30088.43	12391.57	9023.01	9033.04	9251.72	9403.11	20379.68

续　表

项目	绿信比 周期 时长/ min	0.2	0.3	0.4	0.5	0.6	0.7	0.8
MTT/ mim	0.5	77122.15	37925.94	16224.68	7185.18	9535.02	22519.26	62819.34
	0.6	<u>110957.04</u>	27829.08	15441.53	7267.39	7281.98	15431.39	87776.82
	0.7	57631.82	30914.38	12962.03	6914.64	7159.65	21652.39	40017.00
	0.8	59080.95	22838.70	7943.05	6957.07	6940.55	14146.65	49878.90
	0.9	44881.52	23278.01	9107.88	6921.87	6953.22	11848.19	34783.23
	1.0	54735.17	17654.37	8628.33	6968.87	7000.11	10072.56	40681.88
	1.1	40999.65	17844.62	7246.08	6956.06	6990.64	9017.97	30057.49
	1.5	36061.8	11163.01	7122.71	7040.50	7079.07	7210.41	24072.99
	2.0	30470.03	9809.13	7174.42	7107.85	7183.61	7316.93	15482.70
	2.5	22843.29	8341.44	7260.46	7220.13	7307.83	7410.74	13284.98
	3.0	21418.09	8343.99	7295.05	7311.68	7417.92	7588.23	12134.01

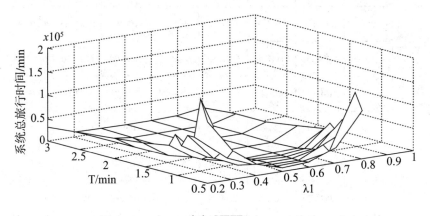

（a）METE

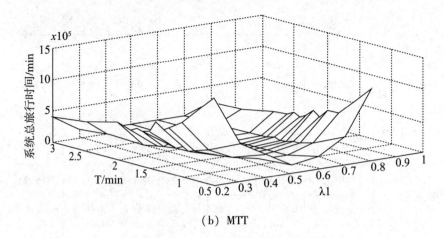

（b）MTT

图 6 - 7　系统用户总旅行时间随信号配时变化趋势（$q = 2000$pcu/h）

表 6 - 6　　信号配时对系统总旅行时间的影响（$q = 1500$pcu/h）

项目	绿信比 周期 时长/ min	0.2	0.3	0.4	0.5	0.6	0.7	0.8
METT/ mim	0.4	48396.38	56911.54	18090.56	7674.33	6463.41	35879.66	42407.24
	0.5	75205.99	28609.61	11192.14	5848.71	6050.81	13801.31	55466.29
	0.6	97228.08	16262.49	6637.75	5857.35	5959.73	6660.80	68361.61
	0.7	42421.20	25838.38	8727.73	5929.76	6006.91	10249.18	26666.90
	1.0	41058.58	10437.56	6071.85	6040.28	6068.28	6283.50	27078.72
	1.5	24641.97	6613.24	6193.96	6209.03	6238.71	6307.03	14383.57
	2.0	16962.77	7296.04	6429.32	6374.37	6465.65	6519.74	9905.05
	2.5	18601.55	6617.91	6542.86	6570.90	6675.46	6722.32	7223.34
	3.0	12474.23	6806.28	6665.41	6773.72	6884.62	6934.96	7678.03

项目	绿信比 周期 时长/ min	0.2	0.3	0.4	0.5	0.6	0.7	0.8
MTT/ mim	0.4	28226.91	34221.19	11831.90	6142.32	5405.08	23242.45	26016.25
	0.5	46033.695	18256.03	8818.87	5093.72	5187.48	10332.95	34964.53
	0.6	61316.89	11845.71	5502.79	5104.90	5151.81	5532.32	41587.96
	0.7	27411.82	17394.18	6704.27	5115.12	5172.04	7534.94	17261.48
	1.0	27536.37	7441.21	5190.53	5162.36	5188.46	5327.00	18634.76
	1.5	16823.64	5434.97	5222.96	5234.74	5263.69	5315.04	9790.72
	2.0	12927.52	5409.09	5317.31	5296.72	5340.64	5427.42	5850.98
	2.5	9813.75	5447.79	5361.42	5377.81	5429.94	5482.02	5731.92
	3.0	6896.95	5487.52	5443.87	5421.11	5504.12	5618.24	5832.72

6.3.3　绿信比变化影响信号配时

影响力较深的 TRRL 法、ARRB 法、HCM 法无一例外都是先确定最佳信号周期时长，再定绿信比，显然信号周期时长和绿信比之间并非相互独立，因而本章以系统总旅行时间为优化目标，同时对信号周期时长和绿信比进行优化。表 6 − 7 至表 6 − 8 为不同交通需求下信号配时对系统总旅行时间的影响，图 6 − 8 为其影响趋势（T 表示信号周期时长，λ_1 为相位一的绿信比）。标虚线的值为最优值，对应的分别为最佳信号周期和最佳绿信比，标实线的值为效果最不理想值。

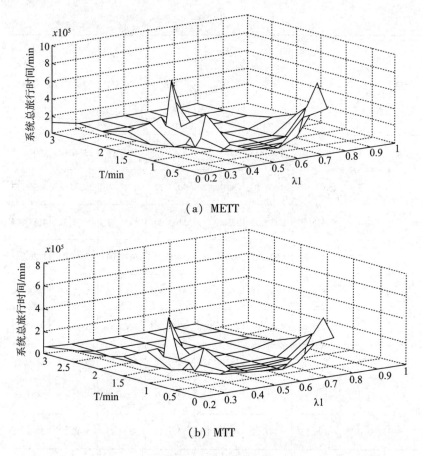

（a）METT

（b）MTT

图 6 – 8　系统用户总旅行时间随信号配时变化趋势（$q = 1500$pcu/h）

6.3.4　对比分析

将广泛应用的 TRRL 方法、ARRB 方法、HCM 方法以及本章提出来的 TTD – METT 方法和 TTD – MTT 法进行对比，分别用这些方法计算出最优信号周期时长和绿信比（见表 6 – 7）。再依据这些方法得到的最优信号周期时长和绿信比进行仿真，得到每种信号周期时长和绿信比下的仿真车辆总停车延误、总旅行时间、最大排队长度和停车次数。考虑到 HCM 方法得到的信号周期时长偏短（交通需求为 2000pcu/h 时，信号周期时长为 18 秒；交通需求为 1500pcu/h 时，信号周期时长为 12 秒），大幅度小于 TRRL 方法、ARRB 方法，以及本章提出来的 TTD – METT 方法和 TTD – MTT 法所确定的信号周期时长，因而只列出了 HCM 方法确定的信号周期时长和绿信比下的总停车延误、总旅行时间、最大排队长度和停车次数仿真结果，其结果不参与比较。

表 6 – 7　　　　　　　　　　5 种信号配时方法对比结果

交通需求/ pcu/h	项目	TRRL	ARRB	HCM	TTD – METT	TTD – MTT
2500	T / s	84	93	36	78	78
	λ_1	0.6	0.6	0.6	0.5	0.5
2000	T / s	42	46	18	42	42
	λ_1	0.6	0.6	0.6	0.5	0.5
1500	T / s	28	31	12	30	30
	λ_1	0.6	0.6	0.6	0.5	0.5

注：其中，λ_1——路段 1 的绿信比，T——信号周期时长。

表 6 – 8　　　　　　　　几种信号配时方案下的仿真结果对比

交通需求/ pcu/h	评价项目	TRRL	ARRB	HCM	METT	相对于 TRRL/%	相对于 ARRB/%
2500	总停车延误 / h	6.924	7.631	3.451	6.361	8.85	19.97
	总旅行时间/ h	165.19	165.67	160.04	164.19	0.61	0.90
	最大排队长度/ m	235	189	118	235	0.00	− 19.57
	停车次数	2282	2155	1826	2044	11.64	5.43

续　表

交通需求/pcu/h	评价项目	TRRL	ARRB	HCM	METT	相对于TRRL/%	相对于ARRB/%
2000	总停车延误/h	2.22	2.62	1.25	1.99	11.59	31.9
	总旅行时间/h	126.01	125.98	124.99	125.63	0.30	0.28
	最大排队长度/m	98	104	106	112	−12.50	−7.14
	停车次数	1154	973	1414	1036	11.39	−6.08
1500	总停车延误/h	1.059	1.129	0.614	0.923	14.73	22.32
	总旅行时间/h	91.78	91.83	91.30	91.49	0.31	0.37
	最大排队长度/m	66	66	91	67	−1.49	−1.49
	停车次数	663	655	741	557	19.03	17.59

注：表中第6、7列中正数表示本章方法优于其他方法，否则反之。

由上可知，本章提出的方法与 TRRL 法和 ARRB 法相比能明显降低系统总停车延误，与 TRRL 法相比能降低 8.85%—14.73% 的总停车延误，与 ARRB 法相比能降低 19.97%—31.94% 的总停车延误；同时能节约系统总旅行时间，与 TRRL 法相比节约 0.3%—0.61%，与 ARRB 法相比能节约 0.28%—0.90%；除此之外，能大幅度降低总停车次数，与 TRRL 法相比降低 11.39%—19.03%，与 ARRB 方法相比降低 5.43%—17.59%，当然随之带来的弊端便是小幅度增大了最大排队长度。

6.4　结论

本章基于经过电子警察系统的数字化数据验证了的路段旅行时间分布计算方法，提出了交叉口信号参数优化方法，该方法建立了优化结果与城市道路限速、交通信号灯、路段流量等因素间的直接因果关系。相比国际上通用的英国 TRRL 法、澳大利亚 ARRB 法、美国 HCM 法都将信号周期和绿信比视作相互独立的，忽略了两者之间的联动性。本章利用路段旅行时间分布，以系统总旅行时间为优化目标，对交叉口信号周期和绿信比同时进行优化。通过仿真和 TRRL 方法、ARRB 方法对比发现本章方法能降低系统总延误、减少停车次数、节约系统总旅行时间，充分展示了该方法的优势。

第7章 信号交叉口控制时段划分 *

本章摘要：数据驱动的信号交叉口控制时段划分方法［Smith, Scherer 等, Computer – Aided Civil and Infr – astructure Engineering 17 (2002) 387 – 395］被重新审视，加入了 β 测度。针对驾驶行为差异性对车辆路段旅行时间的扰动，建立了从交叉口交通流结构、交叉口渠化及相位方案、交叉口控制参数到车辆路段期望旅行时间之间的多对多映射关系。以此为基础，定义了 β 测度、相同交叉口交通流结构、交叉口渠化及相位方案下，两交叉口控制参数的等效和优于关系。进而定义了相同交叉口渠化方案下，两不同交通流结构在 β 测度、信号参数调整下的可调和与不可调和关系；以及两不同的交通流结构在 β 测度、交叉口渠化和信号参数调整下的可调和与不可调和关系。采用车辆路段期望旅行时间的标准差来衡量交通流量采集长度的适宜性，通过适宜长度时间段内交通流结构下最优控制参数的 K 均值聚类，和一次聚类后的车辆路段期望旅行时间 β 测度下的两次聚类后，

＊ 本章内容已经整理成论文 "Determining Time – of – Day Break Points By Optimal Timing Parameters Under β – Measurement"，并已经投稿。下一步，将把这部分内容深化后，申请一个新专利——" β 测度下信号交叉口控制时段划分技术"。

得到了信号交叉口控制时段划分，使潜在的划分控制效率提升了 42%
且流程更加标准化。

　　交叉口交通控制应对变化的交通需求，有两种主要的思路：一种
是从交叉口历史的交通状态数据中，寻找到比较稳定的交通状态模
式，然后针对这些稳定的交通模式，在其对应的时段上优化信号控制
参数，这种思路对应着交叉口固定信号控制。另一种思路是在交叉口
附近加装地面感应线圈、视频或实现车地通信，收集实时交通信息，
实现交叉口信号自适应控制（Papageorgiou，Diakaki，Dinopoulou，et
al. [1]，2003）。无论是固定信号控制参数优化，还是自适应控制绿灯
上下限的确定，都需要把较为稳定的交通状态识别出来，划分出不同
的交叉口控制时段（Kosmatopoulos，Papageorgiou，Vakouli，et al. [2]，
2007）。Smith、Scherer 等人[3]早在 2002 年就提出了数据驱动的信号交
叉口控制时段划分框架，这一框架包括按推荐的 15 分钟时间长度对
交通流状态矢量数据进行统计，然后按照交通流状态矢量欧式距离标
准、聚类划分一天当中的控制时段，最后按照聚类后的 90% 分位交通
流量进行信号参数优化。由于该方法聚类依据是交通状态向量，其并
不关联交通控制的直接目标，如车均旅行时间、车辆的平均排队长度
等。况且交通流状态既包含交通流总量的大小，也包括交通流流向结

---

　　① Papageorgiou, M., Diakaki, C., Dinopoulou, V., "Review of road traffic control strategies", *Proc. IEEE*, 2003, 91, pp. 2043 – 2067.

　　② Kosmatopoulos, E. B., Papageorgiou, M., Vakouli, A., "Adaptive fine tuning of nonlinear control systems with application to the urban traffic control strategy", *IEEE Transaction Control System Technological*, 2007, 15, pp. 991 – 1002.

　　③ Kosmatopoulos, E. B., Papageorgiou, M., Vakouli, A., "Adaptive fine tuning of nonlinear control systems with application to the urban traffic control strategy", *IEEE Transaction Control System Technological*, 2007, 15, pp. 991 – 1002.

构的变化，按照聚类后的 90% 分位交通流量的最优信号参数未必是该类中每个 15 分钟时间长度交通流结构的最优信号参数，因而可能导致聚类后优化的信号参数控制效果不佳。已有的研究方法（Hauser&Scherer[①]，2001；Park et al. [②]，2003；Smith et al. [③]，2002；Wang et al. [④]，2005）都遵循这一思路：依据交通流状态向量，去聚合时间上相依的统计时段，每个聚合时区内用统一的、固定的信号控制参数控制，以减少控制参数调整费用。既然信号交叉口控制时段划分的最终结果是在划分时区内使用固定的、单一的信号控制参数控制，那么为什么不用 15 分钟统计时段上的最优控制参数聚类呢？自从韦伯斯特建立了基于饱和度的信号参数优化方法（Webster[⑤]，1958）后，以此为基础发展了许多软件工具，如 SYNCHRO（Husch and Albeck[⑥]，2004），TRANSYT - 7F（Hale[⑦]，2005），PASSER（TTI[⑧]，2002）等，都能实现由 15 分钟统计时段交叉口交通流向量，

① Hauser，T. A.，Scherer，W. T.，"Data mining tools for real - time traffic signal decision support & maintenance"，In *Systems*，*Man and Cybernetics*，2001，*IEEE International Conference*，2001，3，pp. 1471 - 1477.

② Park，B.，Lee，D.，Yun，I. H.，"Enhancement of time of day based traffic signal control". In *Systems*，*Man and Cybernetics*，2003，*IEEE International Conference*，2003，4，pp. 3619 - 3624.

③ Smith，B. L.，Scherer，W. T.，Hauser，T. A.，Park，B. B.，"Data - driven methodology for signal timing plan development：Acomputational approach"，*Computer _Aided Civil and Infrastructure Engineering*，2002，17，pp. 387 - 395.

④ Wang，X.，Cottrell，W.，Mu，S.，"Using k - means clustering to identify time - of - day break points for traffic signal timing plans"，In *Intelligent Transportation Systems*，*Proceedings*，2005 *IEEE*，pp. 586 - 591，Vienna，Austria.

⑤ Webster，F. V.，"Traffic signal settings"，*Department of Scientific and Industrial Research Road Research Laboratory*，1958.

⑥ Husch，D.，and Albeck，J.，"Trafficware synchro 6 user guide"，*Trafficware*，Albany，*California*，*USA*，2004.

⑦ Hale，D.，"traffic network study tool - transyt - 7F"，*United States Version. McTrans Center*，*University of Florida*，*Gainesville*，*USA*，2005.

⑧ TTI. "PASSER V"，*Texas Transportation Institute*，*College Station*，*Texas*，*USA*，2002.

找出其最优的控制参数。如果使用最优控制参数聚类，至少存在以下两方面的问题：（1）适合的交通流统计时长是多少？它既能区分一天内按这种时长统计交通流状态的变化，又能反映不同天同一时间段交通流的稳定性，还能体现聚类后的交通流状态具有的一致性；（2）怎样度量这些变化、稳定性和一致性。这两点在视频计算机处理技术的成熟和普及，尤其是当基于车联网的车车通信、车地通信技术发展成熟之后，交叉口交通流量数据的获取变得十分简便，能采集的交通信息由定点信息转变成路段线信息，乃至道路网面信息后，需要发展新信息条件下的交叉口控制时段自动划分技术和控制时段适宜性诊断技术，而一般的信号参数优化软件工具并不具有这项功能。本章将以智能交通视频卡口数据或交叉口进口道停车线后线圈数据为基础，以交叉口周边进口路段上的车辆总旅行时间最小为目标，研究 β 测度下，基于优化控制参数二次聚类的交叉口控制时段划分方法，解决原始数据收集适宜长度衡量指标和控制时段划分效果度量两问题，使研究成果既能测度交叉口交通流高峰时区的控制时段划分的效果，也适合控制时段适宜性诊断，使控制时段划分过程标准化。

不同时期、国家的研究者（Festin[1]，1996；Roess and Prassas[2]，2004；Wang et al. [3]，2015）利用不同地域的交通数据，通过交通流模式的可变性或可变性系数指标（Variations or coefficients of variations of daily traffic patterns）证实，在区分周工作日和周休息日之后，交通

①　Festin, S. M., "Summary of national and regional travel trends 1970 – 1995", *Technological Report*, 1996.

②　Roess, R. P., Prassas, E. S., McShane, W. R., "Traffic engineering", *Prentice - Hall*, 2004, 3rd edition.

③　Wang, Y., Wang, D., Yang, C., et al., "Phase – based repetitiveness and pattern classification of urban traffic flow data", *14th ITS Asia Pacific Forum*, 2015.

流模式的波动在可接受的范围内，合理划分控制时区，用不同的固定信号区别控制一天中高峰时期、低峰时期的交通流的方法合理、可行。Hauser 和 Scherer① 考虑了用数据挖掘的方法确定控制时区转换点；Smith 和 Scherer② 提出了计算机自动识别控制时段区间框架；Brian 等③通过最小化控制区域内统计时段距离和最大化控制区域距离优化控制时段划分；Wong 和 Woon④ 用聚类算法估计控制时段，并在每个控制时段上优化信号控制参数；Guo 和 Zhang⑤ 把交通流发生的时间维度也纳进了控制时段优化中，并用其考察了干道交通的协调控制。所有已有的研究中，都没有考虑使用统计时段上的最优信号控制参数进行聚类，实现这个想法必须使自动划分程序能实现控制参数优化和优化参数下的交叉口交通仿真，为此本章建立了基于车辆路段旅行时间的仿真技术，能求得不同交通需求、信号控制参数的车辆路段期望旅行时间。

① Hauser, T. A., Scherer, W. T., "Data mining tools for real – time traffic signal decision support & maintenance", In *Systems, Man, and Cybernetics*, 2001 *IEEE International Conference*, 2001, 3, pp. 1471 – 1477.

② Smith, B. L., Scherer, W. T., Hauser, T. A., & Park, B. B., "Data – driven methodology for signal timing plan development: Acomputational approach", *Computer_ Aided Civil and Infrastructure Engineering*, 2002, 17, pp. 387 – 395.

③ Brian Park B., Santra, P., Yun, I., et al., "Optimization of time of day plan scheduling using a multi – objective evolutionary algorithm", *Transportation Research Record*, 2004, 1867, pp. 217 – 223.

④ Wong, Y., Woon, W., "An iterative approach to enhanced traffic signal optimization", *Expert System Application*, 2008, 34, pp. 2885 – 2890.

⑤ Guo, R., Zhang, Y., "Identifying time – of – day breakpoints based on nonintrusive data collection platforms", *Journal Intelligent Transportation System*, 2014, 18, pp. 164 – 174.

7.1　多因素间关系

一般而言，交叉口物理结构无疑是已建成的信号交叉口交通流通行能力的重要影响因素，除此之外，信号交叉口通行能力还取决于三方面因素的影响。第一方面是交叉口渠化方案的影响，交叉口的渠化方案及相位不妨用 $c \in C$ 表示，C 是交叉口的渠化及相位方案集合，交叉口渠化方案和信号相位方案一同确定，以便确定交叉口交通流的放行方式；第二方面是交叉口信号控制参数的影响，不妨用 $s \in S$ 表示，S 是交叉口信号控制参数集合，它对应着同一交叉口渠化和信号相位方案的不同控制参数组合；第三方面是交叉口交通流的结构影响，它包括交通流量大小和流向结构，用 $f \in F$ 表示，F 是交叉口交通流的结构集合。三者中，交通流结构极易变动，信号交叉口控制参数因适应交通流结构的变动而需要调整，通常有分时段的固定信号控制和小步长调整的自适应控制两种参数调整类型。相对而言，前两者中交叉口渠化方案变化难度要大得多，本章考虑的问题将不涉及交叉口渠化及相位方案的变化。

尽管车辆在路段上行驶的交通行为具有一定的波动性，即同一个驾驶员驾驶同一辆车在同一路段上重复行驶多次，每次的旅行时间都可能有差异，但是车辆平均路段旅行时间是一个统计不变量，具有稳定性，不妨用 ξ 表示。因而存在着多对多映射关系：$L(f,c,s) \to \xi \in U(\bar{\xi},\delta)$，$\bar{\xi}$ 是 ξ 的期望，$U(\bar{\xi},\delta)$ 是以 $\bar{\xi}$ 为中心的 δ

邻域，δ 为一个很小的正数。该式可以解释为交叉口交通流量结构 f，在已有的交通渠化方案 c 和交叉口控制参数 s 下，交叉口进口路段上的车辆平均路段旅行时间 ξ 是邻域 $U(\bar{\xi}, \delta)$ 范围内的某个值。

若对于相同的交叉口交通流结构 f 和交叉口渠化方案 c，某信号交叉口两种不同的控制参数方案 s_1 和 s_2 下，交叉口进口道上的车辆平均路段旅行时间分别为 ξ_1 和 ξ_2，它们分别落在邻域 $U(\bar{\xi}_1, \delta)$ 和 $U(\bar{\xi}_2, \delta)$ 内，即 $L(f, c, s_1) \to \xi_1 \in U(\bar{\xi}_1, \delta)$ 和 $L(f, c, s_2) \to \xi_2 \in U(\bar{\xi}_2, \delta)$。这时，车辆平均路段旅行时间 $\bar{\xi}_1$ 和 $\bar{\xi}_2$ 存在三种可能性：

$$\bar{\xi}_1 - \bar{\xi}_2 > \beta \times \bar{\xi}_1 \tag{1}$$

$$\bar{\xi}_2 - \bar{\xi}_1 > \beta \times \bar{\xi}_2 \tag{2}$$

$$|\bar{\xi}_1 - \bar{\xi}_2| < \beta \times max\{\bar{\xi}_1, \bar{\xi}_2\} \tag{3}$$

满足式（1）时，则称在 β - 测度、交通流结构 f 和交叉口渠化方案 c 下，方案 s_2 优于方案 s_1。满足式（2）时，则称在 β - 测度、交通流结构 f 和交叉口渠化方案 c 下，方案 s_1 优于方案 s_2。满足式（3）时，在 β - 测度、交通流结构 f 和交叉口渠化方案 c 下，方案 s_1 等效于方案 s_2。并分别记为 $s_2^{f,c} \gg s_1^{f,c}$，$s_1^{f,c} \gg s_2^{f,c}$ 和 $s_2^{f,c} \cong s_1^{f,c}$。

交通流通行效率最大化是日常的交叉口信号控制参数优化的主要目标之一，也就是在 β - 测度、交通流结构 f 和交叉口渠化方案 c 下，找出最优的交叉口信号控制参数方案 $s^{-f,c}$，使得最优的交叉口信号控制参数方案 $s^{-f,c}$ 优于或者等效于其他参数方案 $s^{f,c}$。即满足 $s^{-f,c} = \{s_{opt}^{f,c} \mid s_{opt}^{f,c} \gg s^{f,c}$ 或 $s_{opt}^{f,c} \cong s^{f,c}, \exists s_{opt}^{f,c}, \forall s^{f,c}\}$。

对于 β - 测度和交通流结构 f，在不同的交叉口渠化方案 c 下将有不同的交叉口信号参数最优方案 $\bar{s}^{f,c}$，这些参数方案中的最优者记

为 s^{-f}，那么 $s^{-f} = \{ s_{opt}^{f,\bar{c}} \mid s_{opt}^{f,\bar{c}} \gg s^{f,c}$ 或 $s_{opt}^{f,\bar{c}} \cong s^{f,c}$，$\exists\, s_{opt}^{f,\bar{c}}, \forall\, s^{f,c} \}$。当采取最优交叉口信号参数方案 s^{-f} 还不能使交叉口通行能力、安全性达到一定的服务水平，该交叉口就只能通过土木工程的手段改变其物理结构来提高交叉口通行能力以及安全性水平。

在 β – 测度、相同交叉口渠化方案下，若两不同的交通流结构 f_1 和 f_2 的两最优交叉口信号控制参数方案 $s^{-f_1,c}$ 和 $s^{-f_2,c}$ 等效或者 $s^{-f_2,c} \gg s^{-f_1,c}$，则称交通流结构 f_2 相对于交通流结构 f_1 在 β – 测度、交叉口渠化方案 c 下是信号参数调整可调和的；若两不同的交通流结构 f_1 和 f_2 的两最优交叉口信号参数方案 $s^{-f_1,c}$ 和 $s^{-f_2,c}$ 满足 $s^{-f_1,c} \gg s^{-f_2,c}$，则称交通流结构 f_2 相对于交通流结构 f_1 在 β – 测度、交叉口渠化方案下是信号控制参数调整不可调和的；这就意味着，通过交叉口信号控制参数调整，已经不能使得交通流结构 f_2 保持与交通流结构 f_1 享有同样的交叉口交通通行和安全性服务水平。

当交通流结构 f_2 相对于交通流结构 f_1 在 β – 测度、交叉口渠化方案下是信号参数调整不可调和时，通过优化交叉口渠化方案，若两最优交叉口信号参数方案能满足 s^{-f_1} 和 s^{-f_2} 等效或者 $s^{-f_2} \gg s^{-f_1}$，则称 β – 测度下交通流结构 f_2 相对于交通流结构 f_1 是交叉口渠化和信号参数调整下可调的；若两最优交叉口信号参数方案 s^{-f_1} 和 s^{-f_2} 满足 $s^{-f_1} \gg s^{-f_2}$，则称 β – 测度下交通流结构 f_2 相对于交通流结构 f_1 是交叉口渠化和信号参数调整下不可调和的；这就意味着，通过交叉口渠化和信号参数调整，已经不能使得交通流结构 f_2 保持与交通流结构 f_1 享有同样的交叉口交通通行和安全性服务水平。

7.2 控制时段划分

交叉口控制方式可以划分为定时信号控制系统和自适应信号控制系统两类。自适应控制系统采用小步长控制参数调整策略适应交通流结构的变化，其在交通需求较低的时候对提高通行效率具有优势。但是在交通需求较大的时候，本质上自适应控制任意相位绿灯时长已经延长至最大值，因而自适应控制系统变成了定时信号控制。基于 β 测度的控制时段划分方法主要针对定时信号交叉口控制时段划分问题，并实现划分时段适应性自动化检查和调整，这种方法也适合确定自适应信号控制各相位最优的绿灯控制范围。

已有的交叉口控制时段划分有三个基本步骤：首先按照一定的时长（比如15分钟）统计各时段上的交叉口交通流量结构，然后根据各个不同时段上的交通流结构的欧式距离聚类，最后在聚类后的时间区段上优化交通控制参数。这里存在两个基本问题：（1）不同统计时长、优化控制参数下，车均旅行时间的标准差波动性有多大？（2）统计时长和聚类时间区段上，两不同优化控制参数下进口道车均旅行时间差异性在可接受范围内吗？

为回答以上问题，不妨分别以 5、10、15、20、30、60、90、120、180 分钟时长细分一天的时间，统计细分时段内的交叉口交通流量结构，然后根据各细分时段上交叉口交通流量结构，折算成 1 小时时长的标准交通流量结构，在此标准交通流量结构上优化控制参数，并用折算后 1 小时时长的交叉口交通流量结构以及对应的信

号控制参数模拟仿真得到进口道上车均旅行时间，最后得到一天内
不同统计时长的车均旅行时间标准差。除自身交通流流向变化外，
影响不同统计时长的车均旅行时间标准差变化因素来自两方面：一
方面统计技术上的缺陷，即统计时长不是信号周期时常的倍数，这
一因素加剧了各统计时段上交叉口交通流量结构差异性变化；另一
方面是交通总流量的变化引起的各统计时段上交叉口交通流量结构
差异性变化。不同统计时长的车均旅行时间标准差可以作为适合的
统计时长选择标准。

　　聚类时间区段上的信号控制参数（简称聚类参数），是根据聚
类时间区段上 90% 分位累计交通流结构优化得来的，用这组聚类参
数去控制统计时长的标准交通流量结构，其车均旅行时间（聚类车
均旅行时间）必然大于统计时长优化参数下的车均旅行时间（统计
时长车均旅行时间），如果这个差距大于给定的阈值，那么说明该
聚类时区按照聚类参数进行控制是不合适。因此，有必要加入一个
新的聚类步骤，即根据聚类车均旅行时间和统计时长车均旅行时间
差异是否超出给定的阈值标准，把划分好的控制时段再进一步
细分。

　　由于聚类依据并不关联交通控制的直接目标，那么依据交叉口
交通流结构向量聚类合理吗？答案是否定的，依据统计时长的最优
控制参数聚类效果更好，因而改用统计时长的最优控制参数为依据
进行一次聚类，然后一次聚类后的车辆路段期望旅行时间 β 测度下
的两次聚类后，得到了信号交叉口控制时段划分，详细过程见第
4 节。

7.3　旅行时间计算

在给定交叉口交通流量结构 f 和交通渠化方案 c 情况下，存在两类方法来求解最优交叉口控制参数 s，一类是仿真优化方法，另一类是解析优化方法。仿真优化方法是利用已有的仿真模拟软件，如 Corsim，Vissim 软件等，建立好交通渠化方案 c 和交通相位模型后，根据交叉口交通流量结构 f，按照一定的步长，遍历所有可能的交叉口控制参数，依次仿真得到每组可能参数下的车辆平均路段旅行时间，最小车辆路段旅行时间值对应的交叉口控制参数即为最优控制参数。但是这种方法只能求得交叉口交通总流量不太大、路段交通流量没有溢出情况下的最优参数；有溢出流量路段上车辆的部分延误时间没有计算到路段旅行时间中。有路段交通流量有溢出情况下的参数优化，可以使用把车辆视为无物理大小的点的解析方法来求解。本章着重采用解析优化方法，仿真优化方法只是作为对照。解析优化方法很多，如基于 Webster 原理发展起来的 Sychro（Husch and Albeck[1]，2004），Transyt-7f（Hale[2]，2005），Passer（TTI[3]，2002）等，这里直接采用 Webster 法优化控制参数，使用其他方法也是可以的，不影响结论。基于 β 测度下时段划分法需要求得交叉口进口道上车辆路段期望旅行

---

① Husch, D, . and Albeck, J. , "Trafficware synchro 6 user guide", *Trafficware*, *Albany*, *California*, *USA*, 2004.

② Hale, D. , "Traffic network study tool - transyt-7F, United States Version", *McTrans Center*, *University of Florida*, *Gainesville*, *USA*, 2005.

③ TTI. "PASSER V. ", *Texas Transportation Institute*, *College Station*, *Texas*, *USA*, 2002.

时间，可以使用仿真模拟软件求得，但是为了便于计算机程序调用，采用车辆路段旅行时间分布解析计算方法[1][2]求解。

7.4　划分实例分析

本章选取中国湖南常德市的武陵大道和洞庭大道交叉口附近网格道路网实例，如图 7－1 所示。交叉口信号灯直接影响交叉口进口道上的车辆路段旅行时间，路网中间交叉口信号灯影响的进口道路段都用同一种颜色标记出来了。武陵大道和洞庭大道交叉口的东、西、南、北进口道路段的长度分别为 662m、565m、513m、541m。该交叉口附近关联交叉口都安装了智能交通视频卡口设备，设备能记录下车辆的类型、车牌以及通过交叉口停车线的时刻等信息，采集信息时间是 2016 年 7 月 10—16 日的数据。从这些基本信息中能提取出交叉口各进口路段的左转、直行和右转流出车流量，如图 7－2 所示。这些交通流量在路段后端将有左转车流、直行车流和右转车流三个去向，因而总共形成 9 支车流。因进口路段都已经按照左、直和右三个方向进行了渠化，这 9 支车流的任意一支，都等同于在（1，1）类型路段上行驶。忽略车辆在交叉口区域内行驶时间细微差异性的情况下，9 支车流根据流出路段的方向，可以合并成左转流、直行流和右转流，

———————————

① Maosheng, L., Hongli, X., Feng, S., "Optimization of traffic signal parameters based on distribution of link travel time", *Journal Central South University*, 2017, 24, pp. 432 –441.

② Maosheng, L., Zhengqiu, L., Yonghong, Z., Weijun, L., Feng, S., "Distribution analysis of train interval journey time employing the censored model with shifting character", *Journal of Applied Statistics*, 2017, 44, pp. 715 –733.

公共交通运营可靠性分析理论及其应用

三支车流可以近似认为是按照泊松分布交通流状态流入路段。因为车辆被视为无大小的点，这样合并后的三支流都等同于在（0，1）类型路段上行驶，如图 7-3 所示，这种简化能使表述更加简洁。本质上，计算（1，1）类型路段上车辆旅行时间分布没有实质区别，只是更复杂一些罢了。这种合并处理，尽管可能损失部分精度，但是能使得本章的方法不仅适应交叉口视频数据，还能适应交叉路口前地面线圈数据，方法具有更好的适应性。

以这些提取出来的数据信息为基础，来验证 β 测度下时段划分方法。如图 7-1 网络中的"十"字形交叉口有东、西、南、北四个进口路段，分别用第一个下角标字母 1、2、3、4 表示，左转、直行和右转车流分别用第二个下角标 1、2、3 表示，那么交叉口交通流量结构 $f = (f_{11}, f_{12}, f_{13}, f_{21}, \cdots, f_{43})$。使用第 1 节介绍的方法，就能求得每一支交通流路段平均旅行时间 $\bar{\xi}_{f_{ij}}$（$i = 1,2,3,4; j = 1, 2, 3$）。交叉口总流量 $f = \sum_{i=1}^{4} \sum_{j=1}^{3} f_{ij}$，那么，交叉口中所有车辆权重期望路段旅行时间为 $\bar{\xi} = \sum_{i=1}^{4} \sum_{j=1}^{3} (f_{ij}/f) \times \bar{\xi}_{f_{ij}}$。

图 7-1　交叉口信号灯影响的进口道路段

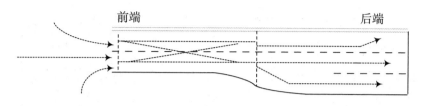

图 7 - 2　路段上的 9 支流

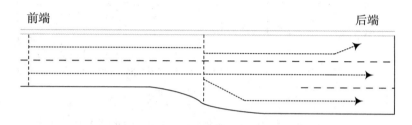

图 7 - 3　路段上合并后的 3 支流

　　武陵大道和洞庭大道交叉口采取的是四相位信号交叉口控制方式，首先是南北向直行和左转，然后是东西向直行和左转。分别以 5、10、15、20、30、60、90、120、180 分钟时长细分 2016 年 7 月 10 日全天的时间，统计细分时段内的交叉口流量结构，然后根据各细分时段上交叉口交通流量结构，折算成 1 小时时长的标准交通流量结构。在此标准交通流量结构上优化控制参数，并用折算后 1 小时时长的交叉口交通流量结构以及对应的控制参数模拟仿真得到车均旅行时间，最后得到不同统计时长的车均旅行时间标准差，如图 7 - 4 所示。图 7 - 5 展示了不同统计时长的车均旅行时间。从这两个图可以看出，统计时长不是信号周期时长倍数因素的影响在统计时长小于 20 分钟时表现得非常突出；交通总流量的变化引起的各统计时段上交叉口交通流量结构差异性变化因素的影响在 20—60 分钟的统计时段上表现明显。按照车均旅行时间标准差最小标准，取 15 分钟作为统计时长较为合适。

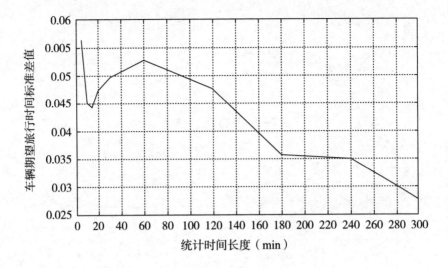

图7-4　不同统计时长下的车均旅行时间标准差

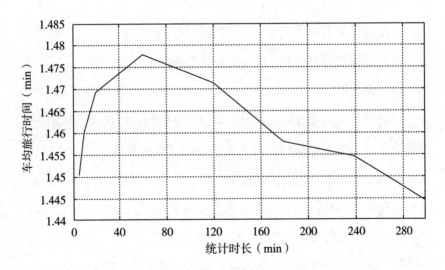

图7-5　不同统计时长下的车均旅行时间

表 7 - 1　　　　按 15 分钟时长统计的交叉口交通结构

（折合成 1 小时的车流量）（辆）

组号		1	2	3	4	5	6	7
起始时间		8：00	8：15	8：30	8：45	9：00	9：15	9：30
终止时间		8：15	8：30	8：45	9：00	9：15	9：30	9：45
西	左	40	124	116	108	108	80	116
	直	284	248	280	308	380	352	420
	右	0	8	8	16	4	0	12
东	左	132	184	236	220	188	204	208
	直	336	376	380	416	424	508	512
	右	4	8	4	0	0	0	8
南	左	196	104	176	212	152	164	204
	直	548	512	440	444	540	564	544
	右	0	0	4	0	0	4	12
北	左	100	88	68	92	88	128	96
	直	488	484	540	552	572	624	488
	右	4	8	4	8	12	0	8
西进口总流量		324	380	404	432	492	432	548
东进口总流量		472	568	620	636	612	712	728
南进口总流量		744	616	620	656	692	732	760
北进口总流量		592	580	612	652	672	752	592
进口总流量		2132	2144	2256	2376	2468	2628	2628
车均旅行时间（min）		1.4831	1.4641	1.5053	1.5038	1.4862	1.5019	1.5129

这里按 15 分钟时长统计交通流结构，表 7 – 1 呈示了 8：00—9：45 时段上折合成 1 小时的标准车流量。表中既给出了四个进口道上的分流向交通流量、合流量和总流量，最后一行还给出了经第 3 节解析方法所得到的车均路段旅行时间。表 7 – 2 给出了第 1、2 和 7 组交通流结构的韦伯斯特方法的最优控制参数，以及该参数下的解析方法、Vissim 仿真所得的车均路段旅行时间。从这些数据可以看出，解析方法、Vissim 仿真所得的车均路段旅行时间非常接近。

表 7 – 2　　交通流结构组 1 下的控制参数平均旅行时间对比

交通流组	参数优化方法	周期	相位一	绿灯间隔一	相位二	绿灯间隔二	相位三	绿灯间隔三	相位四	绿灯间隔四	平均旅行时间（推荐方法）
组 1	韦伯斯特法	90	20	3	20	3	18	3	20	4	1.4831
组 2	韦伯斯特法	90	20	3	20	3	18	3	20	4	1.4641
组 7	韦伯斯特法	90	20	3	20	3	18	3	20	4	1.5129

7.4.1　可调和交通流结构实例

若取表 7 – 1 中第 1 和第 2 组交通流结构分别赋值给交通流结构变量 f_1 和 f_2，它们对应的最优信号参数 $s^{-f_1,c}$ 和 $s^{-f_2,c}$（见表 7 – 2 组 1、组 2 中的数据）下的车均旅行时间分别表示为 $\bar{\xi}_1 = 1.4831$ 和 $\bar{\xi}_2 = $

1.4641，且在车均旅行时间的 3% 偏差标准（即 $\beta = 1.4831 \times 3\% = 0.0445$）下满足 $s^{-f_2,c} \gg s^{-f_1,c}$，即 $\bar{\xi}_1 - \bar{\xi}_2 = 1.4831 - 1.4641 = 0.019 < 0.0445 = 1.4831 \times 3\% = \beta$，因而第 2 组交通流结构相对于第 1 组交通流结构是 3% − 测度下信号参数调整可调和的。

7.4.2 不可调和交通流结构实例

若取表 7 – 1 中第 2 和第 7 组交通流结构分别赋值给交通流结构变量 f_1 和 f_2，它们对应的最优信号参数 $s^{-f_1,c}$ 和 $s^{-f_2,c}$（见表 7 – 2 组 2、组 7 中的数据）下的车均旅行时间分别表示为 $\bar{\xi}_1 = 1.4641$ 和 $\bar{\xi}_2 = 1.5129$，且在车均旅行时间的 3% 偏差标准（即 $\beta = 1.5129 \times 3\% = 0.0454$）下不满足 $s^{-f_2,c} \gg s^{-f_1,c}$，即 $\bar{\xi}_2 - \bar{\xi}_1 = 1.5129 - 1.4641 = 0.0488 > 0.0472 = 1.5129 \times 3\% = \beta$，因而第 7 组交通流结构相对于第 2 组交通流结构是 3% − 测度下信号参数调整不可调和的，也就是说，不可能通过交叉口控制参数的调整为第 7 组交通流结构提供与第 2 组交通流结构相同通行服务水平。

7.4.3 β 测度下时段划分实例

β 测度下时段划分方法分为三步：

第一步按照 15 分钟时长，统计交叉口交通流结构，见表 7 – 1 的第 4 行至第 15 行。

第二步在 15 分钟的交通流结构上优化交叉口信号控制参数，得到优化控制参数下对应的车均旅行时间（简称统计时长车均旅行时间），见表 7 – 2 所示，并以优化控制参数为依据采用 k 均值方法聚类，聚类后的统计时段再按时间上是否相连，自然划分成多个类。

第三步分为 4 个小步：

第 1 小步，求每个聚类中 15 分钟时长交通流结构的均值，并把它们折算成 1 小时标准交通流结构。

第 2 小步，分别计算每组折算后交通流结构对应的最优控制参数（简称聚类参数），以及在聚类参数下折算成 1 小时标准交通流结构的车均旅行时间（简称聚类车均旅行时间）；并以这组聚类参数分别计算聚类组中 15 分钟时长交通流结构对应的车均路段旅行时间（简称聚类参数—统计时长车均旅行时间），显然它们皆大于 15 分钟统计时长对应区间上的统计时长车均旅行时间。

第 3 小步，若存在某个聚类的某些统计时区上的统计时长车均旅行时间与聚类参数—统计时长车均旅行时间的差大于某个阈值，那么这些聚类将被划分，再次聚类，并返回第 1 小步；若聚类上的统计时长车均旅行时间与聚类参数—统计时长车均旅行时间的差都小于阈值，则得到 β 测度下时段划分结果。

本研究实例基于控制参数的 k 均值聚类成两类（如图 7 - 6 所示），再按时间上是否相连，自然划分成 17 个类（如图 7 - 7 所示），经 β 测度（$\beta = 14\%$）二次聚类后，最终划分成 22 个类；实例用基于流量结构的聚类方法分成 3 个类，再按时间上是否相连，自然划分成 11 个类。为了对比 β 测度下时段划分方法与前人方法的优劣，这里选择按照 15 分钟统计时长优化信号控制参数下用第 2 节解析方法所得的车辆总旅行时间 57960.5min 为参照，然后分别求出优化信号参数二次聚类和流量结构聚类结果，用同样的方法求得信号参数二次聚类后优化控制参数和流量结构聚类后优化控制参数下的车辆总旅行时间分别为 60203.5min 和 61830.5min。流量结构聚类后优化控制参数下的车辆总旅行时间减去 15 分钟统计时长优化信号控制参数下用第 2 节解析方法所得的车辆总旅行时间的差为 61830.5 - 57960.5 =

3870min，这个差值是交叉口控制时段划分能减少车辆旅行时间的上界，新方法削减了这个差值的 42%。很显然，交叉口控制时段划分是在划分时段总数和通行效率之间取得平衡，只要交通高峰时区内划分时段总数接近 15 分钟统计时段总数时，这个差值变为 0。图 7-8 给出了对应的统计时长车均旅行时间、聚类参数—统计时长车均旅行时间和 β 测度下基于信号控制参数聚类的车均旅行时间，从图上可以看出在交通流高峰时段内，β 测度下基于信号控制参数聚类的车均旅行时间明显比聚类参数—统计时长车均旅行时间节省了很多。这些都说明基于控制参数的 k 均值二次聚类方法具有很高的效率，该方法只要 k 均值聚 2 个类的基础上的 2 次聚类结果，就能超过基于流量结构的聚类方法聚成 3 个类的结果（见表 7-3）。表 7-3 还展示了二次聚类的明显优于一次聚类。

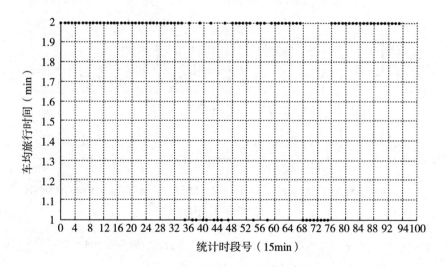

图 7-6　基于控制参数的 k 均值聚类结果（2 类）

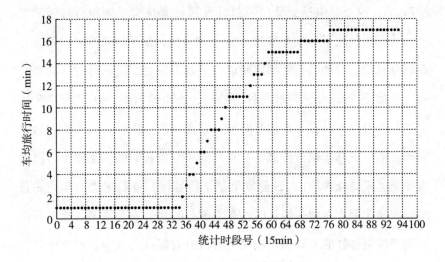

图7-7　k均值聚类按时段分开的结果（2类）

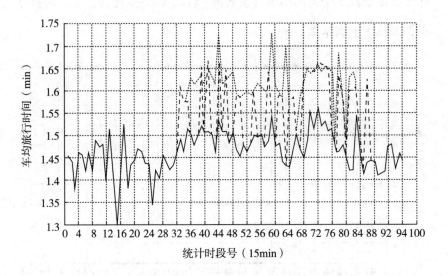

图7-8　流量结构聚类、优化信号参数二次聚类和统计

时长下的车均旅行时间对比

表7-3   不同方法聚类数及其效果分析

方法	基于流量结构的一次聚类		基于流量结构的二次聚类		基于控制参数的二次聚类	
	类数	差值	类数	差值	类数	差值
k = 2	3	—	—	—	21	-7.5
k = 3	11	298.8	14	111.5		
k = 4	13	159	17	16.7		
k = 5	16	112	20	-15.5		
k = 6	22	-42	25	-295.5		

7.5　结论

在重新审视数据驱动的信号交叉口控制时段划分方案之后，通过引入 β 测度，选择信号控制参数作为聚类的依据，经过 k 均值聚类和 β 测度下的 2 次聚类，得到信号交叉口控制时段划分。新方法从划分效率和划分结果的效果两方面提升了原方法，使得信号交叉口控制时段划分效果可控，且操作流程更加标准化。通过研究得到以下结论：

（1）根据驾驶员驾驶行为差异性对车辆路段旅行时间的扰动，建立了从交叉口交通流结构、交叉口渠化及相位方案、交叉口控制参数到车辆路段旅行时间之间的多对多映射关系。

（2）以多对多映射关系为基础，定义了 β 测度、相同交叉口交通流结构、交叉口渠化及相位方案下，两交叉口控制参数的等效和优于关系；定义了相同交叉口渠化方案下，两种不同交通流结构在 β 测度、信号参数调整下的可调和与不可调和关系；以及两种不同的交通流结构在 β 测度、交叉口渠化和信号参数调整下的可调和与不可调和关系；建议采用车辆路段期望旅行时间的标准差来衡量交通流量采集长度的适宜性，建立了通过适宜长度时间段内交通流结构下最优控制参数的 k 均值聚类，和一次聚类后的车辆路段期望旅行时间 β 测度下的两次聚类后，得到了信号交叉口控制时段划分方法。

第8章　公交车到站时间分布
规律理论分析 [*]

本章摘要：通过定义分段加和运算，描述了交叉口红灯相阻滞公交车进入下一路段可能性这一过程，得到了受交叉口信号灯影响，公交车驶过交叉口停车线可能性的概率密度函数。提出了按照公交线路序列，依据公交车路段旅行时间分布规律、交叉口信号相数据和公交车站点停靠时间分布规律，逐段递推求解公交车到达任意公交站点的期望到达概率密度函数的方法，从而建立了公交车到站时间分布规律理论分析方法。研究发现，公交车到达公交站点的期望到达时间概率密度可以分为三种类型：正态分布型、轻微震荡型和极端震荡型。公交车站与交叉口间距、交叉口信号相长度、路段旅行时间方差等因素是影响公交车到达任意公交站点期望到达概率密度的主要因素。

   * 项目负责人指导的硕士研究生龙佳、陈浩、张永红参与了这一领域的研究，顺利完成硕士学位论文，获得硕士学位。

常规公交被认为是解决城市交通拥堵的重要交通工具之一，很多城市也确实安排了数量众多的公交线路和服务公交车辆[1]。当整个城市营运公交车总数量增加到一定程度之后，协调好公交站点的停车供给与需求，组织好公交站点附近车流秩序，能有效提高道路交通系统的运行效率。因而协调公交车停站供给与需求成了道路设计、管理者、交通研究者的一个重要研究课题[2][3][4][5][6][7][8][9][10]。公交车到站时间分布规律指的是一辆公交车在某时刻离开始发站后，在以后的任意时间点上到达某一停站点可能性大小的分布规律。国内公交车辆装备与西方发达国家不同，国内公交车辆少有安装车载GPS等智能行车或调度系统，公交车辆在途旅行时间与位置无法精确控制，旅行时间具有随机性，因而造成公交车到站时间也具有随

---

[1] Avishai Ceder. *Public Transit Planning and Operation Theory*, *Modeling and Practice*, Elsevier Press，2007.

[2] 葛宏伟：《城市公交停靠站点交通影响分析及优化技术研究》，博士学位论文，东南大学，2006 年，第 17—43 页。

[3] Xumei Chen, Lei Yu, Yushi Zhang and Jifu Guo, "Analyzing urban bus service reliability at stop, route, and network levels", *Transportation Research Part A*, 2009, 43, pp. 722 – 734.

[4] 朱祎、陈学武：《多线路公交停靠站点车辆延误分析与对策》，《中国市政工程》2002 年第 2 期。

[5] 何宁、马健霄、李娜：《公交车站停靠能力的研究》，《城市轨道交通研究》2004 年第 7 卷第 2 期。

[6] 薛晶晶：《城市公交车到站规律及站台服务水平研究》，《北京交通大学》2009 年第 6 卷。

[7] 张宇石：《大城市常规公共交通运行可靠性的研究与实例评价》，《北京交通大学》2008 年第 5 卷。

[8] 郭冠英：《中途停靠站公交线路数上限的确定及驻站时间计算模型》，《上海公路》2000 年第 2 期。

[9] 周望东：《公交停靠站线路容量优化研究》，《西南交通大学》2009 年第 6 卷。

[10] Hongwen, Shi., Liangxin, Luo., Tongzhen, Bao, "Research on the Way to Determine Types and Scales of Bus Stops", *Transportation System Engineering & Intelligence Technique*, 2007, 7, pp. 83 – 87.

机性①②③④,⑤, 当这种随机性再受到交叉口信号灯影响时, 公交车到站时间分布就变得更加复杂了。认识交叉口信号灯影响下的公交车到站时间分布规律是协调好公交车停站供给与需求的基础。在已有的研究中, 基本上都假设公交车到站服从某一已知的概率分布, 例如, 服从负指数分布等, 极少有详细考虑交叉口信号灯影响下的公交车到站时间分布规律的研究成果, 这样常常使得已有研究成果在实际应用中难以取得满意的效果。

8.1　基本概念

常规公交是在固定的线路上运行, 并在固定（或有选择）的站点上下客的营运公共汽车系统。常规公交一般按照公交线路进行组织, 公交线路由道路系统 $G(N, A)$（N 为交通节点集合, A 为路段集合）中的边序列 $\{a_1, a_2, \cdots, a_M\}$（$a_i \in A$, $i \in \{1, 2, \cdots, M\}$）组成。公交站点集合为 S, 都分布在交通网络的路段上, 我们把公交站点也看成是交通节点, 视其把有向道路路段分为两段。这里把拆分后

① Angle, Ibeas., Luigi dellolio., Borja Alonso., Olivia Sainz., "Optimizing bus stop spacing in urban areas", *Transportation Research Part E*, 2010, 46, pp. 446 – 458.

② Transportation Research Board, "Highway Capacity Manual, Washington", *D. C.*: *National Research Council*, 2000, 27, pp. 1 – 46.

③ Transportation Research Board, "Guidelines for the location and design of bus stops", *Washington*, *D. C.*: *National Research Council*, 1996.

④ Brilon, W., Wu, N., "Capacity at unsignalized intersections derived by conflict technique", *Journal Transportation Research Record*, 2001, 1776, pp. 82 – 90.

⑤ Xiaobao, Y., Ziyou, G., Bingfeng, S., Li, G., "Car capacity near bus stops with mixed traffic derived by additive – conflict – flows procedure", *Science China Series E – Technical Science*, 2011, 54, pp. 733 – 740.

的路段与没有被拆分的路段形成的并集合记为 A_1 ，边数为 $|A_1|$ ；把公交站点也视为交通节点，并令 $N_1 = N \cup S$ ，节点数为 $|N_1|$ 。这时，研究的交通网络可以表示为 $G(N_1, A_1)$ 。如果在公交线路边序列中加入交叉口节点或公交站点，公交线路序列可以表示为 $\{a_1, n_1, a_2, s_2, \cdots, n_{M-1}, a_M\}$ （ $a_i \in A_1$ ， $n_i \in N$ ， $s_i \in S$ ， $i \in \{1, 2, \cdots, M\}$ ）。一般来说，公交车在路段 $a \in A_1$ 上的旅行时间 t_a 服从概率分布 $N(t_a^0, \sigma_a^2)$ 。交叉口前的停车线被视作是下一路段的起始位置，这样公交车在交叉口内的旅行时间就包含在下一路段的旅行时间中了。由于交叉口信号灯黄闪时间公交车仍然可以通行，且时间比较短，我们把其纳入绿灯相中，这时，只需考虑红绿相位交叉口信号灯的影响。为了表述方便起见，假定红灯相与绿灯相等时长，分析方法可以比较容易地推广到红灯相与绿灯相非等时长的情形。设信号相位长度为 T ，则红灯相位时长和绿灯相位时长都等于 $T/2$ 。探索公交车在红绿灯影响下到达公交站点 $s_i \in S$ 的时间分布规律是本章研究的中心任务。

8.2　公交车到站时间分布规律

有红绿灯影响的最简单的公交线路序列为 $\{a_1, n_1, a_2, s_2\}$ ，该序列只含有一个交叉路口 n_1 ，公交车首先经过路段 a_1 ，到达交叉口 n_1 ，而后驶过路段 a_2 到达公交站点 s_2 ，如图 8 - 1 所示。

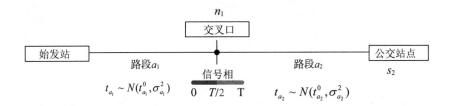

图 8 – 1　最简单的公交线路序列

8.2.1　交叉口信号灯影响分析

公交车在路段 a（$a \in A_1$）上的旅行时间满足正态分布 $t_a \sim N(t_a^0, \sigma_a^2)$。交叉口信号相总时长为 T，红灯和绿灯相时长皆为 $T/2$，如图 8 – 1 所示。当公交车驶离始发站后，驶过路段 a_1，到达交叉口 n_1 前的时间满足正态分布 $N(t_{a_1}^0, \sigma_{a_1}^2)$。如果公交车到达交叉口 n_1 的时刻恰好是交叉口的红灯相，那么公交车将被迫停车等待，这时在交叉口红灯相到达车辆进入下一路段 a_2 的可能性就被推移到下一个绿灯相。这种可能性的推移有多种不同的可能性：（a）被交叉口红灯相阻滞，进入下一段 a_2 的可能性被平移到下一个绿灯相了；（b）这种可能性被均摊到下一绿灯相的前 $1/m$ 时间段内了。交叉口红灯相能够阻滞进入下一路段 a_2 的可能性，但是不能抹杀掉这种可能性。这种可能性被交叉口信号灯阻滞现象如图 8 – 2 所示。在图 8 – 2（a）中给出了在第一条路段 a_1 上的旅行时间期望 $t_{a_1}^0 = 4$ 分钟，方差 $\sigma_{a_1} = 1$ 的公交车到达交叉口 n_1 时刻的概率密度。图 8 – 2（b）给出了相位总时长等于 1 分钟，红灯相和绿灯相时为 0.5 分钟的车流阻滞图。图 8 – 2（c）给出了被交叉口红灯相阻滞，进入下一路段 a_2 的可能性被平移到下一个绿灯相的可能性密度。

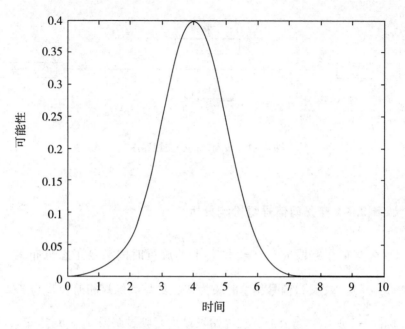

（a）到达交叉口前时间分布的概率密度

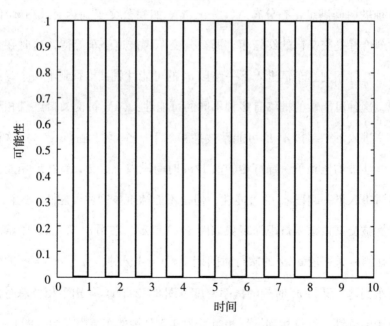

（b）通过交叉口的可能性

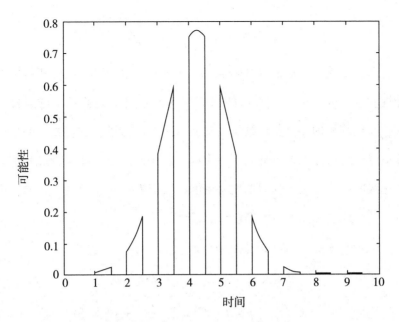

（c）到达下一路段时刻分布的概率密度

图 8-2　交叉口阻滞作用

假设交叉口信号红灯相位起始时间与 0 时刻重合。设 m_1 是满足 $m_1 \times T \leqslant t_{a_1}^0 \leqslant (m_1 + 1) \times T$ 的整数。考虑到区间 $(t_{a_1}^0 - 3 \times \sigma_{a_1}, t_{a_1}^0 + 3 \times \sigma_{a_1})$ 包含了公交车到达交叉口 n_1 前的绝大部分可能性，如果设 m_2 是满足 $m_2 \times T \geqslant 3 \times \sigma_{a_1}$ 的最小整数，因而只要考虑区间 $(t_{a_1}^0 - m_2 \times T, t_{a_1}^0 + m_2 \times T)$ 上公交车到达交叉口 n_1 前的概率就可以了。

这里首先定义时间区间 $(t_{a_1}^0 - m_2 \times T, t_{a_1}^0 + m_2 \times T)$ 上交叉口信号灯的放行可能性函数 $p_{n_1}(t)$：

$$p_{n_1}(t) = \begin{cases} 1, t \in (t_{a_1}^0 + i \times T + T/2, t_{a_1}^0 + (i+1) \times T) \\ 0, t \in (t_{a_1}^0 + i \times T, t_{a_1}^0 + i \times T + T/2) \end{cases}, i \in \{-m_2, \cdots, m_2 - 1\}$$

（1）

因为当公交车驶离始发站后，驶过路段 a_1，到达交叉口 n_1 前的时间满足正态分布 $N(t_{a_1}^0, \sigma_{a_1}^2)$，其概率密度函数 $g_{a_1}(t; t_{a_1}^0, \sigma_{a_1}^2)$ 为：

$$g_{a_1}(t;t_{a_1}^0,\sigma_{a_1}^2) = \left(\frac{1}{\sigma_{a_1} \times \sqrt{2\pi}}\right) \times e^{-\frac{(t-t_{a_1}^0)^2}{2\times\sigma_{a_1}^2}} \qquad (2)$$

那么，受交叉口信号灯影响，公交车能驶过交叉口前停车线的可能性发生了改变。在交叉口的绿灯相内，公交车能够正常驶过停车线；在红灯相内，公交车被迫在交叉口前停车待驶，红灯相内驶过交叉口停车线可能性被推移到下一个绿灯相中。这时，如果驶过交叉口停车线的可能性被平移后的概率密度函数记为 $g_{a_1}'(t)$，通过定义一个特殊的分段加和运算 $\oplus$，其可以表示为：

$$g_{a_1}'(t) = g_{a_1}(t;t_{a_1}^0,\sigma_{a_1}^2) \oplus p_{n_1}(t)$$

$$= \begin{cases} g_{a_1}(t;t_{a_1}^0,\sigma_{a_1}^2) + g_{a_1}(t-T/2;t_{a_1}^0,\sigma_{a_1}^2), \\ \quad t \in (t_{a_1}^0 + i \times T + T/2, t_{a_1}^0 + (i+1) \times T) \\ 0, t \in (t_{a_1}^0 + i \times T, t_{a_1}^0 + i \times T + T/2) \end{cases} \qquad (3)$$

如果这种可能性被均摊到下一绿灯相的前 $1/m$ 时间段内，摊分后的概率密度函数仍然用 $g_{a_1}'(t)$ 表示，那么这种情况下的 $g_{a_1}'(t)$ 可以表示为：

$$g_{a_1}'(t) = g_{a_1}(t;t_{a_1}^0,\sigma_{a_1}^2) \oplus p_{n_1}(t)$$

$$= \begin{cases} g_{a_1}(t) + \frac{2 \times m}{T} \times \int_{t_{a_1}^0+i\times T}^{t_{a_1}^0+i\times T+T/2} g_{a_1}(\tau)d\tau, \\ \\ \quad t \in (t_{a_1}^0 + i \times T + \frac{T}{2}, t_{a_1}^0 + i \times T + \frac{T}{2} + +\frac{T}{2\times m}] \\ \\ g_{a_1}(t;t_{a_1}^0,\sigma_{a_1}^2), t \in (t_{a_1}^0 + i \times T + \\ \\ \frac{T}{2} + +\frac{T}{2\times m}, t_{a_1}^0 + (i+1) \times T] \\ \\ 0, t \in (t_{a_1}^0 + i \times T, t_{a_1}^0 + i \times T + T/2) \end{cases} \qquad (4)$$

$i \in \{-m_2, \cdots, m_2 - 1\}$，图 8-2（c）给出驶过交叉口停车线的可能性被平移后的概率密度函数。从该图 8-2（c）中可以看出，受交叉口信号灯影响，驶过交叉口停车线可能性的概率密度函数 $g'_{a_1}(t)$ 是与交叉口信号相周期一致的分段函数。

8.2.2 公交车到站时刻分布规律

分析一辆公交车在某时刻离开始发站后，在以后任意时间点上到达某一停站点可能性大小分布规律是本节讨论的重点。不妨假设该辆公交车是从零时刻驶离始发站。如果令 T_1^i, T_2^i 分别为第 $i(i \in \{-m_2, \cdots, m_2 - 1\})$ 个绿灯相的起、终止时刻。将第 i 个绿灯相时间段 $[T_1^i, T_2^i]$ 均匀地分成 h 等份，每份时长 $(T_1^i - T_2^i)/h$。由于公交车首先经过路段 a_1，到达交叉口 n_1，而后驶过路段 a_2 到达公交站点 s_2，这一过程是前后相继的。如果公交车从零时刻驶离始发站后，在交叉口第 i 个绿灯相第一分时间段 $[T_1^i, T_1^i, + (T_2^i - T_1^i)/h]$ 内到达交叉口停车线前，当 h 取值较大时，该辆公交车将以正态分布 $N(T_1^i + t_{a_2}^0, \sigma_{a_2}^2)$ 的可能性到达交叉口 n_1；如果公交车从零时刻驶离始发站后，在交叉口第 i 个绿灯相第 j 分时间段 $[T_1^i + j \times (T_2^i - T_1^i)/h, T_1^i + (j+1) \times (T_2^i - T_1^i)/h]$ 内到达交叉口停车线前，该辆公交车将以正态分布 $N(T_1^i + j \times (T_2^i - T_1^i)/h + t_{a_2}^0, \sigma_{a_2}^2)$ 的可能性到达交叉口 n_1，如图 8-3 所示；设公交车在交叉口 n_1 第 i 个绿灯相第 j 分时间段 $[T_1^i + j \times (T_2^i - T_1^i)/h, T_1^i + (j+1) \times (T_2^i - T_1^i)/h]$ 内到达交叉口前停车线的概率 p_j^{i,n_1} 为

$$p_j^{i,n_1} = \int_{T_1^i + j \times (T_2^i - T_1^i)/h}^{T_1^i + (j+1) \times (T_2^i - T_1^i)/h} g'_{a_1}(t) dt \tag{5}$$

因此，就可以得到公交车从零时刻驶离始发站后，首先经过路段 a_1，到达交叉口 n_1，而后驶过路段 a_2 到达公交站点 s_2 的期望到达概率密度函数 $g_{s_2}^{arr}(t)$ 为：

$$g_{s_2}^{arr}(t) = \sum_i \sum_j g_{a_2}\left(t; T_1^i + j \times \frac{T_2^i - T_1^i}{h} + t_{a_2}^0, \sigma_{a_2}^2\right) \times p_j^{i,n_1} \qquad (6)$$

这里 $g_{a_2}(t; *, *)$ 是公交车在路段 a_2 上旅行时间的概率密度函数。公交站点 s_2 期望到达概率密度函数 $g_{s_2}^{arr}(t)$ 也是公交车期望驶离路段 a_2 的概率密度函数 $g_{a_2}^{lea}(t)$，两种符号在不同情况下交替使用。

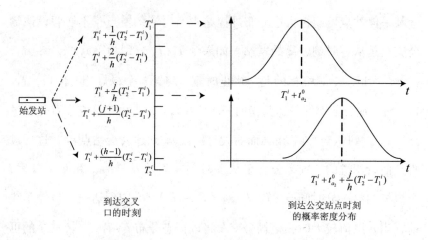

图 8-3　受交叉口阻滞到达公交站可能性分布

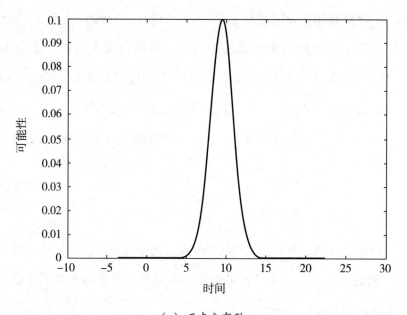

（a）正态分布型

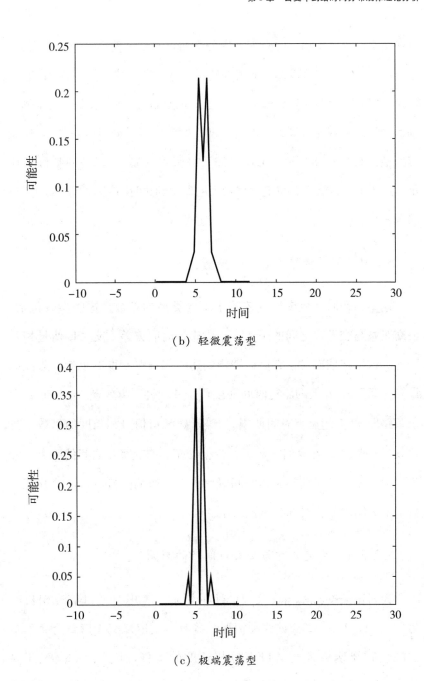

（b）轻微震荡型

（c）极端震荡型

图 8 - 4　受交叉口阻滞到达公交站的期望到达时间概率密度

图 8 - 4 给出了不同参数下，公交车从零时驶离始发站，受交叉口阻滞，到达公交车站的期望到达时间概率密度，在这一组图中，可以看

出受交叉口阻滞影响，公交车到达公交站点时刻可能性分布极其复杂，任何单一概率分布假设都不能很好地近似这一复杂过程。这里把期望到达时间概率密度图像划分成三种类型，并分析在何种参数下会发生哪种到达时间概率密度：（1）正态分布型，如图 8 - 4（a）所示；（2）轻微震荡型，如图 8 - 4（b）所示；（3）极端震荡型，如图 8 - 4（c）所示。从图上可以看出，可能性比较大的期望到达时间概率密度区间是有限区间。

8.2.3　不同参数下的规律分析

期望到达时间概率密度依赖于不同类型的参数，这些参数包括：公交车站与交叉口之间的距离、路段旅行时间方差、交叉口信号相长度等。这里将依次讨论它们对期望到达时间概率密度的影响。为此假设第一条路段 a_1 上的旅行时间期望 $t_{a_1}^0 = 4$ 分钟，方差 $\sigma_{a_1} = t_{a_1}^0/3$；第二条路段 a_2 上的旅行时间期望 $t_{a_2}^0$ 等于交叉口信号相长度的倍数，方差 $\sigma_{a_2} = t_{a_2}^0/3$；在这组参数下讨论公交车站与交叉口之间的距离、交叉口信号相长度对期望到达时间概率密度的影响。最后再讨论其他参数不变，路段旅行时间方差的影响。

8.2.3.1　公交车站与交叉口间距的影响

为讨论公交车站与交叉口间距的影响，考虑交叉口信号相长度为 0.8、1、1.5、2 分钟四种情况，并且分别取从交叉口到公交车站的旅行时间期望为交叉口信号相长度的 2 倍、1 倍、0.8 倍、0.4 倍、0.2 倍，绘出 20 组参数组合下的公交车期望到达时间概率密度图，如图 8 - 5（a）—（t）所示。

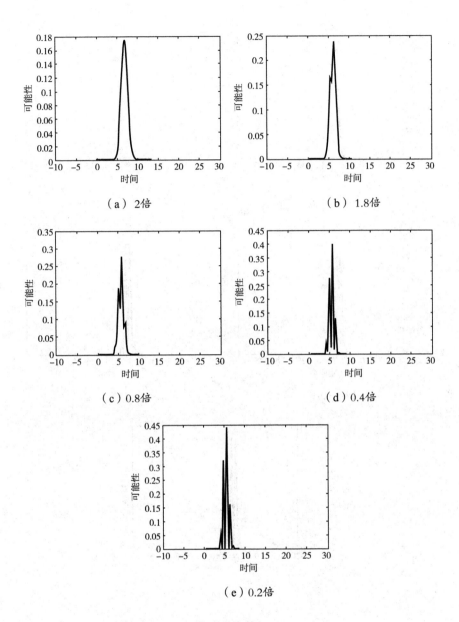

（a）2倍

（b）1.8倍

（c）0.8倍

（d）0.4倍

（e）0.2倍

Ⅰ.0.8 分钟组

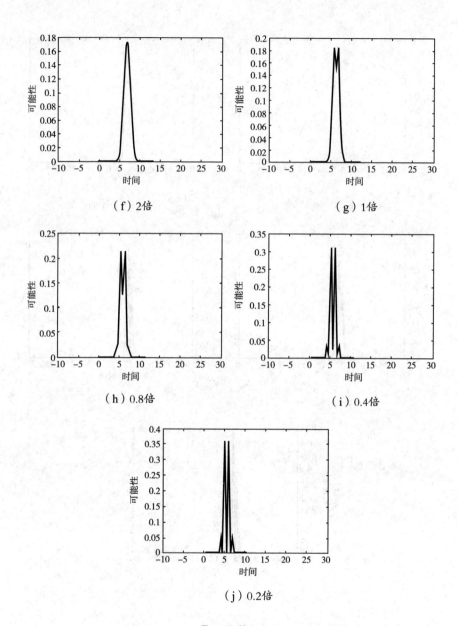

（f）2倍　　　　　　　　　　　　（g）1倍

（h）0.8倍　　　　　　　　　　　（i）0.4倍

（j）0.2倍

Ⅱ.1分钟组

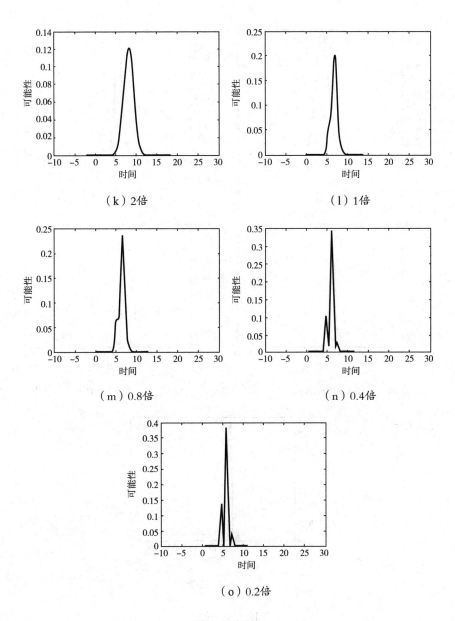

（k）2倍

（l）1倍

（m）0.8倍

（n）0.4倍

（o）0.2倍

Ⅲ.1.5 分钟组

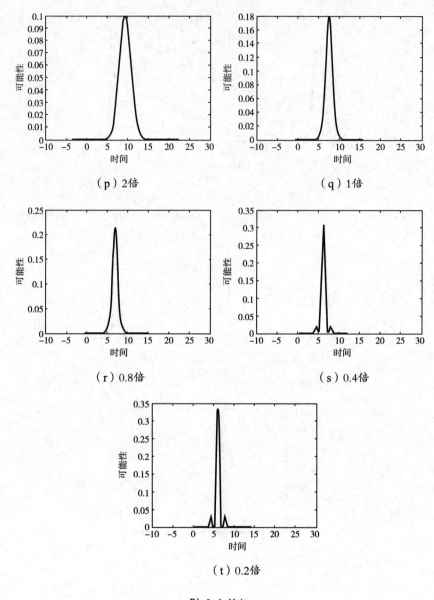

（p）2倍

（q）1倍

（r）0.8倍

（s）0.4倍

（t）0.2倍

Ⅳ.2 分钟组

图 8－5 公交车站与交叉口间距、交叉口信号相长度的影响

图 8－5（a）－（e）是交叉口信号相长度为 0.8 分钟，从交叉口到公交车站的旅行时间期望分别为交叉口信号相长度的 2 倍、1 倍、0.8 倍、0.4 倍、0.2 倍，即 1.6、0.8、0.64、0.32、0.16 分钟；如果公交车辆行驶

速度为 20 公里/小时，那么这就意味着交叉口到公交车站之间的距离分别为 533m、266m、213m、107m、53m 时的公交车期望到达时间概率密度。从这一组图中可以看出，交叉口到公交车站间距离越远，公交车期望到达时间概率密度满足正态分布规律，如图 8 - 5（a）所示；距离越近，公交车期望到达时间概率密度图属于极端震荡型，如图 8 - 5（d）、图 8 - 5（e）所示；图 8 - 5（b）、图 8 - 5（c）属于轻微震荡型。

交叉口信号相长度分别为 1、1.5、2 分钟时，公交车期望到达时间概率密度具有与交叉口信号相长度为 0.8 分钟相同的规律，如图 8 - 5（f）—（e）所示。

8.2.3.2　交叉口信号相长度的影响

从图 8 - 5 中可以看出来，交叉口信号相长度越长，即使公交车站与交叉口间距相对缩短，也能使得公交车期望到达时间概率密度保持正态分布概率密度分布类型，如图 8 - 5（k）—（r）所示，当交叉口信号相长度为 2 分钟时，公交车站与交叉口间距从 533 米缩短到 213 米，还能保持公交车期望到达时间概率密度正态分布型。而当交叉口信号相长度为 1.5 分钟时，只有公交车站与交叉口间距为 533 米时，保持公交车期望到达时间概率密度为正态分布型；266 米时，公交车期望到达时间概率密度只是拟正态分布型。当交叉口信号相长度为 1 和 0.8 分钟时，需要比较大的公交车站与交叉口间距才能保持公交车期望到达时间概率密度属于正态分布型，如图 8 - 5 所示。

8.2.3.3　路段旅行时间方差的影响

为了研究路段旅行时间方差的影响，这里取交叉口信号相长度为 2 分钟，交叉口到公交车站的旅行时间期望也为 2 分钟时，路段旅行时间方差分别为路段旅行时间的 1/2、1/3、1/4、1/5、1/6 几种情况进行比较，得到的公交车期望到达时间概率密度如图 8 - 6 所示。从图中可以看出，方差越小，公交车期望到达时间概率密度越接近极端震荡型；方差越大，公交车期望到达时间概率密度越接近正态分布型，当方差大于路段旅行时间的 1/3 倍时，公交车期望到达时间概率密度都呈现正态分布型。

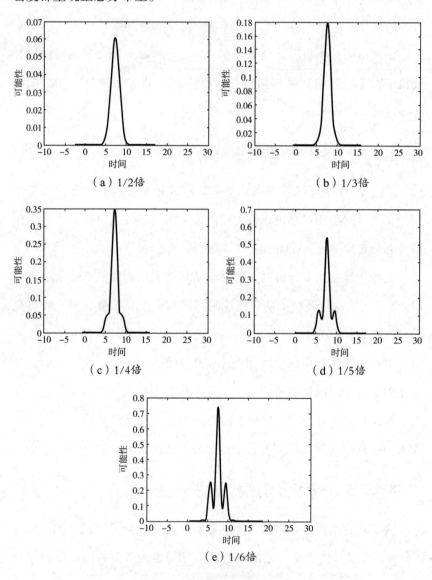

图 8 - 6　路段旅行时间方差影响

8.2.4　分布规律递推求解法

8.2.4.1　公交车站与交叉口间距的影响

对于一般的公交线路序列 $\{a_1,n_1,a_2,s_2,\cdots,n_{M-1},a_M\}$（ $a_i \in A_1$ ，$n_i \in N, s_i \in S, i \in \{1,2,\cdots,M\}$ ），需要使用本章 2.2 节介绍的递推方法，从公交始发站开始，沿公交线路序列，逐段求出到达每一节点和公交站点的期望到达时间概率密度。当最简单的公交线路序列 $\{a_1,n_1,a_2,s_2\}$ 延伸成一般的公交线路序列 $\{a_1,n_1,a_2,s_2,\cdots,n_{M-1},a_M\}$ ，逐段求解以后到达的每一节点和公交站点的期望到达时间概率密度时，需要增加考虑公交车站点停车时间，公交车站点停车时间一般也服从正态分布规律，可以表示为 $N(t_{s_i}^0,\sigma_{s_i}^2)$（ $s_i \in S$ ）。当公交车以期望到达概率密度 $g_{s_2}^{arr}(t)$ 到达公交站点 s_2 后，停留 t_{s_2} —$N(t_{s_2}^0,\sigma_{s_2}^2)$ 分钟后，驶入下一路段 a_3 的期望到达概率密度函数表示为 $g_{a_3}^{arr}(t)$ 或 $g_{s_2}^{lea}(t)$ 。以下先介绍 2.2 节类似的方法，求 $g_{a_3}^{arr}(t)$ 。由于可能性比较大的期望到达时间概率密度区间是有限区间，不妨假设这个有限区间为 $[T_1,T_2]$ ，将该区间均匀地分成 h 等份，每份时长 $(T_2-T_1)/h$ 。公交车到达公交站点 s_2 ，并停车上下客，然后驶离，是前后相继的过程。如果公交车在第 1 个时间段 $[T_1,T_1+(T_2-T_1)/h]$ 内到达公交站点，当 h 取值较大时，该辆公交车将以正态分布 $N(T_1+t_{s_2}^0,\sigma_{s_2}^2)$ 的停留时间可能性驶离公交站点，进入下一路段 a_3 。如果公交车在第 j 个时间段 $[T_1+j \times (T_2-T_1)/h,T_1+(j+1) \times (T_2-T_1)/h]$ 到达公交站点 s_2 ，该辆公交车将以正态分布 $N(T_1+j \times (T_2-T_1)/h+t_{s_2}^0,\sigma_{s_2}^2)$ 的停留时间可能性驶离公交站点，进入下一路段 a_3 ；而公交车在第 j 个时间段 $[T_1+j \times (T_2-T_1)/h,T_1+(j+1) \times (T_2-T_1)/h]$ 到达公交站点 s_2 的概率 $p_j^{s_2}$ 为：

$$p_j^{s_2} = \int_{T_1+j\times(T_2-T_1)/h}^{T_1+(j+1)\times(T_2-T_1)/h} g_{s_2}^{arr}(t)\,dt \tag{7}$$

因此，可以得到公交车驶离公交站点 s_2 ，进入下一路段 a_3 的期望到达概率密度函数 $g_{a_3}^{arr}(t)$ 或 $g_{s_2}^{lea}(t)$ 为：

$$g_{a_3}^{arr}(t) = \sum_j g_{s_2}\left(t; T_1 + j\times\frac{(T_2-T_1)}{h} + t_{a_2}^0, \sigma_{a_2}^2\right)\times p_j \tag{8}$$

这里 $g_{s_2}(t;*,*)$ 是公交车在公交站点 s_2 停留时间的概率密度函数。重复 2.2 节或 2.4 节中的方法，就可以得到公交车到达任意公交站点的期望到达概率密度函数 $g_{s_i}^{arr}(t)$（ $s_i \in S$ ）。算法流程如图 8 −7 所示。

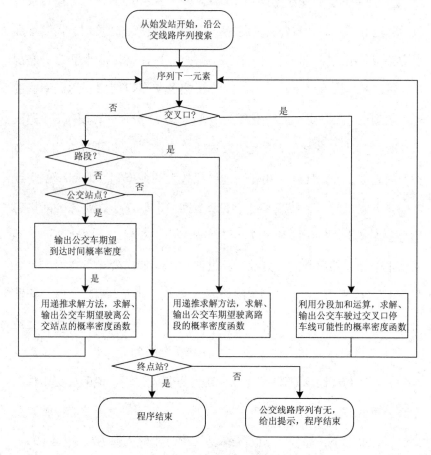

图 8 −7　递推算法流程

8.2.4.2　示例求解

本节将示例求解公交车到达公交线路序列 $\{a_1, n_1, a_2, s_2, a_3, n_2\}$ 中两个公交站点的期望到达时间概率密度，公交线路序列如图 8 – 8。假设第一条路段 a_1 上的旅行时间期望 $t_{a_1}^0 = 4$ 分钟，方差 $\sigma_{a_1} = t_{a_1}^0/3$；第二条路段 a_2 上的旅行时间期望 $t_{a_2}^0$ 等于交叉口信号相长度的 0.4 倍，方差 $\sigma_{a_2} = t_{a_2}^0/3$；第二条路段 a_2 上的旅行时间期望 $t_{a_3}^0 = 4.5$ 分钟，方差 $\sigma_{a_3} = t_{a_3}^0/3$。交叉口信号相长度为 2 分钟。公交车在公交站点 s_2 的停留时间期望 $t_{s_2}^0 = 0.5$ 分钟，方差 $\sigma_{s_2} = t_{s_2}^0/3$。

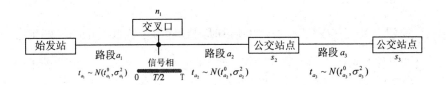

图 8 – 8　示例公交线路序列

按照 2.4.1 节递推求解方法，可以求得公交车到达公交站点 s_2、s_3 的期望到达时间概率密度分别如图 8 – 9（a）和图 8 – 9（b）所示。

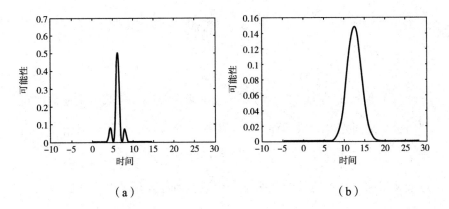

（a）　　　　　　　　　　　　　（b）

图 8 – 9　公交线路序列中两个公交站点的期望到达时间概率密度

8.3　几点说明

（1）严格地讲，公交车在路段 a_i 上的旅行时间满足与路段流量相关的正态分布 $t_{a_i}(x_{a_i}) \sim N(t_{a_i}^0(x_{a_i}),\sigma_{a_i}^2)$。若把一天分成若干个时段，在每个小时段内，路段交通流相对稳定，这时可以认为在小时间区间中，公交车在路段 a_i 上的旅行时间满足与路段流量无关的正态分布 $t_{a_i} \sim N(t_{a_i}^0,\sigma_{a_i}^2)$。

（2）公交车在公交站点的停留时间服从与客流量大小相关的正态分布规律，可以表示为 $N(t_{s_i}^0(x_{s_i}),\sigma_{s_i}^2)$（$s_i \in S$）。若把一天分成若干个时段，在每个小时段内，客流量相对稳定，这时可以认为在小时间区间中，公交车在公交站点上的停留时间满足与客流量无关的正态分布。

8.4　结论

（1）城市道路交叉口信号对车流的阻滞影响，是城市交通流的重要特征。通过定义分段加和运算，描述了交叉口红灯相阻滞公交车进入下一路段可能性这一过程，并得到受交叉口信号灯影响，公交车驶过交叉口停车线可能性的概率密度函数。研究发现，公交车驶过交叉口停车线可能性的概率密度函数是与交叉口信号相周期一致的分段函数。

（2）公交车到达公交站点时刻可能性分布极其复杂，任何单一概率分布假设很难近似这一复杂过程。公交车期望到达时间概率密度可以分为三种类型：一是正态分布型；二是轻微震荡型；三是极端震荡型。

（3）提出了按照公交线路序列，逐段递推求解公交车到达任意公交站点的期望到达概率密度函数的方法。影响公交车到达任意公交站点期望到达概率密度的因素包括：公交车站与交叉口间距、交叉口信号相长度、路段旅行时间方差等因素。

第9章 公交站点附近道路实际
通行能力分析*

本章摘要：准确分析城市公交站点附近道路通行能力，是设计高效交通流组织方式的基础。本章利用交叉口影响下的公交车到站时间分布规律分析方法，计算出了直线式停靠和港湾式两种不同型式公交站点附近的道路期望通行能力，并分析了多种因素对公交站点附近实际通行能力的影响。研究发现：公交站点附近道路实际通行能力是随时间是周期性变化；公交车发车频率、公交车站点停留时间、公交车站类型等因素是影响公交车站点附近通行能力的主要因素。路段上潜在的通行能力可以调整公交车出发时间间隔、公交站点类型等措施得以释放。

优先发展公共交通是城市缓解交通拥堵问题的有效手段，许多城市安排了数量众多的公交线路、公交车辆、公交停靠站，以满足迅速增长的出行需求。公交停靠站是公交系统向乘客提供服务的窗口，它

---

* 项目负责人指导的硕士研究生陈浩参与了这一领域的研究，顺利完成硕士学位论文，获得硕士学位。

在提供服务的同时，也可能引发公交车流、其他机动车车流和非机动车流之间的冲突，公交停靠站虽然只占很短的一段道路，却形成了道路路段时空上的瓶颈，是影响道路通行能力的重要因素。

关于停靠站对道路通行能力的影响，国内外学者做了大量研究。Fitzpatrick、Nowlin[①] 运用计算机仿真，研究了不同类型的公交停靠站设计对路段交通流的影响。Wong 与 Hai Yang[②] 提出了一种仿真模型，对信号交叉口在上游附近有公交停靠站时的延误进行了研究，并推导出延误的计算公式。Zhao[③④] 提出了一种双车道的元胞自动机模型，研究了信号交叉口和公交站点的共同作用下，路段通行能力的下降。Tang[⑤] 运用宏观动力学模型研究了公交车停靠站对道路交通流的影响。针对国内混合交通流的现实，Yang[⑥⑦] 运用冲突流叠加程序，提出了在混合交通流状况下，直线式公交停靠站附近的路段通行能力模型。并进一步研究了港湾式停靠站和非机动车可以绕行的港湾式停靠站附近的路段通行能力模型。

① Fitzpatrick，K.，Nowlin，R. L.，"Effects of bus stop design on suburban arterial operations"，*Journal Transportation Research Record*，1997，1571，pp. 31 – 41.

② Wong，S. C.，Yang，H.，Yeung，W. S.，et al.，"Delay at signal – controlled intersection with bus stop upstream"，*Journal Transport Engineering*，1998，124，pp. 229 – 234.

③ Xiaomei，Z.，Ziyou，G.，Bin，J.，"The capacity drop caused by the combined effect of the intersection and the bus stop in a CA Model"，*Physical A*，2007，385，pp. 645 – 658.

④ Xiaomei，Z.，Ziyou，G.，Keping，L.，"The capacity of twoneighbour intersections considering the influence of the bus stop"，*Physical A*，2008，387，pp. 4649 – 4656.

⑤ Tieqiao，T.，Yan，L.，Haijun，H.，"The effects of bus stop on traffic flow"，*International Journal Modern Physical C*，2009，20，pp. 941 – 952.

⑥ Xiaobao，Y.，Ziyou，G.，Xiaomei，Z.，et al.，"Road capacity at bus stops with mixed traffic flow in China"，*Journal Transportation Research Record*，2009，2111，pp. 18 – 23.

⑦ Xiaobao，Y.，Ziyou，G.，Bingfeng，S.，Liang，G.，"Car capacity nearbus stops with mixed trafficderived by additive – conflict – flows procedure"，*Science China Series E – Technology Science*，2011，54，pp. 733 – 740.

国内学者中，尹红亮、王炜等①通过对实测数据的分析，认为公交车在站台的停车情况对路段的行驶车速有显著的影响，给出了以交通量和公交停车次数为自变量的二元线性回归公式。郭冠华等②构建了关于公交车停车频率、公交停车时间、公交停车长度及其停驻时间、道路流量的车速和车头时距等因素的多元线性模型，并依据交通调查数据对模型参数进行了标定，研究了非港湾式公交停车对道路交通流的影响。葛宏伟③根据交通调查数据，构建了三幅路、四幅路沿机非隔离带和沿人行横道设置的直线式和港湾式五种类型站点对交通流影响的理论模型，并运用调查数据对所建模型进行回归拟合，确定了各类影响模型的回归参数和拟合效果。吕林④运用交通调查数据，针对三幅路、四幅路沿机非隔离带设置的四种类型站点，建立了公交路段社会车辆速度与公交站台占用时间、路段流量之间的数学模型，分析了直线式和港湾式站点对于道路交通流的影响情况。赵月、杜文⑤运用排队理论和可接受间隙理论，对三类主要公交站点对路段通行能力的影响进行了量化，计算得到了修正系数。尹小梅⑥在考虑驾驶员的反应能力的情况下，运用跟驰理论，建立了车辆换道轨迹模型，研究了公交进出站行为对交通流的影响。杨晓光、徐

　　① 尹红亮、王炜、王锦尧、陆建：《公交运行对行驶车速影响的实验研究》，《公路交通科技》2002 年第 19 卷第 4 期，第 93—96 页。

　　② 郭中华、王炜、陆建：《非港湾式公交停车对道路交通流的影响分析》，《公路交通科技》2005 年第 22 卷第 11 期，第 138—143 页。

　　③ 葛宏伟：《城市公交停靠站点交通影响分析及优化技术研究》，博士学位论文，东南大学，2006 年，第 17—43 页。

　　④ 吕林：《城市公交站点优化设计方法研究》，硕士学位论文，东南大学，2006 年，第 11—30 页。

　　⑤ 赵月、杜文：《公交站点设置对道路通行能力的影响分析》，《公路交通科技》2007 年第 24 卷第 8 期，第 136—140 页。

　　⑥ 吴立昱：《考虑驾驶员特性的公交车进、出站行为对道路交通流的影响》，《交通科学与工程》2010 年第 29 卷第 3 期，第 88—93 页。

辉等①运用排队论和间隙可接受理论，建立了单车道直线式、港湾式公交进出站停靠对机动车道的影响时间模型，并对单车道公交车停靠站上下限设置条件进行了研究。

综上所述，针对公交站点对道路通行能力的研究，有三个主要方向，一是通过经验观测数据，确定各种与公交相关因素对道路通行能力的影响，这种方法需要较大的成本；二是运用仿真技术；三是运用冲突叠加技术，它能够较好研究在混合交通状况下，公交站点对路段通行能力的影响。在过去的研究中，常常把公交车在站点处相遇事件，作为一个 M/M/C 系统来处理，假设公交车到达公交站点服从某种特定的分布，如负指数分布，这种假设不能够很好反映现实状况，特别是不能考虑站点设置位置与上游交叉口间距、通过公交站点各线路车辆发车规律等要素的影响；本章运用概率论知识，深层次地揭示了多辆车站点相遇事件的发生机理，提出了在信号交叉口影响下，多辆车站点相遇事件发生概率的计算方法，并针对了两种常见的公交停靠站，直线式停靠站和港湾式停靠站，用实例分析了其附近的路段的通行能力，加以分析。研究发现公交站点附近道路的通行能力具有实际周期性。

9.1 多辆公交车站点相遇事件的概率计算

假设某条公交路线 l 上，公交车 i 到达站点 s 旅行时间的期望概率密度函数为 $g_{ls}^{i}(t)$。研究时间区间 $[T_{start}, T_{end}]$ 被分成 v 个小区间。如

---

① 杨晓光、徐辉、高欣、龙科军：《单车道港湾式公交停靠站设置条件研究》，《公路交通科技》2010 年第 27 卷第 12 期，第 122—129 页。

果某辆公交车到达公交站点时刻为 T_{arr}，则 T_{arr} 必定包含在某个小区间中，即 $T_{arr} \in \left[T_{start} + (i-1) \times \dfrac{T_{end} - T_{start}}{v}, T_{start} + i \times \dfrac{T_{end} - T_{start}}{v} \right)$ $(i \in \{1,2,\cdots,v\})$。如果在时间区段 $[T_{arr}, T_{arr} + \mu_s]$ 内，其他公交车相继到达站点 s，便形成了这次站点相遇事件，其中 T_{arr} 为相遇事件中第一辆车到达的时刻，μ_{ls} 为公交路线 l 上公交车在站点 s 的期望停留时间，可能相遇的车辆数集合 $\varphi = \{1,2,3,\cdots,n\}$，经过公交站点 s 停车的公交线路集合 $\psi_s = \{1,2,3,\cdots,m\}$。这里要求 $\dfrac{T_{end} - T_{start}}{v}$ 远远小于 μ_{ls}，即

$$\frac{T_{end} - T_{start}}{v} \ll \mu_{ls}$$，这时可以把相遇事件中第一辆车到达的时刻认为是在

时间区间 $\left[T_{start} + (i-1) \times \dfrac{T_{end} - T_{start}}{v}, T_{start} + i \times \dfrac{T_{end} - T_{start}}{v} \right)$ 上，而其

他车辆是在时间区间 $\left[T_{start} + i \times \dfrac{T_{end} - T_{start}}{v}, T_{start} + i \times \dfrac{T_{end} - T_{start}}{v} + \mu_{ls} \right)$

上相继到达。在时间区段 $[T_{arr}, T_{arr} + \mu_{ls}]$ 内，每条公交线路都存在一辆车最有可能到达公交站点 s，其在 $[T_{arr}, T_{arr} + \mu_{ls}]$ 内的到达概率大于同线路的其他车辆。公交线路 j，对于任意时间区段内的有可能到达车辆，便形成了在该时间段内可能到达车辆的集合 $\varphi_j = \{1,2,3,\cdots,h-1,h\}$，为了表述方便，假设 $\varphi_j(c)$ 代表公交线路 j 上该时间段内最有可能到达站点 s 的公交车辆，$c \leqslant h$。

9.1.1 公交站点无车的概率

公交线路 j，对于任意时间段 $[T_1, T_2)$ 内，仍然使用 $\varphi_j(c)$ 表示公交线路 j 上最有可能在以上时间段到达站点 s 的公交车辆，那么车辆 $(\varphi_j(c)-1)$、$\varphi_j(c)$、$(\varphi_j(c)+1)$，在该时间段内出现在公交站点 s

的概率较大，同线路的其他车辆在该时间段内到达站点 s 的概率极小，这里将忽略这些极小概率，如果要加以考虑，可以使用文中同样的方法加以扩展考虑。其中 $\varphi_j(c)$ 不是该线路的始发车，如果 $\varphi_j(c)$ 是该线路的始发车，则最有可能到达的车辆为 $\varphi_j(c)$、$(\varphi_j(c)+1)$。所以在该时间段内，公交线路 j 在站点 s 内没有公交车的概率 P_{sj}^0 可以表示为：

$$
\begin{aligned}
P_{sj}^0 &= (1 - P(\xi_{\varphi_j(1)})) \cdots (1 - P(\xi_{\varphi_j(c)-1})) \times (1 - P(\xi_{\varphi_j(c)})) \times \\
&\quad (1 - P(\xi_{\varphi_j(c)+1})) \cdots (1 - P(\xi_{\varphi_j(h)})) \cong (1 - P(\xi_{\varphi_j(c)-1})) \times \\
&\quad (1 - P(\xi_{\varphi_j(c)}))(1 - P(\xi_{\varphi_j(c)+1})) \\
&= \left(1 - \int_{T_1}^{T_2} g_{js}^{\varphi_j(c)-1}(t)\,dt\right) \times \left(1 - \int_{T_1}^{T_2} g_{js}^{\varphi_j(c)}(t)\,dt\right) \times \\
&\quad \left(1 - \int_{T_1}^{T_2} g_{js}^{\varphi_j(c)+1}(t)\,dt\right)
\end{aligned} \tag{1}
$$

以上公式中认为 $\varphi_j(c)$ 不是该线路的始发车，其中 $P(\xi_{\varphi_j(c)})$ 表示公交车辆 $\varphi_j(c)$ 在该时间段到达公交站点的概率。如果 $\varphi_j(c)$ 是该线路的始发车，不难依同样的方法写出其计算公式：

$$
\begin{aligned}
P_{sj}^0 &= (1 - P(\xi_{\varphi_j(1)}))(1 - P(\xi_{\varphi_j(2)})) \\
&= \left(1 - \int_{T_1}^{T_2} g_{js}^{\varphi_j(1)}(t)\,dt\right) \times \left(1 - \int_{T_1}^{T_2} g_{js}^{\varphi_j(2)}(t)\,dt\right)
\end{aligned} \tag{2}
$$

那么，公交站点 s 时间段 $[T_1, T_2)$ 内没有公交车的概率 P_s^0 可以表示为：

$$
P_s^0 = \prod_j P_{sj}^0 \tag{3}
$$

9.1.2　公交站点有一辆车的概率

如果在时间段 $\left[T_{start} + (i-1) \times \dfrac{T_{end} - T_{start}}{v}, T_{start} + i \times \dfrac{T_{end} - T_{start}}{v} \right)$

$(i \in \{1,2,\cdots,v\})$ 内有一辆公交车，不妨假设该辆公交车属于第 $l(l \in \psi)$ 路公交线路，考虑到公交线路 l 上的车辆 $\varphi_l(c) - 1$、$\varphi_l(c)$、$\varphi_l(c) + 1$ 在该时间段内出现在站点 s 的概率较大，同线路的其他车辆在该时间段内到达站点 s 的概率极小，这里将忽略之。这时，其他公交线路 $j(j \neq l)$ 的公交车辆都不在时间段 $\left[T_{start} + (i - 1) \times \dfrac{T_{end} - T_{start}}{v}, T_{start} + i \times \dfrac{T_{end} - T_{start}}{v} + \mu_{ls}\right)(i \in \{1,2,\cdots, v\})$ 到达站点 s，这种可能性 $\bar{P}_{sj}^0$ 为：

$$
\begin{aligned}
\bar{P}_{sj}^0 &= (1 - P(\xi_{\varphi_j(1)})) \cdots (1 - P(\xi_{\varphi_j(c)-1})) \times (1 - P(\xi_{\varphi_j(c)})) \times \\
&\quad (1 - P(\xi_{\varphi_j(c)+1})) \cdots (1 - P(\xi_{\varphi_j(h)})) \cong (1 - P(\xi_{\varphi_j(c)-1})) \times \\
&\quad (1 - P(\xi_{\varphi_j(c)}))(1 - P(\xi_{\varphi_j(c)+1})) \\
&= \left(1 - \int_{T_{start} + (i-1) \times \frac{T_{end} - T_{start}}{v}}^{T_{start} + i \times \frac{T_{end} - T_{start}}{v} + \mu_{ls}} g_{js}^{\varphi_j(c)-1}(t)\,dt\right) \times \\
&\quad \left(1 - \int_{T_{start} + (i-1) \times \frac{T_{end} - T_{start}}{v}}^{T_{start} + i \times \frac{T_{end} - T_{start}}{v} + \mu_{ls}} g_{js}^{\varphi_j(c)}(t)\,dt\right) \times \\
&\quad \left(1 - \int_{T_{start} + (i-1) \times \frac{T_{end} - T_{start}}{v}}^{T_{start} + i \times \frac{T_{end} - T_{start}}{v} + \mu_{ls}} g_{js}^{\varphi_j(c)+1}(t)\,dt\right)
\end{aligned} \tag{4}
$$

那么在该时间段内，公交站点 s 内有第 l 路公交线路上一辆公交车的概率 P_{sl}^1 可以表示为：

$$
\begin{aligned}
P_{sl}^1 &= (1 - P(\xi_{\varphi_l(1)})) \cdots (1 - P(\xi_{\varphi_l(c)-2})) \times P(\xi_{\varphi_l(c)-1}) \times \\
&\quad (1 - P(\xi_{\varphi_l(c)})) \cdots (1 - P(\xi_{\varphi_l(h)})) \times \\
&\quad \prod_{j \neq l} \bar{P}_{sj}^0 + (1 - P(\xi_{\varphi_l(1)})) \cdots (1 - P(\xi_{\varphi_l(c)-1})) \times \\
&\quad P(\xi_{\varphi_l(c)}) \times (1 - P(\xi_{\varphi_l(c)+1})) \cdots (1 - P(\xi_{\varphi_l(h)})) \times \\
&\quad \prod_{j \neq l} \bar{P}_{sj}^0 + (1 - P(\xi_{\varphi_l(1)})) \cdots (1 - P(\xi_{\varphi_l(c)})) \times \\
&\quad P(\xi_{\varphi_l(c)+1}) \times (1 - P(\xi_{\varphi_l(c)+2})) \cdots (1 - P(\xi_{\varphi_l(h)})) \times
\end{aligned}
$$

$$\prod_{j \neq l} \bar{P}_{sj}^0 \cong P(\xi_{\varphi_l(c)-1}) \times (1 - P(\xi_{\varphi_l(c)})) \times$$

$$(1 - P(\xi_{\varphi_l(c)+1})) \times \prod_{j \neq l} \bar{P}_{sj}^0 + (1 - P(\xi_{\varphi_l(c)-1})) \times$$

$$P(\xi_{\varphi_l(c)}) \times (1 - P(\xi_{\varphi_l(c)+1})) \times \prod_{j \neq l} \bar{P}_{sj}^0 + (1 - P(\xi_{\varphi_l(c)-1})) \times$$

$$(1 - P(\xi_{\varphi_l(c)})) \times P(\xi_{\varphi_l(c)+1}) \times \prod_{j \neq l} \bar{P}_{sj}^0$$

$$= \int_{T_{start}+(i-1)\times\frac{T_{end}-T_{start}}{v}}^{T_{start}+i\times\frac{T_{end}-T_{start}}{v}} g_{ls}^{\varphi_l(c)-1}(t)\,dt \times$$

$$\left(1 - \int_{T_{start}+(i-1)\times\frac{T_{end}-T_{start}}{v}}^{T_{start}+i\times\frac{T_{end}-T_{start}}{v}} g_{ls}^{\varphi_l(c)}(t)\,dt\right) \times$$

$$\left(1 - \int_{T_{start}+(i-1)\times\frac{T_{end}-T_{start}}{v}}^{T_{start}+i\times\frac{T_{end}-T_{start}}{v}} g_{ls}^{\varphi_l(c)+1}(t)\,dt\right) \times$$

$$\prod_{j \neq l} \bar{P}_{sj}^0 + \left(1 - \int_{T_{start}+(i-1)\times\frac{T_{end}-T_{start}}{v}}^{T_{start}+i\times\frac{T_{end}-T_{start}}{v}} g_{ls}^{\varphi_l(c)-1}(t)\,dt\right) \times$$

$$\int_{T_{start}+(i-1)\times\frac{T_{end}-T_{start}}{v}}^{T_{start}+i\times\frac{T_{end}-T_{start}}{v}} g_{ls}^{\varphi_l(c)}(t) \times$$

$$\left(1 - \int_{T_{start}+(i-1)\times\frac{T_{end}-T_{start}}{v}}^{T_{start}+i\times\frac{T_{end}-T_{start}}{v}} g_{ls}^{\varphi_l(c)+1}(t)\,dt\right) \times$$

$$\prod_{j \neq l} \bar{P}_{sj}^0 + \left(1 - \int_{T_{start}+(i-1)\times\frac{T_{end}-T_{start}}{v}}^{T_{start}+i\times\frac{T_{end}-T_{start}}{v}} g_{ls}^{\varphi_l(c)-1}(t)\,dt\right) \times$$

$$\left(1 - \int_{T_{start}+(i-1)\times\frac{T_{end}-T_{start}}{v}}^{T_{start}+i\times\frac{T_{end}-T_{start}}{v}} g_{ls}^{\varphi_l(c)}(t)\,dt\right) \times \int_{T_{start}+(i-1)\times\frac{T_{end}-T_{start}}{v}}^{T_{start}+i\times\frac{T_{end}-T_{start}}{v}}$$

$$g_{ls}^{\varphi_l(c)+1}(t)\,dt \times \prod_{j \neq l} \bar{P}_{sj}^0 \tag{5}$$

所以，公交站点 s 内有一辆公交车的概率 P_s^1 可以表示为：

$$P_s^1 = \sum_l P_{sl}^1 \tag{6}$$

9.1.3　多辆公交车站点相遇的概率

在站点相遇的多辆公交车可能来自同一线路，也可来自不同线路，所以分为两种情况进行讨论。

（1）同路车站点相遇概率计算。

来自同一线路多于三辆公交车站点相遇事件的概率极小，因此本节只考虑同线路的两辆和三辆公交车相遇的情况。由于 $\varphi_j(c)$ 是公交线路 j 上时间段 $\left[T_{start} + (i-1) \times \dfrac{T_{end} - T_{start}}{v}, T_{start} + i \times \dfrac{T_{end} - T_{start}}{v} \right)$ $(i \in \{1,2,\cdots,v\})$ 内最有可能到达站点 s 的公交车辆，那么车辆 $(\varphi_j(c) - 1)$、$\varphi_j(c)$、$(\varphi_j(c) + 1)$ 在该时间段内出现在站点 s 的概率较大，同线路的其他车辆在该时间段内到达站点 s 的概率极小，这里将忽略之。因而，两辆公交车站点相遇最有可能的组合就是 $(\varphi_j(c) - 1)$ 与 $\varphi_j(c)$，$\varphi_j(c)$ 与 $(\varphi_j(c) + 1)$，$(\varphi_j(c) - 1)$ 与 $(\varphi_j(c) + 1)$ 组合出现的可能性远远小于前两者，将忽略之。三辆公交车 $(\varphi_j(c) - 1)$、$\varphi_j(c)$ 和 $(\varphi_j(c) + 1)$ 的组合站点相遇的可能性远远大于其他方式的组合。所以在该时间段内，公交站点 s 内公交线路 j 两辆公交车站点相遇的概率 P_{sj}^2 可以表示为：

$$
\begin{aligned}
P_{sj}^2 =\ & P(\xi_{\varphi_j(c)-1}) \times P(\xi_{\varphi_j(c)}) \times (1 - P(\xi_{\varphi_j(c)+1})) \times \\
& \prod_{i \neq j} \bar{P}_{si}^0 + (1 - P(\xi_{\varphi_j(c)-1})) \times P(\xi_{\varphi_j(c)}) \times P(\xi_{\varphi_j(c)+1}) \times \prod_{i \neq j} \bar{P}_{si}^0 \\
=\ & \int_{T_{start}+(i-1)\times\frac{T_{end}-T_{start}}{v}}^{T_{start}+i\times\frac{T_{end}-T_{start}}{v}} g_{js}^{\varphi_j(c)-1}(t)\, dt \times \int_{T_{start}+i\times\frac{T_{end}-T_{start}}{v}}^{T_{start}+i\times\frac{T_{end}-T_{start}}{v}+\mu_{js}} g_{js}^{\varphi_j(c)}(t)\, dt \times \\
& \left(1 - \int_{T_{start}+(i-1)\times\frac{T_{end}-T_{start}}{v}}^{T_{start}+i\times\frac{T_{end}-T_{start}}{v}+\mu_{js}} g_{js}^{\varphi_j(c)+1}(t)\, dt\right) \times \\
& \prod_{i \neq j} \bar{P}_{si}^0 + \left(1 - \int_{T_{start}+(i-1)\times\frac{T_{end}-T_{start}}{v}}^{T_{start}+i\times\frac{T_{end}-T_{start}}{v}+\mu_{js}} g_{js}^{\varphi_j(c)-1}(t)\, dt\right) \times
\end{aligned}
$$

$$\int_{T_{start}+(i-1)\times\frac{T_{end}-T_{start}}{v}}^{T_{start}+i\times\frac{T_{end}-T_{start}}{v}} g_{js}^{\varphi_j(c)}(t)\,dt \times \int_{T_{start}+i\times\frac{T_{end}-T_{start}}{v}}^{T_{start}+i\times\frac{T_{end}-T_{start}}{v}+\mu_{js}} g_{js}^{\varphi_j(c)+1}(t)\,dt \times$$

$$\prod_{i\neq j}\bar{P}_{si}^{0} \tag{7}$$

在该时间段内，公交站点 s 内有两辆公交车站点相遇的概率 P_s^2 可以表示为：

$$P_s^2 = \sum_j P_{sj}^2 \tag{8}$$

在该时间段内，公交站点 s 内公交线路 j 上有三辆公交车站点相遇的概率 P_{sj}^3 可以表示为：

$$P_{sj}^3 = P(\xi_{\varphi_j(c)-1}) \times P(\xi_{\varphi_j(c)}) \times P(\xi_{\varphi_j(c)+1}) \times \prod_{i\neq j}\bar{P}_{si}^0$$

$$= \int_{T_{start}+i\times\frac{T_{end}-T_{start}}{v}}^{T_{start}+i\times\frac{T_{end}-T_{start}}{v}+\mu_{js}} g_{js}^{\varphi_j(c)-1}(t)\,dt \times \int_{T_{start}+(i-1)\times\frac{T_{end}-T_{start}}{v}}^{T_{start}+i\times\frac{T_{end}-T_{start}}{v}} g_{js}^{\varphi_j(c)}(t)\,dt \times$$

$$\int_{T_{start}+i\times\frac{T_{end}-T_{start}}{v}}^{T_{start}+i\times\frac{T_{end}-T_{start}}{v}+\mu_{js}} g_{js}^{\varphi_j(c)+1}(t)\,dt \times \prod_{i\neq j}\bar{P}_{si}^0 \tag{9}$$

那么，在该时间段内，公交站点 s 有三辆公交车站点相遇的概率 P_s^3 可以表示为：

$$P_s^3 = \sum_j P_{sj}^3 \tag{10}$$

这里 $P(\xi_{\varphi_j(c)})$ 表示公交车辆 $\varphi_j(c)$ 到达公交站点的概率。

（2）不同线路公交车站点相遇概率计算。

如果公交车站点相遇，那么必定是两辆以上公交车相遇，$P_s^n(n=2,3,\cdots)$ 仍然表示 n 辆公交车在公交站点 s 相遇的可能性大小。相遇的 n 辆公交车中的任何一辆都属于经过公交站点 s 的某一公交线路 $i_s(i_s \in \psi_s)$，若用 n_{i_s} 表示公交线路 i_s 该次相遇的公交车数量，那么

$$\sum_{i_s=1}^{n_{\psi_s}^s} n_{i_s} = n, 0 \le n_{i_s} \le n \qquad (11)$$

这里 $n_{\psi_s}^s$ 是经过公交站点 s 的公交线路条数。若向量 $n_s = (n_{1_s}, n_{2_s}, \cdots, n_{n_{\psi_s}^s})_{1 \times n_{\psi_s}^s}$ 是方程（10）的任意解，考虑到同线路三辆公交车同时到站事件可能性极小，这里只需要考虑 $n_{i_s} \le 3$ 的情况。令 $\Theta = \{ n_s = (n_{1_s}, n_{2_s}, \cdots, n_{n_{\psi_s}^s})_{1 \times n_{\psi_s}^s} \mid n_{i_s} \le 3 \}$ 是方程（10）解向量分量不大于 3 的解集空间。公交线路 i_s 上的 n_{i_s} 辆公交车出现在该次公交站点相遇事件中的概率 $\bar{P}_{si_s}^{n_{i_s}}$ 分三种情况来计算。

（1）若这次公交站点相遇事件的第一辆车出现在公交线路 i_s 上的 n_{i_s} 辆公交车中，那么，第一辆车在时间段 $\left[T_{start} + (i-1) \times \dfrac{T_{end} - T_{start}}{v}, \right.$ $\left. T_{start} + i \times \dfrac{T_{end} - T_{start}}{v} \right)$ 内到达公交站点，其他公交车辆将在时间段 $\left[T_{start} + i \times \dfrac{T_{end} - T_{start}}{v}, T_{start} + i \times \dfrac{T_{end} - T_{start}}{v} + \mu_s \right)$ 内到达公交站点。则 $\bar{P}_{si_s}^{n_{i_s}}$ 分情况计算为：

$$
\begin{aligned}
\bar{P}_{si_s}^{n_{i_s}} = {} & (1 - P(\xi_{\varphi_{i_s}(1)})) \cdots (1 - P(\xi_{\varphi_{i_s}(c)-2})) \times P(\xi_{\varphi_{i_s}(c)-1}) \times \\
& (1 - P(\xi_{\varphi_{i_s}(c)})) \cdots (1 - P(\xi_{\varphi_{i_s}(h)})) + \\
& (1 - P(\xi_{\varphi_{i_s}(1)})) \cdots (1 - P(\xi_{\varphi_{i_s}(c)-1})) \times P(\xi_{\varphi_{i_s}(c)}) \times \\
& (1 - P(\xi_{\varphi_{i_s}(c)+1})) \cdots (1 - P(\xi_{\varphi_{i_s}(h)})) + \\
& (1 - P(\xi_{\varphi_{i_s}(1)})) \cdots (1 - P(\xi_{\varphi_{i_s}(c)})) \times P(\xi_{\varphi_{i_s}(c)+1}) \times \\
& (1 - P(\xi_{\varphi_{i_s}(c)+2})) \cdots (1 - P(\xi_{\varphi_{i_s}(h)})) \cong P(\xi_{\varphi_{i_s}(c)-1}) \times \\
& (1 - P(\xi_{\varphi_{i_s}(c)})) \times (1 - P(\xi_{\varphi_{i_s}(c)+1})) + (1 - P(\xi_{\varphi_{i_s}(c)-1})) \times \\
& P(\xi_{\varphi_{i_s}(c)}) \times (1 - P(\xi_{\varphi_{i_s}(c)+1})) + (1 - P(\xi_{\varphi_{i_s}(c)-1})) \times \\
& (1 - P(\xi_{\varphi_{i_s}(c)})) \times P(\xi_{\varphi_{i_s}(c)+1})
\end{aligned}
$$

$$= \int_{T_{start}+(i-1)\times\frac{T_{end}-T_{start}}{v}}^{T_{start}+i\times\frac{T_{end}-T_{start}}{v}} g_{i_s s}^{\varphi_{i_s}(c)-1}(t)\,dt \times$$

$$\left(1 - \int_{T_{start}+(i-1)\times\frac{T_{end}-T_{start}}{v}}^{T_{start}+i\times\frac{T_{end}-T_{start}}{v}+\mu_{i_s s}} g_{i_s s}^{\varphi_{i_s}(c)}(t)\,dt\right) \times$$

$$\left(1 - \int_{T_{start}+(i-1)\times\frac{T_{end}-T_{start}}{v}}^{T_{start}+i\times\frac{T_{end}-T_{start}}{v}+\mu_{i_s s}} g_{i_s s}^{\varphi_{i_s}(c)+1}(t)\,dt\right) +$$

$$\left(1 - \int_{T_{start}+(i-1)\times\frac{T_{end}-T_{start}}{v}}^{T_{start}+i\times\frac{T_{end}-T_{start}}{v}+\mu_{i_s s}} g_{i_s s}^{\varphi_{i_s}(c)-1}(t)\,dt\right) \times$$

$$\int_{T_{start}+(i-1)\times\frac{T_{end}-T_{start}}{v}}^{T_{start}+i\times\frac{T_{end}-T_{start}}{v}} g_{i_s s}^{\varphi_{i_s}(c)}(t) \times$$

$$\left(1 - \int_{T_{start}+(i-1)\times\frac{T_{end}-T_{start}}{v}}^{T_{start}+i\times\frac{T_{end}-T_{start}}{v}+\mu_{i_s s}} g_{i_s s}^{\varphi_{i_s}(c)+1}(t)\,dt\right) +$$

$$\left(1 - \int_{T_{start}+(i-1)\times\frac{T_{end}-T_{start}}{v}}^{T_{start}+i\times\frac{T_{end}-T_{start}}{v}+\mu_{i_s s}} g_{i_s s}^{\varphi_{i_s}(c)-1}(t)\,dt\right) \times$$

$$\left(1 - \int_{T_{start}+(i-1)\times\frac{T_{end}-T_{start}}{v}}^{T_{start}+i\times\frac{T_{end}-T_{start}}{v}+\mu_{i_s s}} g_{i_s s}^{\varphi_{i_s}(c)}(t)\,dt\right) \times$$

$$\int_{T_{start}+(i-1)\times\frac{T_{end}-T_{start}}{v}}^{T_{start}+i\times\frac{T_{end}-T_{start}}{v}} g_{i_s s}^{\varphi_{i_s}(c)+1}(t)\,dt\ ,\ n_{i_s}$$

$$= 1 \tag{12}$$

$$\bar{P}_{s i_s}^{n_{i_s}} = P(\xi_{\varphi_{i_s}(c)-1}) \times P(\xi_{\varphi_{i_s}(c)}) \times (1 - P(\xi_{\varphi_{i_s}(c)+1})) +$$

$$(1 - P(\xi_{\varphi_{i_s}(c)-1})) \times P(\xi_{\varphi_{i_s}(c)}) \times P(\xi_{\varphi_{i_s}(c)+1})$$

$$= \int_{T_{start}+(i-1)\times\frac{T_{end}-T_{start}}{v}}^{T_{start}+i\times\frac{T_{end}-T_{start}}{v}} g_{i_s s}^{\varphi_{i_s}(c)-1}(t)\,dt \times \int_{T_{start}+i\times\frac{T_{end}-T_{start}}{v}}^{T_{start}+i\times\frac{T_{end}-T_{start}}{v}+\mu_{i_s s}} g_{i_s s}^{\varphi_{i_s}(c)}(t)\,dt \times$$

$$\left(1 - \int_{T_{start}+(i-1)\times\frac{T_{end}-T_{start}}{v}}^{T_{start}+i\times\frac{T_{end}-T_{start}}{v}+\mu_{i_s s}} g_{i_s s}^{\varphi_{i_s}(c)+1}(t)\,dt\right) +$$

$$\left(1 - \int_{T_{start}+(i-1)\times\frac{T_{end}-T_{start}}{v}}^{T_{start}+i\times\frac{T_{end}-T_{start}}{v}+\mu_{i_s s}} g_{i_s s}^{\varphi_{i_s}(c)-1}(t)dt\right) \times$$

$$\int_{T_{start}+(i-1)\times\frac{T_{end}-T_{start}}{v}}^{T_{start}+i\times\frac{T_{end}-T_{start}}{v}} g_{i_s s}^{\varphi_{i_s}(c)}(t)dt \times \int_{T_{start}+i\times\frac{T_{end}-T_{start}}{v}}^{T_{start}+i\times\frac{T_{end}-T_{start}}{v}+\mu_{i_s s}} g_{i_s s}^{\varphi_{i_s}(c)+1}(t)dt \ , n_{i_s}$$

$$= 2 \qquad\qquad (13)$$

$$\bar{P}_{si_s}^{n_{i_s}} = P(\xi_{\varphi_{i_s}(c)-1}) \times P(\xi_{\varphi_{i_s}(c)}) \times P(\xi_{\varphi_{i_s}(c)+1})$$

$$= \int_{T_{start}+i\times\frac{T_{end}-T_{start}}{v}}^{T_{start}+i\times\frac{T_{end}-T_{start}}{v}+\mu_{i_s s}} g_{i_s s}^{\varphi_{i_s}(c)-1}(t)dt \times$$

$$\int_{T_{start}+(i-1)\times\frac{T_{end}-T_{start}}{v}}^{T_{start}+i\times\frac{T_{end}-T_{start}}{v}} g_{i_s s}^{\varphi_{i_s}(c)}(t)dt \times \int_{T_{start}+i\times\frac{T_{end}-T_{start}}{v}}^{T_{start}+i\times\frac{T_{end}-T_{start}}{v}+\mu_{i_s s}} g_{i_s s}^{\varphi_{i_s}(c)+1}(t)dt \ , n_{i_s}$$

$$= 3 \qquad\qquad (14)$$

（2）若 $n_{i_s}=0$，即公交线路 i_s 上没有公交车在这次公交站点事件中出现，则 $\bar{P}_{si_s}^{n_{i_s}}$ 依公式（1）或（2）计算。

（3）若 $n_{i_s}>0$ 且这次公交站点相遇事件的第一辆车也不包含在这 n_{i_s} 辆公交车中，所有公交车辆将在时间段 $\left[T_{start}+i\times\dfrac{T_{end}-T_{start}}{v}, T_{start}+i\times\dfrac{T_{end}-T_{start}}{v}+\mu_s\right)$ 内到达公交站点。考虑到同线路三辆公交车同时到站事件可能性极小，这里只需要考虑 $n_{i_s}\leqslant 3$ 的情况。若 $n_{i_s}=1$，$\bar{P}_{si_s}^{n_{i_s}}$ 可以依公式（15）计算；若 $n_{i_s}=2$，$\bar{P}_{si_s}^{n_{i_s}}$ 可以依公式（16）计算；若 $n_{i_s}=3$，$\bar{P}_{si_s}^{n_{i_s}}$ 可以依公式（17）计算。

$$\bar{P}_{si_s}^{n_{i_s}} = (1-P(\xi_{\varphi_{i_s}(1)}))\cdots(1-P(\xi_{\varphi_{i_s}(c)-2}))P(\xi_{\varphi_{i_s}(c)-1}) \times$$

$$(1-P(\xi_{\varphi_{i_s}(c)}))\cdots(1-P(\xi_{\varphi_{i_s}(h)})) +$$

$$(1-P(\xi_{\varphi_{i_s}(1)}))\cdots(1-P(\xi_{\varphi_{i_s}(c)-1})) \times P(\xi_{\varphi_{i_s}(c)}) \times$$

$$(1-P(\xi_{\varphi_{i_s}(c)+1}))\cdots(1-P(\xi_{\varphi_{i_s}(h)})) +$$

$$(1 - P(\xi_{\varphi_{i_s}(1)}))\cdots(1 - P(\xi_{\varphi_{i_s}(c)})) \times P(\xi_{\varphi_{i_s}(c)+1}) \times$$

$$(1 - P(\xi_{\varphi_{i_s}(c)+2}))\cdots(1 - P(\xi_{\varphi_{i_s}(h)})) \cong P(\xi_{\varphi_{i_s}(c)-1}) \times$$

$$(1 - P(\xi_{\varphi_{i_s}(c)})) \times (1 - P(\xi_{\varphi_{i_s}(c)+1})) + (1 - P(\xi_{\varphi_{i_s}(c)-1})) \times$$

$$P(\xi_{\varphi_{i_s}(c)}) \times (1 - P(\xi_{\varphi_{i_s}(c)+1})) + (1 - P(\xi_{\varphi_{i_s}(c)-1})) \times$$

$$(1 - P(\xi_{\varphi_{i_s}(c)})) \times P(\xi_{\varphi_{i_s}(c)+1})$$

$$= \int_{T_{start}+i\times\frac{T_{end}-T_{start}}{v}}^{T_{start}+i\times\frac{T_{end}-T_{start}}{v}+\mu_{i_ss}} g_{i_ss}^{\varphi_{i_s}(c)-1}(t)\,dt \times$$

$$\left(1 - \int_{T_{start}+i\times\frac{T_{end}-T_{start}}{v}}^{T_{start}+i\times\frac{T_{end}-T_{start}}{v}+\mu_{i_ss}} g_{i_ss}^{\varphi_{i_s}(c)}(t)\,dt\right) \times$$

$$\left(1 - \int_{T_{start}+i\times\frac{T_{end}-T_{start}}{v}}^{T_{start}+i\times\frac{T_{end}-T_{start}}{v}+\mu_{i_ss}} g_{i_ss}^{\varphi_{i_s}(c)+1}(t)\,dt\right) +$$

$$\left(1 - \int_{T_{start}+i\times\frac{T_{end}-T_{start}}{v}}^{T_{start}+i\times\frac{T_{end}-T_{start}}{v}+\mu_{i_ss}} g_{i_ss}^{\varphi_{i_s}(c)-1}(t)\,dt\right) \times$$

$$\int_{T_{start}+i\times\frac{T_{end}-T_{start}}{v}}^{T_{start}+i\times\frac{T_{end}-T_{start}}{v}+\mu_{i_ss}} g_{i_ss}^{\varphi_{i_s}(c)}(t) \times$$

$$\left(1 - \int_{T_{start}+i\times\frac{T_{end}-T_{start}}{v}}^{T_{start}+i\times\frac{T_{end}-T_{start}}{v}+\mu_{i_ss}} g_{i_ss}^{\varphi_{i_s}(c)+1}(t)\,dt\right) +$$

$$\left(1 - \int_{T_{start}+i\times\frac{T_{end}-T_{start}}{v}}^{T_{start}+i\times\frac{T_{end}-T_{start}}{v}+\mu_{i_ss}} g_{i_ss}^{\varphi_{i_s}(c)-1}(t)\,dt\right) \times$$

$$\left(1 - \int_{T_{start}+i\times\frac{T_{end}-T_{start}}{v}}^{T_{start}+i\times\frac{T_{end}-T_{start}}{v}+\mu_{i_ss}} g_{i_ss}^{\varphi_{i_s}(c)}(t)\,dt\right) \times$$

$$\int_{T_{start}+i\times\frac{T_{end}-T_{start}}{h}}^{T_{start}+i\times\frac{T_{end}-T_{start}}{h}+\mu_{i_ss}} g_{i_ss}^{\varphi_{i_s}(c)+1}(t)\,dt , n_{i_s}$$

$$= 1 \tag{15}$$

$$\bar{P}_{si_s}^{n_{i_s}} = P(\xi_{\varphi_{i_s}(c)-1}) \times P(\xi_{\varphi_{i_s}(c)}) \times (1 - P(\xi_{\varphi_{i_s}(c)+1})) +$$

$$(1 - P(\xi_{\varphi_{i_s}(c)-1})) \times P(\xi_{\varphi_{i_s}(c)}) \times P(\xi_{\varphi_{i_s}(c)+1})$$

$$= \int_{T_{start}+i\times\frac{T_{end}-T_{start}}{v}}^{T_{start}+i\times\frac{T_{end}-T_{start}}{v}+\mu_{i_s s}} g_{i_s s}^{\varphi_{i_s}(c)-1}(t)dt \times \int_{T_{start}+i\times\frac{T_{end}-T_{start}}{v}}^{T_{start}+i\times\frac{T_{end}-T_{start}}{v}+\mu_{i_s s}} g_{i_s s}^{\varphi_{i_s}(c)}(t)dt \times$$

$$\left(1 - \int_{T_{start}+i\times\frac{T_{end}-T_{start}}{v}}^{T_{start}+i\times\frac{T_{end}-T_{start}}{v}+\mu_{i_s s}} g_{i_s s}^{\varphi_{i_s}(c)+1}(t)dt\right) +$$

$$\left(1 - \int_{T_{start}+i\times\frac{T_{end}-T_{start}}{v}}^{T_{start}+i\times\frac{T_{end}-T_{start}}{v}+\mu_{i_s s}} g_{i_s s}^{\varphi_{i_s}(c)-1}(t)dt\right) \times$$

$$\int_{T_{start}+i\times\frac{T_{end}-T_{start}}{v}}^{T_{start}+i\times\frac{T_{end}-T_{start}}{v}+\mu_{i_s s}} g_{i_s s}^{\varphi_j(c)}(t)dt \times \int_{T_{start}+i\times\frac{T_{end}-T_{start}}{v}}^{T_{start}+i\times\frac{T_{end}-T_{start}}{v}+\mu_{i_s s}} g_{i_s s}^{\varphi_j(c)+1}(t)dt \,, \, n_{i_s}$$

$$= 2 \tag{16}$$

$$\bar{P}_{si_s}^{n_{i_s}} = P(\xi_{\varphi_{i_s}(c)-1}) \times P(\xi_{\varphi_{i_s}(c)}) \times P(\xi_{\varphi_{i_s}(c)+1})$$

$$= \int_{T_{start}+i\times\frac{T_{end}-T_{start}}{v}}^{T_{start}+i\times\frac{T_{end}-T_{start}}{v}+\mu_{i_s s}} g_{i_s s}^{\varphi_{i_s}(c)-1}(t)dt \times \int_{T_{start}+i\times\frac{T_{end}-T_{start}}{v}}^{T_{start}+i\times\frac{T_{end}-T_{start}}{v}+\mu_{i_s s}} g_{i_s s}^{\varphi_{i_s}(c)}(t)dt \times$$

$$\int_{T_{start}+i\times\frac{T_{end}-T_{start}}{v}}^{T_{start}+i\times\frac{T_{end}-T_{start}}{v}+\mu_{i_s s}} g_{i_s s}^{\varphi_{i_s}(c)+1}(t)dt \,, \, n_{i_s}$$

$$= 3 \tag{17}$$

因此，第一辆公交车在时间段 $\left[T_{start} + (i-1) \times \dfrac{T_{end}-T_{start}}{v}, \right.$

$\left. T_{start} + i \times \dfrac{T_{end}-T_{start}}{v} \right) (i \in \{1,2,\cdots,v\})$ 内到达，n 辆公交车在公交站

点 s 相遇的可能性 $P_s^n (n = 2,3)$ 可以表示为：

$$P_s^n = \sum_{n_s \in \Theta} \prod_{i_s=1}^{n_{\psi_s}^s} \bar{P}_{si_s}^{n_{i_s}} \tag{18}$$

9.2　公交车到站时间期望概率密度计算

公交线路由道路系统 $G(N,A)$（N 为交通节点集合，A 为路段集合）中的边序列 $\{a_1,a_2,\cdots,a_M\}$（$a_i \in A$，$i \in \{1,2,\cdots,M\}$）组成。公交站点集合为 S，都分布在交通网络的路段上，我们把公交站点也看成是交通节点，视其把有向道路路段分为两段。这里把拆分后的路段与没有被拆分的路段形成的并集合记为 A_1，边数为 $|A_1|$；把公交站点也视为交通节点，并令 $N_1 = N \cup S$，节点数为 $|N_1|$。这时，研究的交通网络可以表示为 $G(N_1,A_1)$。如果在公交线路边序列中加入交叉口节点或公交站点，公交线路序列可以表示为 $\{a_1,n_1,a_2,s_2,\cdots,n_{M-1},a_M\}$（$a_i \in A_1$，$n_i \in N,s_i \in S,i \in \{1,2,\cdots,M\}$）。一般来说，公交车在路段 $a \in A_1$ 上的旅行时间 t_a 服从概率分布 $N(t_a^0,\sigma_a^2)$，t_a^0 是公交车在路段 a 上的期望旅行时间，σ_a 是公交车在路段 a 上旅行时间标准差。交叉口前的停车线被视作是下一路段的起始位置，这样公交车在交叉口内的旅行时间就包含在下一路段的旅行时间中了。由于交叉口信号灯黄闪时间公交车仍然可以通行，且时间比较短，我们把其纳入绿灯相中，这时，只需考虑红绿相位交叉口信号灯的影响。为了表述方便起见，假定红灯相与绿灯相等时长，分析方法可以比较容易地推广到红灯相与绿灯相非等时长的情形。设交叉口 n_i（$n_i \in N$）的信号相位长度为 T_{n_i}，则红灯相位时长和绿灯相位时长都等于 $T_{n_i}/2$。公交车在红绿灯影响下到达公交站点 $s_i \in S$ 的时间分布规律已经在前述章节中详细讨论过，为了连续性，本节只给出

结果。

公交线路 l 是按照固定时间间隔 T_l 发车，该线路上第 $k(k = 1,$ $2,\cdots)$ 辆公交车从始发站出发，首先经过路段 a_1，到达交叉口 n_1，而后驶过路段 a_2 到达公交站点 s_2。

如果公交车到达交叉口 n_1 的时刻恰好是交叉口的红灯相，那么公交车将被迫停车等待，这时在交叉口红灯相到达车辆进入下一路段 a_2 的可能性就被推移到下一个绿灯相。设 m_1 是满足 $m_1 \times T_{n_1} \leqslant t_{a_1}^0 + kT_l \leqslant (m_1 + 1) \times T_{n_1}$ 的整数，则 $m_1 = floor((t_{a_1}^0 + kT_l)/T_{n_1})$。考虑到区间 $(m_1 \times T_{n_1} - 3 \times \sigma_{a_1},(m_1 + 1) \times T_{n_1} + 3 \times \sigma_{a_1})$ 包含了公交车到达交叉口 n_1 前的绝大部分可能性，如果设 m_2 是满足 $m_2 \times T_{n_1} \geqslant 3 \times \sigma_{a_1}$ 的最小整数，因而在进行数值计算时只要考虑区间 $(m_1 \times T_{n_1} - m_2 \times T_{n_1},(m_1 + 1) \times T_{n_1} + m_2 \times T_{n_1})$ 上公交车到达交叉口 n_1 前的概率就可以了。

若令 $t_{a_1}^\sigma = floor((t_{a_1}^0 + kT_l)/T_{n_1}) \times T_{n_1} = m_1 \times T_{n_1}$，这里首先定义时间区间 $(t_{a_1}^\sigma - m_2 \times T_{n_1},t_{a_1}^\sigma + m_2 \times T_{n_1})$ 上交叉口信号灯的放行可能性函数 $p_{n_1}(t)$：

$$p_{n_1}(t) = \begin{cases} 1, t \in \left(t_{a_1}^\sigma + i \times T_{n_1} + \dfrac{T}{2},t_{a_1}^\sigma + (i + 1) \times T_{n_1}\right) \\ 0, t \in \left(t_{a_1}^\sigma + i \times T_{n_1},t_{a_1}^\sigma + i \times T_{n_1} + \dfrac{T}{2}\right) \end{cases}, i \in Z$$

(19)

Z 为整数集合。

如果驶过交叉口停车线的可能性被平移后的概率密度函数记为 $g'_{a_1}(t)$，通过定义一个特殊的分段加和运算 $\oplus$，其可以表示为：

$$g'_{a_1}(t) = g_{a_1}(t;t_{a_1}^0 + kT_l,\sigma_{a_1}^2) \oplus p_{n_1}(t)$$

$$
= \begin{cases}
g_{a_1}(t; t_{a_1}^0 + k\,T_l, \sigma_{a_1}^2) + g_{a_1}\left(t - \dfrac{T_{n_1}}{2}; t_{a_1}^0 + k\,T_l, \sigma_{a_1}^2\right), \\[2mm]
t \in \left(t_{a_1}^\sigma + i \times T_{n_1} + \dfrac{T_{n_1}}{2}, t_{a_1}^\sigma + (i+1) \times T_{n_1}\right) \\[4mm]
0, t \in \left(t_{a_1}^\sigma + i \times T_{n_1}, t_{a_1}^\sigma + i \times T_{n_1} + \dfrac{T_{n_1}}{2}\right)
\end{cases}
\tag{20}
$$

其中：$g_{a_1}(t; t_{a_1}^0 + k\,T_l, \sigma_{a_1}^2)$ 为公交线路 l 第 $k(k = 1,2,\cdots)$ 辆公交车在路段 a_1 上旅行时间的概率密度函数，其服从正态分布，即

$$
g_{a_1}(t; t_{a_1}^0 + k\,T_l, \sigma_{a_1}^2) = \left(\frac{1}{\sigma_{a_1} \times \sqrt{2\pi}}\right) \times e^{-\frac{(t - t_{a_1}^0 - kT_l)^2}{2 \times \sigma_{a_1}^2}}
\tag{21}
$$

由于公交车首先经过路段 a_1，到达交叉口 n_1，而后驶过路段 a_2 到达公交站点 s_2，这一过程是前后相继的。如果令 T_1^i, T_2^i 分别为第 $i(i \in \{-m_2, \cdots, m_2 - 1\})$ 个绿灯相的起、终止时刻。将第 i 个绿灯相时间段 $[T_1^i, T_2^i]$ 均匀地分成 u 等份，每份时长 $(T_1^i - T_2^i)/u$。则这辆公交车在交叉口 n_1 第 i 个绿灯相第 j 个分时间段 $[T_1^i + (j-1) \times (T_2^i - T_1^i)/u, T_1^i + j \times (T_2^i - T_1^i)/u]$ 内到达交叉口前停车线的概率 p_j^{i,n_1} 为：

$$
p_j^{i,n_1} = \int_{T_1^i + (j-1) \times (T_2^i - T_1^i)/u}^{T_1^i + j \times (T_2^i - T_1^i)/u} g_{a_1}'(t)\,dt
\tag{22}
$$

因此，就可以得到公交车从零时刻驶离始发站后，首先经过路段 a_1，到达交叉口 n_1，而后驶过路段 a_2 到达公交站点 s_2 旅行时间期望概率密度函数 $g_{ls_2}^k(t)$ 为：

$$
g_{ls_2}^k(t) = \sum_i \sum_j g_{a_2}\left(t; T_1^i + j \times \frac{T_2^i - T_1^i}{h} + t_{a_2}^0 + k\,T_l, \sigma_{a_2}^2\right) \times p_j^{i,n_1}
\tag{23}
$$

运用类似的方法，可以递推求得公交车到达任意站点的概率密度函数 $g_{ls_i}^k(t)$。发现在信号灯控制情况下，公交车 i 从始发站到达站点

s 旅行时间的期望概率密度函数 $g_{ls_i}^k(t)$ 可以分为三种类型：正态分布型、轻微震荡型和极端震荡型。

9.3 公交车停站对道路通行能力的影响分析

本章主要研究城市道路中常见的两种公交停靠站，直线式与港湾式公交停靠站，两种类型公交停靠站的设计模式如图 9-1 所示。

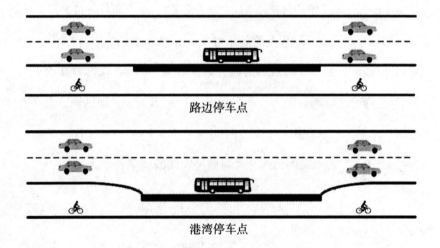

路边停车点

港湾停车点

图 9-1 两种常见的公交停靠站

9.3.1 直线式停靠站附近路段通行能力计算

本节主要研究公交站点影响下，停靠站附近路段通行能力的动态变化，所取研究时间段很小，在这样一个很小的时间段内，公交车停靠占据了它所在的整个车道，故可认为此时此车道的通行能力为 0。所以在直线式停靠站附近的道路通行能力可表示为：

$$C_{T1} = P(N_b = 0) \times C(N_b = 0) + P(N_b \geq 1) \times C(N_b \geq 1) \quad (24)$$

式中：C_{T1} 表示直线式公交站点附近的实际通行能力，N_b 表示公交站点停靠的公交车数量，$C(N_b = 0)$ 表示没有公交站点影响下，路段的通行能力。当公交站点停靠的公交车数量大于或等于 1 辆时，由于停靠公交车的阻挡，直线式路段实际通行能力为 0。

9.3.2 公交站点无车的概率

由于研究时间段很小，对于泊位数为 k 的港湾式停靠站，当站点停靠的公交车辆数小于 k 时，公交车站对路段通行能力没有影响，而当停靠车辆数大于 k 时，就存在公交车辆占用相邻的机动车道，认为此时的路段的通行能力为 0，基于以上分析，港湾式停靠站附近路段通行能力可以表示为：

$$C_{T2} = P(0 \leq N_b \leq k) \times C(N_b = 0) + P(N_b \geq k) \times P(N_b \geq k)$$

$$(25)$$

C_{T2} 表示港湾式公交站点附近的实际通行能力。

9.4 实例分析

本节研究一个有 8 个公交站点、3 个信号控制交叉口的小交通网络实例，公交停站点集合 $S = \{1,2,3,4,5,6,7,8\}$，交叉口集合 $I = \{1,2\}$，如图 9 - 2 所示，图中路段的连接点不作交叉口处理。把 8 个公交停站点也视为交通节点，它们和交叉口一起将道路网路分成 14 段，路段集合 $A = \{1,2,\cdots,13,14\}$。该网络中运行着三路公交车线路，线路 1 依次经过线路 6—7—8—9，公交站点 3 是线路 1 的首发站，该线路上的公交车经由图之外的路径返回首发站 3。线路上每 4 分钟发一辆公交车。线路 2 依次经过线路 4—5—7—8—1—2—3，公交站点 1 是线路 2 的首末站，线路上每 3 分钟发一辆公交车；线路 3 依次经过线路 12—13—14—7—8—10—11，公交站点 6 是线路 3 的始末站，线路上每 5 分钟发一辆公交车。公交车道路路段上的旅行时间服从正态分布 $N(v_a, \sigma_a^2)$，公交车停站上下客时间也服从正态分布 $N(v_s, \sigma_s^2)$，根据研究的需要，选取公交站点 2、5、7 为研究对象，并假设公交车从 0 时刻发车。主要参数取值见表 9-1。

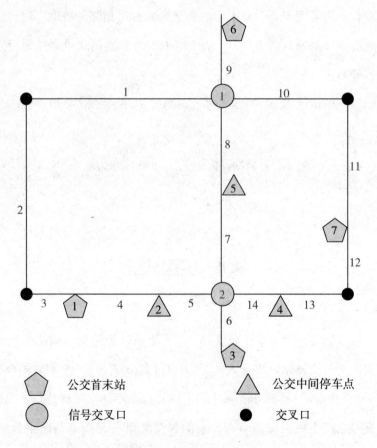

图 9-2 交通网络实例

表 9 – 1　　　　　　　　　　　　参数取值

	序号	期望（min）	标准差	序号	期望（min）	标准差
路段	1	5	1.2	8	4	1
	2	5	1.5	9	5	1
	3	4	0.8	10	5	1.2
	4	4	1	11	5	1.5
	5	4	08	12	3	0.6
	6	3	1	13	3	0.5
	7	4	0.5	14	3	0.4
停站	2	0.5	0.1	4	0.6	0.15
	5	0.4	0.1			

表 9 – 2　　　　　　　　　交通信号参数取值

序号	周期（min）	红灯时长（min）	绿灯时长（min）
1	1	0.5	0.5
2	1.2	0.6	0.6
3	1	0.5	0.5

9.4.1　相遇概率分析

我们以 0.01min 为研究间隔，以 0.3min 为一个研究时段，选取受到信号灯影响的公交站点 5 为研究对象，记录了 15min 后，公交车在站点 5 的停站情况，共研究了 66 个时段。各时段内公交车在公交站点 5 出现 0—3 台的概率如图 9 – 3 所示。

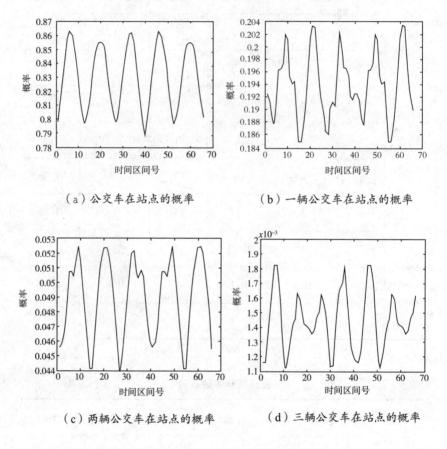

（a）公交车在站点的概率　　　　（b）一辆公交车在站点的概率

（c）两辆公交车在站点的概率　　　（d）三辆公交车在站点的概率

图 9 – 3　公交车站台相遇可能性概率

由图 9 – 3 可发现，公交车在站点的相遇概率具有时间周期性。其次，研究发现，相遇事件发生的概率随相遇车辆数的增加而减小，并且大于或等于三辆公交在站点相遇的概率很小，其值小于 0.001。从图 9 – 3（a）可看出，以 0.3min 为一个观测时段，那么在 66 个观测时段内，公交站点没有公交车的概率都大于 0.79，从图 9 – 3（b）发现，在所研究的 66 个时段内，公交站点有一辆公交车出现的概率大于 0.184，平均概率为 0.19，由图 9 – 3（c）发现，在 66 个观测时段内，公交站点出现2辆车的概率小于0.053，平均概率为0.049。所以如果在公交站点5修建港湾式停靠站，只需要修建2个泊位，就能很好地满足公交车辆的停站需求。

9.4.2 公交站点无车的概率

假设公交站点5附近道路和公交站点的类型如图9-1所示，公交站点所在道路有两条机动车道，假设在没有公交站点影响下，每条机动车道的通行能力为1000pcu/h，那么根据公式（24）、（25）可分别计算站点5为直线式停靠站，一个泊位和两个泊位的港湾式停靠站三种情况下，站点5附近道路的通行能力，如图9-4所示。

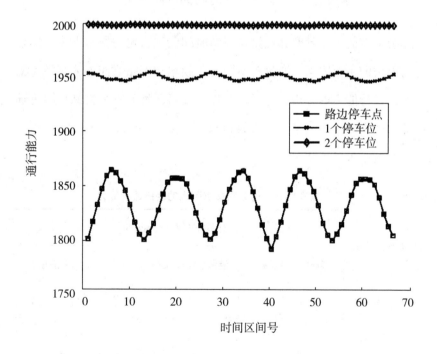

图9-4 公交站点影响下路段通行能力

由图 9 - 4 看出，公交站点附近路段通行能力变化具有周期性，其次港湾式公交站点对路段通行能力折减要小于直线式停靠站对路段通行能力折减。本实例中，公交站点 5 为两个泊位的港湾式停靠站时，公交站点对路段通行能力的折减很小。在 66 个研究时段内，经计算，当站点 5 为直线式停靠站时，其附近路段的平均通行能力为 1831 pcu / h，公交站点附近路段通行能力折减了 8.5%。当站点 5 为两泊位的港湾式停靠站时，其附近路段的平均通行能力为 1998 pcu / h，公交站点附近路段通行能力折减了 0.1%。两种停靠站形式下比较可以发现，港湾式停靠站能提高 8.4% 的路段实际通行能力。

9.4.3　发车频率与期望停站时间的影响分析

公交车的发车频率和在站点停站时间，是影响公交站点附近路段通行能力的主要因素，通过对不同发车频率和停站时间下公交站点附近路段通行能力的分析，探讨这两种因素对两种常见公交站点附近通行能力的影响。研究某一种参数影响时，保持路网中其他参数的值不变。影响结果见表 9 - 3。

表 9 - 3　　不同发车频率下的公交站点附近的路段通行能力

发车间隔/min	平均通行能力/（pcu/h）		
	直线式停靠站	港湾式（1 泊位）	港湾式（2 泊位）
(2, 1.5, 2)	1672	1838	1982
(4, 3, 4)	1831	1950	1998
(8, 6, 8)	1916	1988	2000

表 9 - 3 中，（2，1.5，2）表示 1、2、3 路公交车发车间隔分别为 2min、1.5 min、2min，以公交站点 5 为研究对象。从表 9 - 3 中的数据可知，随着发车频率的增大，即发车间隔时间缩短，两种类型公交站点附近路段通行能力都在减少，但减小的幅度不同。直线式停靠站附近路段通行能力减小幅度最大，1 个泊位的港湾式停靠站次之，对两个泊位的港湾式停靠站附近的路段通行能力影响最小。

表 9 - 4 中，停站时间表示公交车在公交站点 5 的期望停站时间，并且假设各路公交车在站点 5 的期望停站时间相同。由表 9 - 4 中数据可知，随着公交车在站点期望停站时间的增大，公交站点附近路段的通行能力是减小的，但是减小的幅度是不一样的。公交车期望停站时间对港湾式公交站点附近路段的通行能力影响较大，而对直线式停靠站附近道路的通行能力的影响较小。

表 9 - 4　　　　不同停站时间下的公交站点附近的路段通行能力

期望停站时间/min	平均通行能力/（pcu/h）		
	直线式停靠站	港湾式（1 泊位）	港湾式（2 泊位）
0.4	1831	1950	1998
0.7	1830	1920	1995
1	1828	1898	1991

9.4.4　站点设置位置的影响分析

公交站点距其前方信号交叉口的距离是影响公交站点附近路段通行能力的因素之一，实例中公交站点 5 设置在信号灯 1 和 2 之间，当它与信号灯 2 之间的距离分别为信号灯 1 与 2 之间距离的 1/4、1/2、

3/4 时，即路段 7 的期望旅行时间分别为路段 7 与 8 路段期望旅行时间和的 1/4、1/2、3/4，即为 2min、4min、6min 时，保持网路中的其他参数不变。公交站点 5 附近的平均通行能见表 9－5。

表 9－5　　　不同站点位置下的公交站点附近的路段通行能力

路段 7 期望 旅行时间/min	平均通行能力/（pcu/h）		
	直线式停靠站	港湾式（1 泊位）	港湾式（2 泊位）
2	1838	1954	1999
4	1831	1950	1998
6	1775	1950	1998

由表 9－5 中数据分析可知，随着公交站点距离信号灯的距离增加，直线式公交站点附近路段通行能力逐渐减小，但是对港湾式公交站点附近路段的通行能力的影响并不明显。

9.4.5　信号灯相位长度的影响分析

保持网路中其他的参数不变，当信号灯 2 的信号相长度分别为 1min、1.5min、2min 时，公交站点 5 附近路段的通行能力见表 9－6。

表 9－6　　　不同信号相下的公交站点附近的路段通行能力

信号相 长度/min	平均通行能力/（pcu/h）		
	直线式停靠站	港湾式（1 泊位）	港湾式（2 泊位）
1	1831	1950	1998
1.5	1831	1950	1999
2	1830	1950	1999

由表 9 – 6 的数据可看出，公交站点前方信号灯相的长度对公交站点附近路段的通行能力的影响并不明显，影响较小。

9.5　结论

（1）交叉口信号灯影响下，公交车站点相遇概率和站点附近道路的实际通行具有时间周期性，公交车站点停留时间、公交车发车频率、公交车站类型是影响公交站点附近道路的实际通行能力的主要因素。

（2）通过调整公交车出发时间间隔，选择合理公交站点类型和设置位置等措施，可以释放公交站点附近道路的实际通行能力。

第 10 章　结论

　　历时三年，从收集城市轨道交通列车运行监控数据和交叉口车辆监控视频数据、数据分析、建模、结果验证、成果报告和发表、结题报告撰写，终于能从整体上汇编出这一阶段的研究成果。通过项目的研究，取得了轨道交通系统的列车区间旅行时间理论分布、城市道路系统中车辆路段旅行时间理论分布研究成果。

　　（1）列车区间旅行时间理论分布研究成果。通过具有迁移性质的受限因变量模型定义了列车区间旅行时间理论分布。该模型认为：小于某一定值的旅行时间观测值均迁移到了其他区间，迁入可能性大小与该区间中已有旅行时间观测值出现的可能性大小成正比。项目基于城市轨道交通车辆的压轨电路所记录的计划偏离报告数据，验证发现：具有迁移性质的受限因变量模型优于一般的数学分布模型、受限因变量模型中的截取模型和审查模型，且能解释以下规律：因同一线路上城市轨道交通外部环境、牵引动力、控制方式基本一致，同一轨道交通线路、不同区间上的城市轨道交通列车旅行时间分布具有一致性的基本规律。

　　（2）车辆路段旅行时间理论分布研究成果。驾驶行为的差异性被认为是影响车辆路段旅行时间的内部因素，路段限速、交叉口信号灯、路段入流率、交通流量被认为是车辆行驶的外部环境因素，它们对车辆路段旅行时间分布的影响方式各不相同。路段限速会使得绝大多数理性驾驶者的路段旅行速度小于路段限速，只有极个别驾驶者的路段速度会超过限速速度，这其中就会出现一个最大的路段旅行速度，对应着路段最小旅行时间，小于最小旅行时间的路段旅行时间值将不会被观测到。没有限速路段上的车辆旅行时间分布呈现正态分布特征，加上限速因素之后，车辆路段旅行时间分布呈现对数正态分布特征，且小于最小旅行时间的路段旅行时间值将不会被观测到，这正是具有迁移特征受限因变量模型的基本特征。项目提出的具有迁移特征受限因变量模型分析方法，能够从这一统一的视角来研究城市轨道交通列车区间旅行时间分布和城市道路路段车辆旅行时间分布规律。

在此基础上，再引入交叉口信号灯和交通流量对车辆路段旅行时间分布的影响分析。当路段交通流量很少时，比如只有一辆车在路段上行驶。若车辆在绿灯期到达交叉口前停车线时，车辆越过交叉口前停车线的可能性不受任何影响，车辆可以直接通过交叉口。若车辆在红灯期到达交叉口前停车线时，车辆通过交叉口的可能性就被延迟到下一绿灯期的前部。通过这种迁移规则，可以得到交叉口信号灯因素对车辆路段旅行时间分布的影响。当路段交通流量增加时，这时车辆到达交叉口前停车线，车辆通过交叉口的可能性就可能被延迟若干个信号周期，延迟时间长短，取决于交叉口停车线前排队车辆的长度，只有当这些排队车辆都被清空之后，该车辆才能驶过该交叉口。通过递推关系，能得到车辆被延迟了多少个信号周期，并把交叉口信号灯和交通流量因素影响下的车辆路段旅行时间分布公式表达出来。项目最后通过离散化研究时段的方法，处理了路段入流率对车辆路段旅行

公共交通运营可靠性分析理论及其应用

时间分布的影响。研究发现：在驾驶行为差异性、路段限速、交叉口信号灯、路段入流率、交通流量因素综合作用下，车辆路段旅行时间分布服从混合分布，其是理想条件下经平移转换后的数学概率分布的权重和。项目通过城市道路卡口过往车辆数据，使用 Kolmogorov—Smirnov 检验发现：项目研究所得的混合分布能很好拟合实际数据分布，并能适应路段交通流量高峰、平峰和低峰期的不同情况，混合分布还揭示了车辆路段旅行时间分布在不同的交叉口信号参数下，将呈现不同的数学概率分布类型。这一研究成果成功地解释了国内外不同学者对车辆路段旅行时间分布有不同观测和研究结论的现象，统一了大家的认识。

这些理论成果也在城市地铁列车易晚点区间识别、交叉口信号参数优化和信号交叉口控制时段划分三个方面取得了成功的应用，并在申请一项专利。但是在科学的探索过程中，深深体会到城市公共交通运营过程，乃至城市交通规划、管理和运营过程中的科学问题层出不穷，与此项目紧密相关的科学问题是"面向交通控制的城市交通流平衡分析"尤其值得深入研究，也许在不久的将来，就能看到这方面的研究成果。

参考文献

[1] 巴博:《双线铁路列车运行图缓冲时间优化分配研究》,博士学位论文,西南交通大学,2004 年。

[2] 柴华骏、李瑞敏、郭敏:《基于车牌识别数据的城市道路旅行时间分布规律及估计方法研究》,《交通运输系统工程与信息》2012年第 12 卷第 6 期。

[3] 陈浩:《基于车辆旅行时间分布规律的公交站点能力优化研究》,硕士学位论文,中南大学,2013 年。

[4] 陈巳康、詹成初、陈良贵:《基于路段行程时间的公交到站预测方法》,《计算机工程》2007 年第 33 卷第 21 期。

[5] 丁建梅、王常虹:《基于波动理论的交叉口信号控制参数优化方法》,《哈尔滨工业大学学报》2008 年第 11 期。

[6] 葛宏伟:《城市公交停靠站点交通影响分析及优化技术研究》,博士学位论文,东南大学,2006 年。

[7] 葛宏伟:《城市公交停靠站点交通影响分析及优化技术研究》,博士学位论文,东南大学,2006 年。

[8] 郭冠英:《中途停靠站公交线路数上限的确定及驻站时间计算模

型》,《上海公路》2000 年第 2 期。

[9] 郭中华、王炜、陆建:《非港湾式公交停车对道路交通流的影响分析》,《公路交通科技》2005 年第 11 期。

[10] 何宁、马健霄、李娜:《公交车站停靠能力的研究》,《城市轨道交通研究》2004 年第 2 期。

[11] 胡思继、孙全欣、胡锦云、杨肇夏:《区段内列车晚点传播理论研究》,《中国铁道科学》1994 年第 2 期。

[12] 胡思继:《列车运行组织及通过能力理论》,中国铁道出版社1993 年版。

[13] 贾文峥、毛保华、刘海东:《枢纽站列车作业缓冲时间研究》,《物流技术》2009 年第 12 期。

[14] 贾文峥:《大型铁路客运站的进路分配问题及缓冲时间进行了研究》,博士学位论文,北京交通大学,2010 年。

[15] 姜玲:《城市交通出行时间波动性的价值评估研究》,硕士学位论文,南京理工大学,2013 年。

[16] 龙佳:《公交车到站时间分布规律及其运行可靠性分析》,硕士学位论文,中南大学,2012 年。

[17] 吕林:《城市公交站点优化设计方法研究》,硕士学位论文,东南大学,2006 年。

[18] 马强、胡思继:《密集发车条件下列车束缓冲时间的确定方法研究》,《北方交通大学学报》2001 年第 2 期。

[19] 尚斌:《基于信号交叉口渠化段长度的配时参数优化方法》,硕士学位论文,吉林大学,2007 年。

[20] 孙焰、刘胤宏、李致中、李丰良:《列车运行图的晚点概率分析》,《长沙铁道学报》1998 年第 4 期。

［21］ 徐冬玲、方建安、邵世煌：《交通系统的模糊控制及其神经网络实现》，《信息与控制》1992 年第 2 期。

［22］ 薛晶晶：《城市公交车到站规律及站台服务水平研究》，博士学位论文，北京交通大学，2009 年。

［23］ 杨金花、杨东援、Thomas as Siefer：《优化设置运行图弹性时间的新策略》，《同济大学学报》2010 年第 4 期。

［24］ 杨锦冬、杨东援：《城市信号控制交叉口信号周期时长优化模型》，《同济大学学报》2001 年第 7 期。

［25］ 杨佩昆、张树升：《交通管理与控制》，人民交通出版社 1995 年版。

［26］ 杨晓光、徐辉、高欣、龙科军：《单车道港湾式公交停靠站设置条件研究》，《公路交通科技》2010 年第 12 期。

［27］ 尹红亮、王炜、王锦尧、陆建：《公交运行对行驶车速影响的实验研究》，《公路交通科技》2002 年第 4 期。

［28］ 尹小梅：《公交车的进出站行为对道路交通流的影响研究》，硕士学位论文，长沙理工大学，2010 年。

［29］ 于滨、杨忠振、林剑艺：《应用支持向量机预测公交车运行时间》，《系统工程理论与实践》2007 年第 4 期。

［30］ 袁春华、史峰：《利用冲突点的车流特点确定信号控制周期》，《华东交通大学学报》2002 年第 4 期。

［31］ 张宇石：《大城市常规公共交通运行可靠性的研究与实例评价》，硕士学位论文，北京交通大学，2008 年。

［32］ 赵宇刚、毛保华、蒋玉琨：《基于列车运行时间偏离的地铁列车运行图缓冲时间研究》，《中国铁道科学》2011 年第 1 期。

［33］ 赵月、杜文：《公交站点设置对道路通行能力的影响分析》，

《公路交通科技》2007 年第 8 期。

[34] 周望东：《公交停靠站线路容量优化研究》，硕士学位论文，西南交通大学，2009 年。

[35] 朱祎、陈学武：《多线路公交停靠站点车辆延误分析与对策》，《中国市政工程》2002 年第 2 期。

[36] 宗俊雅、李宗平：《列车运行图缓冲时间的合理取值研究》，《交通运输工程与信息学报》2010 年第 3 期。

[37] Gaver, D. P. , "Headstart Strategies for Combating Congestion", *Transportation Science*, 1968.

[38] Liu, J. and Guan W. , "A summary of traffic flow forecasting methods", *Journal of Highway and Transportation Research and Development*, 2004.

[39] Yu - Hern, C. , Chung - Hsing, Y. and Ching - Cheng, S. , "A multi - objective model for passenger train services planning: Application to Taiwan's high - speed rail line", *Transportation Research Part B*, Vol. 34, 2000.

[40] A. , A. M. , K. R. and J. P. P. , "Investigating Effect of Travel Time Variability on Route Choice Using Repeated - Measurement Stated Preference Data", *Transportation Research Record*, 1995.

[41] Abril, M. , Barber F. , Ingolotti, L. , Salido, M. A. , Tormos, P. and Lova, A. , 2008, "An assessment of railway capacity", *Transportation Research Part E*, Vol. 44, 2008.

[42] Akcelik, R. , "Traffic signals: capacity and timing analysis", *ARRB Research Record No. 123*, 1981.

[43] Albrecht, A. , Howlett, P. , Pudney, P. , Yu, X. and Zhou, P. ,

"The key principles of optimal train control—Part 1: Formulation of the model, strategies of optimal type, evolutionary lines, location of optimal switching points", *Transportation Research Part B*, Vol. 94, 2016.

[44] Albrecht, A. R. , Howlett, P. G. , Pudneyand, P. J. , Yu, X. , "Energy – efficient train control: From local convexity to globaloptimization and uniqueness", *Automatica* , Vol. 49, 2013.

[45] Amer, S. , Ali, F. , "Bus travel time prediction model for dynamic operations control and passenger information systems", TRB 82nd Annual Meeting. Washington D. C. , 2003.

[46] Angle, Ibeas, Luigidellolio, Borja Alonso, Olivia Sainz, "Optimizing bus stop spacing in urban areas", *Transportation Research Part E*, 2010.

[47] Arthit, B. and Akara P. , "Travel Time Estimation for Highway in Pre – Timed Systems", Hong Kong, China, 2001.

[48] Avishai Ceder, *Public Transit Planning and Operation Theory, Modeling and Practice*, Elsevier Press, 2007.

[49] Bae, S. , "Dynamic estimation of travel time on arterial roads by using [an] automatic vehicle location (AVL) bus as a vehicle probe", *Transportation Research Part A*, Vol. 1, No. 31, 1997.

[50] Barrena, E. , Canca, D. C. , Coelho, L. , Laporte, G. , "Exact formulations and algorithm for the train timetabling problem with dynamic demand", *Computers & Operations Research*, Vol. 44, 2014.

[51] Bates, J. , Dix, M. and May, T. , "Travel time variability and its effect on time of day choice for the joumey to work", *Transportation*

Planning Methods, Proceedings of Seminar C held at the PTRC Summer Annual Meeting, 1987.

[52] Bates, J., et al., "The valuation of reliability for personal travel", *Transportation Research Part E Logistics & Transportation Review*, 2001.

[53] Brian Park B., Santra, P., Yun, I., et al., "Optimization of time of day plan scheduling using a multi – objective evolutionary algorithm", *Transportation Research Record*, 2004.

[54] Brilon, W., Wu, N., "Capacity at unsignalized intersections derived by conflict technique", *Journal Transportation Research Record*, 2001.

[55] Bury, K., *Statistical Distributions in Engineering*, CambridgeUniversity Press, 1999.

[56] Cacchiani, V. and Toth, P., "Nominal and robust train timetabling problems", *European Journal of Operational Research*, Vol. 219, 2012.

[57] Cacchiani, V., Toth P., "Nominal and robust train timetabling problems", *European journal of operational research*, 2012.

[58] Caprara, A., Kroon, L., Monaci, M., Peeters, M., and Toth, P., "Passenger railway optimization", *Handbook in OR & MS*, Chapter 3. 14, 2007.

[59] Castillo, E., Gallego, I., and, "Timetabling optimization of a mixed double – and single – tracked railway network", *Applied Mathematical Modeling*, 2011.

[60] Castillo, E., Gallego, I., Ureña, J. M., and Coronado, J. M.,

"Timetabling optimization of a mixed double – and single – tracked railway network", *Applied Mathematical Modeling*, 2011.

[61] Ceylan, H. , Bell, M. G. H. , "Traffic signal timing optimisation based on genetic algorithm approach, including drivers' routing", *Transportation Research Part B Methodological*, Vol. 38, No. 4, 2004.

[62] Chang, T. H. , Lin, J. T. , "Optimal signal timing for an oversaturated intersection", *Transportation Research Part B*, Vol. 34, No. 6, 2000.

[63] Chen, A. , Zhou, Z. , "The a – reliable mean – excess traffic equilibrium model with stochastic travel times", *Transportation Research Part B*, Vol. 44, No. 4, 2010.

[64] Christoph, E. , Mandl, "Evaluation and optimization of urban public transportation networks", *European Journal of Operational Research*, 1980.

[65] Daganzo, C. F. , Pilachowski, J. , "Reducing bunching with bus – to – bus cooperation", *Transportation Research Part B*, 2011.

[66] Dailey, D. J. , "Travel – time estimation using cross – correlation techniques", *Transportation Research Part B: Methodological*, Vol. 27, No. 2, 1993.

[67] Dion, F. and Rakha H. , "Estimating dynamic roadway travel times using automatic vehicle identification data for low sampling rates", *Transportation Research Part B: Methodological*, Vol. 40, No. 9, 2006.

[68] Espinosa – Aranda, J. L. , García – Ródenas, Ramírez – Flores,

M. d. C. , et al. , "High – speed railway scheduling based on us-
er preferences", *European Journal of Operational Research*,
Vol. 246, 2015.

[69] Fei, X. , Lu, C. and Liu, K. , "A bayesian dynamic linear
model approach for real – time short – term freeway travel time pre-
diction", *Transportation Research Part C: Emerging Technologies*,
Vol. 19, No. 6, 2011.

[70] Festin, S. M. , "Summary of national and regional travel trends
1970 – 1995", *Technological Report*, 1996.

[71] Fitzpatrick, K. , Nowlin, R. L. , "Effects of bus stop design on
suburban arterial operations", *Journal Transportation Research Re-
cord*, 1997.

[72] Fosgerau, M. , Fukuda, D. , "Valuing travel time vatiability:
Characteristics of the travel time distribution on an urban road",
Transportation Research Part C, 2012.

[73] Foy, M. D. , Benekohal, R. F. , Goldberg, D. E. , "Signal tim-
ing determination using genetic algorithms", *Transportation Research
Record*, 1992.

[74] Goossens, J. W. , Hoesel, S. V. and Kroon, L. , "On solving
multi – type railway line planning problems", *European Journal of
Operational Research*, Vol. 168, 2006.

[75] Goverde, R. M. P. , "Punctuality of railway operations and timeta-
ble Stability analysis", *Trail Thesis Series*, *The Netherlands TRAIL
Research School*, 2005.

[76] Guehthner, R. P. , Hamat, K. , "Distribution of bus transit on –

time performance", *Transportation Research Record*, 1985.

[77] Guo, R., Zhang, Y., "Identifying time – of – day breakpoints based on nonintrusive data collection platforms", *Journal Intelligent Transportation System*, 2014.

[78] Hale, D., "Traffic network study tool – transyt – 7F, United States Version", *McTrans Center, University of Florida, Gainesville, USA*, 2005.

[79] Harrod, S. S., "A tutorial on fundamental model structures for railway timetable optimization", *Surveys in Operations Research and Management Science*, 2012.

[80] Hauser, T. A., Scherer, W. T., "Data mining tools for real – time traffic signal decision support & maintenance", In *Systems, Man, and Cybernetics, 2001 IEEE International Conference*, 2001.

[81] He, J. J., Hou, Z. E., "Ant colony algorithm for traffic signal timing optimization", *Advances in Engineering Software*, Vol. 43, No. 1, 2012.

[82] Helbing, D., "A section – based queueing – theoretical traffic model for congestion and travel time analysis in networks", *Journal of Physics A: Mathematical and General*, Vol. 36, No. 46, 2003.

[83] Higgins, A. and Kozan, E., "Modeling train delays in urban networks", *Transportation Science*, Vol. 32, 1998.

[84] Hirsch, Warren M., Dantzig, G. B., "The fixed charge problem", *Naval Research Logistics Quarterly*, 1970.

[85] Hollander, Y., "Direct versus indirect models for the effects of unreliability", *Transportation Research Part A Policy & Practice*,

Vol. 40，No. 9，2006.

[86] Hongwen，Shi，Liangxin，Luo，Tongzhen，Bao，"Research on the Way to Determine Types and Scales of Bus Stops"，*Transportation System Engineering & Intelligence Technique*，2007.

[87] Howlett，P. G.，Pudney，P. J.，and Yu，X.，"Local energy minimization in optimal train control"，*Automatica*，Vol. 45，2009.

[88] Hu，S. J.，*The Train Operation Organization and Capacity Theory*，China，Beijing：China Railway Press，1993（In Chinese）.

[89] Huisman，T. and Richard，J. B.，"Running times on railway sections with heterogeneous train traffic"，*Transportation Research Part B*，Vol. 35，2001.

[90] Husch，D.，and Albeck，J.，"Trafficware synchro 6 user guide"，*Trafficware*，*Albany*，*California*，*USA*，2004.

[91] Jeong，R. H.，"The prediction of bus arrival time using automatic vehicle location systems data"，Texas A \ &M University，2005.

[92] Jovanovic，P.，Kecman，P.，Bojovic，N. and Mandic，D.，"Optimal allocation of buffer times to increase train schedule robustness"，*European Journal of Operational Research*，Vol. 256，2017.

[93] Kate，L. andBertini R. L.，"Using Travel Time Reliability Measures to Improve Regional Transportation Planning and Operations"，*Transportation Research Record Journal of the Transportation Research Board*，Vol. 11，2008.

[94] Kerner，B. S.，et al.，"Traffic state detection with floating car data in road networks"，*IEEE*，2005.

[95] Kim，J.，"A fuzzy logic control simulator for adaptive traffic man-

agement. Proceedings of the Sixth IEEE International Conference on Fuzzy Systems" [C] // Fuzzy Systems, 1997, Proceedings of the Sixth IEEE International Conference on, *IEEE*, Vol. 3, 1997.

[96] Kim, Y., Messer, C. J., "Traffic signal timing models for over-saturated signalized intersections", *Signalized Intersections*, 1991.

[97] Knight, T. E., "An approach to the evaluation of changes in travel unreliability: A 'Safety margin' hypothesis", *Transportation*, Vol. 3, 1974.

[98] Kosmatopoulos, E. B., Papageorgiou, M., Vakouli, A., "Adaptive fine tuning of nonlinear control systems with application to the urban traffic control strategy", *IEEE Transaction Control System Technological*, 2007.

[99] Kroon, L., Dekker, R., Maroti, G., Helmrich, M. R., and Vromans, M., "Stochastic improvement of cyclic railway timetables", *Transportation Research Part B*, Vol. 42, 2008.

[100] Kurt, S., Limited Dependent Variable Models, "Lecture Notes in Microeconometrics in PompeuFabra University", http: //kurt. schmidheiny. name/teaching/limiteddependent2up. pdf.

[101] Lampikin, W., Saalmans, P. D., "The design of routes, service frequencies, and schedules for a municipal bus undertaking: A case study", *Journal of the Operational Research Society*, 1967.

[102] Li, F., Gao, Z. Y., Li, K. P., and Yang, L. X., "Efficient scheduling of railway traffic based on global information of train", *Transportation Research Part B*, 2008.

[103] Li, M. S., Liu, Z. Q., Zhang, Y. H., Liu, W. J. and Shi,

F. , "Distribution analysis of train interval journey time employing the censored model with shiftingcharacter", *Journal of Applied Statistics*, Vol. 44, 2017.

[104] Liu, H. , et al. , "Two distinct ways of using Kalman filters to predict urban arterial travel time", *IEEE*, 2006.

[105] Liu, H. X. and Ma, W. , "A virtual vehicle probe model for time – dependent travel time estimation on signalized arterials", *Transportation Research Part C: Emerging Technologies*, Vol. 17, No. 1, 2009.

[106] Liu, J. and Guan. W. , "A summary of traffic flow forecasting methods", *Journal of Highway and Transportation Research and Development*, 2004.

[107] Lo, H. K. , Luo, X. W. , Siu, B. W. Y. , "Degradable transport network: travel time budget of travelers with heterogeneous risk aversion", *Transportation Research Part B*, Vol. 40, No. 9, 2006.

[108] Luan, X. , Miao, J. , Meng, L. , Corman, F. and Lodewijks, G. , "Integrated optimization on train scheduling and preventive maintenance time slots planning", *Transportation Research Part C*, Vol. 80, 2017.

[109] Maddala, G. S. , *Limited – Dependent and Qualitative Variables in Econometrics*, Cambridge University Press, 1983.

[110] Maosheng Li. , Zhengqiu L. , "Distribution analysis of train interval journey time employed the censored model with shifting character", *Journal of Applied Statistic*, 2017.

[111] Maosheng, L. , Hongli, X. , Feng, S. , "Optimization of traffic

signal parameters based on distribution of link travel time", *Journal Central South University*, 2017.

[112] Maosheng, L., Zhengqiu, L., Yonghong, Z., Weijun, L., Feng, S., "Distribution analysis of train interval journey time employing the censored model with shifting character", *Journal of Applied Statistics*, 2017.

[113] Matasa, A. A., "Commuters' valuation of travel time variability", *Transportation Research Part E Logistics & Transportation Review*, 2008.

[114] May, A. D., Bonsall, P. W., Marler, N. W., *Travel Time Variability of a Group of Car Commuters in North London*, University of Leeds, 1989.

[115] Meester, L. E., and Muns, S., "Stochastic delay propagation in railway networks and phase – type distribution", *Transportation Research Part B*, 2007.

[116] Mitsuru, S., Zhong, F. J., "Artificial neural network – based heuristic optimal traffic signal timing", *Computer – Aided Civil and Infrastructure Engineering*, Vol. 15, No. 4, 2000.

[117] Miwa, T., et al., "En – route updating methodology of travel time prediction using accumulated probe – car data", *Proceeding of World Congress on Intelligent Transport System*, 2004.

[118] Mohammadi, R., "Journey time variability in the london area – 1 Journey time distribution", *Traffic Engineering and Control*, 1997.

[119] Nam, D. and Drew, D., "Traffic Dynamics: Method for Estimating Freeway Travel Times in Real Time from Flow Measurements",

Journal of Transportation Engineering, Vol. 122, No. 3, 1996.

[120] Nobuhiro, U., Fumitaka, K., Hiroshi, T., and Yasunori, I., "Using bus probe data for analysis of travel time variability", *Journal of Intelligent Transportation Systems*, 2009.

[121] Noland, R. B. and Polak, J. W., "Travel time variability: a review of theoretical and empirical issues", *Transport Reviews A Transnational Transdisciplinary Journal*, Vol. 22, No. 1, 2002.

[122] Noland, R. B. and Small, K. A., Travel – Time Uncertainty, "Departure Time Choice, and the Cost of Morning Commutes", *Transportation Research Record*, Vol. 1493, 1995.

[123] Paik, B., "Enhanced genticalgorihm for signal timing optimization of oversaturated intenections", *Transportation Research Record* 1727, National Reserch Council Washington, D. C., 2000.

[124] Papageorgiou, M., Diakaki, C., Dinopoulou, V., "Review of road traffic control strategies", *Proc. IEEE*, 2003.

[125] Pappis, C. P., Mamdam, E. H., "A Fuzzylogic controller for a traffic junction", *IEEE Transactionson Systems. Man and Cygernetics*, Vol. 1, No. 10, 1977.

[126] Park, B., Lee, D., Yun, I. H., "Enhancement of time of day based traffic signal control", In *Systems, Man and Cybernetics*, 2003, *IEEE International Conference*, 2003.

[127] Park, D. and Rilett, L. R., "Forecasting freeway link travel times with a multilayer feedforward neural network", *Computer – Aided Civil and Infrastructure Engineering*, Vol. 14, No. 5, 1999.

[128] Ramjattan, A. N. and C., "A Kalman Filter Model for an Integrat-

ed Land Vehicle Navigation System", *The Journal of Navigation*, Vol. 48, No. 2, 1995.

[129] Reilly W., "Highway capacity manual 2000", *Transportation News*, Vol. 1, No. 1 - 2, 1997.

[130] Rice, J. and Van Zwet E., "A Simple and Effective Method for Predicting Travel Times on Freeways", *IEEE Transactions on Intelligent Transportation Systems*, Vol. 5, No. 3, 2004.

[131] Roess, R. P., Prassas, E. S., McShane, W. R., "Traffic engineering", *Prentice - Hall*, 2004,

[132] Salido, M. A., Barber, F. and Ingolotti, L., "Robustness for a single railway line: Analytical and simulation methods", *Expert Systems with Applications*, Vol. 39, 2012.

[133] Salido, M. A., Barber, F., and Ingolotti, L., "Robustness for a single railway line: Analytical and simulation methods", *Expert Systems with Applications*, 2012.

[134] Shafia, M. A., Sadjadi, S. J., Jamili, A., Tavakkoli - Moghaddam, R., and Pourseyed - Aghaee, M., "The periodicity and robustness in a single - track train scheduling problem", *Applied Soft Computing*, 2012.

[135] Smith, B. L., Scherer, W. T., Hauser, T. A., Park, B. B., "Data - driven methodology for signal timing plan development: Acomputational approach", *Computer_ Aided Civil and Infrastructure Engineering*, 2002.

[136] Strathman, J. G., Hopper, J. R., "Empirical analysis of bus transit on - time performance", *Transportation Research Part A*, 1993.

[137] Sumalee, A., et al., "Dynamic stochastic journey time estimation and reliability analysis using stochastic cell transmission model: Algorithm and case studies", *Transportation Research Part C: Emerging Technologies*, 2013.

[138] Takashi, N., "Bunching and delay in bus – route system with a couple of recurrent buses", *Physica A*, 2002.

[139] Takashi, N., "Chaos control and schedule of shuttle buses", *Physica A*, 2006.

[140] Takashi, N., "Delay effect on schedule in shuttle bus transportation controlled by capacity", *Physica A*, 2012.

[141] Takashi, N., "Delay transition of a recurrent bus on a circular route", *Physica A*, 2001.

[142] Takashi, N., "Dynamical behavior of N shuttle buses not passing each other: chaotic and periodic motions", *Physica A*, 2003.

[143] Takashi, N., "Dynamics and schedule of shuttle bus controlled by traffic signal", *Physica A*, 2008.

[144] Takashi, N., "Interaction between buses and passengers on a bus route", *Physica A*, 2001.

[145] Takashi, N., Terutoshi, K., "Development of a self – organizing traffic control system using neural network models", *Transportation Research Record*, 1324, *Transportation Reserch Board*, *National Research Counci*, Washington, D. C., 1991.

[146] Talley, W. K., Becker, A. J., "On – time performance and the exponential probability distribution", *Transportation Research Record*, 1987.

[147] Tamoff, P. J. , Ordonez, J. , "Signal timing practices and procedures – state of the practice", *Institute of Transportation Engineers*, 2004.

[148] Tarnoff, P. J. and Ordonez, J. , "Signal Timing Practicesand Procedures – State of the Practice", *Institute of Transportation Engineers*, 2004.

[149] Tieqiao, T. , Yan, L. , Haijun, H. , "The effects of bus stop on traffic flow", *International Journal Modern Physical C*, 2009.

[150] Tomii, N. , "Robustness indices for train rescheduling, In 1st international seminar on railway operations modeling and analysis", 2005.

[151] Trabia, M. B. , Kaseko, M. S. , Ando, M. , "A two – stage fuzzy logic controller for traffic signals", *Transportation Research Part C Emerging Technologies*, Vol. 7, No. 6, 1999.

[152] Transportation Research Board, "Guidelines for the location and design of bus stops", *Washington*, *D. C.* : *National Research Council*, 1996.

[153] Transportation Research Board, "Highway Capacity Manual, Washington", *D. C.* : *National Research Council*, 2000.

[154] TTI. "PASSER V. ", *Texas Transportation Institute*, *College Station*, *Texas*, *USA*, 2002.

[155] Turnquist, M. A. , "A model for investigating the effects of service frequency and reliability on bus passenger waiting times", *Transportation Research Record*, 1978.

[156] Vanajakshi, L. , Williams, B. and Rilett, L. , "Improved Flow –

Based Travel Time Estimation Method from Point Detector Data for Freeways", *Journal of Transportation Engineering*, Vol. 135, 2009.

[157] Vansteenwegen, P., Oudheusden, D. V., "Developing railway timetables which guarantee a better service", *European Journal of Operational Research*, Vol. 173, 2006

[158] Vromans, M. J. C. M., Dekker, R., and Kroon, L. G., "Reliability and heterogeneity of railway service", *European Journal of Operational Research*, 2006, 172.

[159] Wang, M. and Ma, Q., "Dynamic prediction method of route travel time based on interval velocity measurement system", *IEEE*, 2014.

[160] Wang, X., Cottrell, W., Mu, S., "Using k – means clustering to identify time – of – day break points for traffic signal timing plans", In *Intelligent Transportation Systems*, *Proceedings IEEE*, 2005.

[161] Wang, Y., Wang, D., Yang, C., et al., "Phase – based repetitiveness and pattern classification of urban traffic flow data", *14th ITS Asia Pacific Forum*, 2015.

[162] Webster, F. V., "Traffic signal settings", *Department of Scientific and Industrial Research Road Research Laboratory*, 1958.

[163] Webster, F. V., "Traffic signal settings", *Road Research Technical Paper*, 1958.

[164] Wilson, A. G., "A statistical theory of spatial distribution models", *Transportation Research*, Vol. 1, No. 3, 1967.

[165] Wong, S. C., Yang, H., Yeung, W. S., et al., "Delay at

signal – controlled intersection with bus stop upstream", *Journal Transport Engineering*, 1998.

[166] Wong, Y., Woon, W., "An iterative approach to enhanced traffic signal optimization", *Expert System Application*, 2008.

[167] Wooldridge, J. M., *Econometric Analysis of cross Section and Panel Data*, MIT Press, 2002.

[168] Wosyka, J. and Pribyl P., "Real – time travel time estimation on highways using loop detector data and license plate recognition", In *ELEKTRO*, 2012.

[169] Wu, C. H., Ho, J. M. and Lee, D. T., "Travel – Time Prediction with Support Vector Regression", *IEEE Transactions on Intelligent Transportation Systems*, Vol. 5, No. 4, 2004.

[170] Xiaobao, Y., Ziyou, G., Bingfeng, S., Li, G., "Car capacity near bus stops with mixed traffic derived by additive – conflict – flows procedure", *Science China Series E – Technical Science*, 2011.

[171] Xiaobao, Y., Ziyou, G., Xiaomei, Z., et al., "Road capacity at bus stops with mixed traffic flow in China", *Journal Transportation Research Record*, 2009.

[172] Xiaomei, Z., Ziyou, G., Bin, J., "The capacity drop caused by the combined effect of the intersection and the bus stop in a CA Model", *Physical A*, 2007.

[173] Xiaomei, Z., Ziyou, G., Keping, L., "The capacity of two-neighbour intersections considering the influence of the bus stop", *Physical A*, 2008.

[174] Xu, T. , et al. , "Urban Road Sections Travel Time Estimation Based on Real – time Traffic Information", *ICCASM* – 12, 2012.

[175] Xumei Chen, Lei Yu, Yushi Zhang and Jifu Guo, "Analyzing urban bus service reliability at stop, route, and network levels", *Transportation Research Part A*, 2009.

[176] Yang, J. , "Travel time prediction using the GPS test vehicle and Kalman filtering techniques", *IEEE*, 2005.

[177] Yang, L. , Qi, J. , Li, S. and Gao, Y. , "Collaborative optimization for train scheduling and train stop planning on high – speed railways", *Omega*, Vol. 64, 2016.

[178] Yang, Z. S. , B. W. Gong and Lin, C. Y. , "Travel Time Estimate based on Floating Car", *IEEE Computer Soc*; *Los Alamitos*, 2009.

[179] Yao, Z. , Shao, C. and Xiong, Z. , "Research on Use of Support Vector Machine for Forecasting Link Travel Time", *Journal of Highway and Transportation Research and Development*, 2007.

[180] Yaron, H. , Ronghui, L. , "Estimation of the distribution of travel times by repeated simulation", *Transportation Research Part C*, 2008.

[181] Ye, H. , Liu, R. , "A multiphase optimal control method for multi – train control and scheduling on railway lines", *Transportation Research Part B*, Vol. 93, 2016.

[182] Yugang, Z. , Baohua, M. , and Yu – kun, J. , "Study on the buffer time of metro train diagram based on train running time deviation", *China Railway Science*, 2011.

[183] Yu – Hern, C. , Chung – Hsing, Y. , and Ching – Cheng, S. , "A multi – objective model for passenger train services planning: application to Taiwan's high – speed rail line", *Transportation Research Part B*, 2000.